COMMENT
LA MONDIALISATION
A TUÉ L'ÉCOLOGIE

Les politiques environnementales
piégées par le libre échange

Aurélien Bernier

Comment la mondialisation a tué l'écologie

Les politiques environnementales piégées par le libre échange

MILLE ET UNE NUITS

Couverture : Off, Paris.

© Mille et une nuits,
département de la Librairie Arthème Fayard, juin 2012.
ISBN : 978-2-7555-0638-9

Remerciements

À Gilles Amiel de Ménard, Samir Amin, Frédéric Denhez, Branislav Gosovic, Marie-Christine Granjon, Raphaël Kempf, Michel Marchand pour leurs apports.

À la mémoire d'Yves Martin, qui a bien voulu me confier une partie de ses précieux souvenirs.

À Bérénice Bernier et Cécile Guillerme pour leur contribution aux traductions.

À Eugénie Gicquel, pour sa relecture et sa présence, page après page.

Introduction

En octobre 1974, une conférence organisée par les Nations unies dans la ville mexicaine de Cocoyoc débouche sur le texte le plus radical jamais publié par la communauté internationale sur les questions d'écologie et de développement. Dans leur déclaration finale, les experts, pour la plupart issus de pays pauvres, pointent l'incapacité de l'économie de marché à protéger l'environnement et à lutter contre la pauvreté : « Le problème aujourd'hui n'est pas en premier lieu celui d'une pénurie physique absolue, mais d'une inéquité économique et sociale et d'un mauvais usage ; la situation difficile dans laquelle se trouve l'humanité a pour origine les structures économiques et sociales et les comportements à l'intérieur des pays et entre les pays. [...] Les solutions à ces problèmes ne peuvent pas provenir de l'auto-régulation par les mécanismes de marché. Les marchés classiques donnent un accès aux ressources à ceux qui peuvent payer plutôt qu'à ceux qui en ont besoin, ils stimulent une demande artificielle et génèrent des déchets dans le processus de production, et certaines ressources sont même sous-utilisées. » Les auteurs de la déclaration de Cocoyoc prônent l'arrêt du sur-développement des pays occidentaux et une redistribution équitable des richesses pour améliorer les conditions sociales et restaurer les équilibres écologiques. Militants de la « démondialisation » avant l'heure, ils veulent renforcer l'« autonomie nationale », « décentraliser l'économie mondiale » en assumant l'idée d'un « détachement temporaire du système économique actuel » des pays qui subissent la domination des grandes puissances.

En annonçant cette volonté de rupture, ce texte majeur préfigurait un tournant histoire. À ce titre, il devrait figurer dans tous les livres traitant d'écologie politique. Or tel n'est pas le cas. Les Nations unies, qui sont pourtant à l'origine de la conférence de Cocoyoc, l'ont purement et simplement censuré, et cet épisode de l'histoire de l'organisation internationale a été totalement oublié, tant par les chercheurs que par les écologistes eux-mêmes. Alors que les grandes questions environnementales occupaient l'actualité et passionnaient l'opinion publique des pays riches depuis le début des années 1970, il semble bien que les Nations unies se soient empressées d'effacer bien vite les revendications bien trop radicales de la déclaration de Cocoyoc.

À l'époque, pourtant, tous les discours viraient au « vert ». Avec la multiplication des pollutions industrielles au cours des Trente Glorieuses (1945-1973) puis l'émergence de la crise énergétique, le débat sur l'écologie et les modes de vie avait pris une dimension nouvelle. Secouée par le premier choc pétrolier en 1973, la France engageait ses habitants dans la « chasse au gaspi » pour réduire les consommations d'énergie. Le gouvernement de droite du président Georges Pompidou votait notamment la toute première réglementation thermique imposant des critères d'efficacité énergétique dans la construction des bâtiments. Le jeune ministère français en charge de l'environnement avait trois ans d'existence. Le premier sommet international entièrement consacré aux questions écologiques venait d'avoir eu lieu en juin 1972 à Stockholm. De Richard Nixon aux États-Unis à Georges Pompidou puis Valéry Giscard d'Estaing en France, la plupart des chefs d'État des pays riches faisaient référence à la préservation des équilibres écologiques dans leurs interventions publiques.

Les médias n'étaient pas en reste. Le magazine écologiste français *La Gueule ouverte* connaissait un réel succès. Sur la première chaîne de l'Office de radiodiffusion-télévision française (ORTF), les téléspectateurs pouvaient suivre l'émission « La France défigurée », qui traitait des problèmes écologiques et dénonçait régulièrement le comportement des industriels polluant la nature. Les progrès exceptionnels de la science laissaient entrevoir des solutions à presque tous les problèmes, que la croissance économique devait permettre de financer.

Sur la scène politique, l'agronome René Dumont, candidat à l'élection présidentielle française de 1974, portait des propositions de rupture avec le système productiviste en liant les questions de développement et les questions d'écologie. Des mouvements associatifs « verts » étaient actifs dans plusieurs pays d'Europe et aux États-Unis, et de plus en plus traversés par des débats houleux sur l'opportunité de l'engagement électoral. Nous n'en étions qu'au balbutiement des politiques environnementales, mais le contexte intellectuel, technique et politique semblait annoncer un véritable tournant : celui de la prise en compte des capacités naturelles dans la gestion des ressources et des pollutions.

Au début du XXIe siècle, que reste-t-il de cet espoir ? Rien ou presque. Les catastrophes environnementales se sont multipliées dans les pays développés comme dans les pays pauvres. En 1976, l'Italie est victime d'une contamination à la dioxine due à une fuite dans une usine située près de Seveso. En mars 1978, la gigantesque marée noire provoquée par le naufrage de l'*Amoco Cadiz* saccage les côtes françaises. En 1984, l'usine chimique indienne de Bhopal explose : 40 tonnes de gaz mortel tuent des milliers d'habitants sur le coup et continuent de contaminer encore les nappes phréatiques locales ; il s'agit de la plus importante catastrophe industrielle à ce jour. En avril 1986, le réacteur de la centrale nucléaire ukrainienne de Tchernobyl entre en fusion, provoquant un gigantesque incendie : des centaines de milliers d'hectares sont contaminés au césium 137. En 1989, les États-Unis sont confrontés au naufrage de l'*Exxon-Valdez* en Alaska et à la première marée noire d'ampleur touchant leurs côtes. Vingt et un ans plus tard, c'est l'explosion d'une plateforme d'extraction d'hydrocarbures de la firme British Petroleum qui pollue le golfe du Mexique. Entre-temps, l'Europe a connu des crises sanitaires de grande ampleur, comme celle de la « vache folle » ou de la dioxine dans les années 1990, d'autres marées noires comme celles de l'*Erika* (1999) ou du *Prestige* (2002), et quantités de pollutions industrielles diffuses. En mars 2011, un séisme dévaste une partie du nord du Japon et provoque un accident nucléaire majeur à la centrale de Fukushima dont toutes les conséquences ne sont pas encore connues.

Au-delà de ces événements catastrophiques, la plupart des indicateurs environnementaux sont passés au rouge. L'empreinte écologique, qui mesure la quantité de biosphère nécessaire à la production des ressources naturelles renouvelables et à l'absorption des pollutions correspondant aux activités humaines, est supérieure à 1 depuis le milieu des années 1980, et sa progression est continue[1].

_____

1. Comme le souligne le journaliste Frédéric Denhez, cet indicateur qui ne prend en compte que les

Nous consommons globalement plus de ressources que la Terre ne peut en fournir et nous émettons plus de polluants qu'elle ne peut en absorber. En 2010, l'empreinte écologique dépasse de 50 % les capacités naturelles de la planète. Le Fonds mondial pour la nature (WWF) utilise un autre indicateur, l'indice « Planète vivante », pour mesurer les tendances générales qui affectent les populations d'espèces sauvages à travers le monde : sa valeur a chuté de 40 % entre 1970 et 2000, avec une accélération particulièrement marquée depuis les années 1980. Enfin, la communauté internationale s'est engagée à réduire les émissions de gaz à effet de serre d'origine humaine pour lutter contre le changement climatique. Le protocole de Kyoto, signé en 1997, fixe les modalités d'action pour atteindre cet objectif. Pourtant, entre 1997 et 2007, les émissions de gaz à effet de serre dans le monde ont augmenté d'environ 25 %, selon les chiffres officiels de l'Agence internationale de l'énergie.

Nous nous trouvons face à un paradoxe incroyable. Jamais les questions environnementales n'ont à ce point été présentes dans le débat public, jamais nous n'avons disposé d'autant de moyens techniques et financiers pour protéger les écosystèmes, et pourtant, jamais les équilibres écologiques n'ont paru aussi menacés. Pourquoi ?

---

ressources renouvelables sous-estime certainement la gravité de la crise écologique. Frédéric Denhez, *La Dictature du carbone*, Fayard, 2011.

Serait-ce à cause de la nature humaine, fondamentalement destructive, comme le laissent à penser certains discours, très en vogue dans le milieu écologiste ? Faut-il attendre encore que l'éducation à l'environnement produise ses effets et que les générations à venir, mieux sensibilisées, prennent le relais ? Faut-il espérer que la science trouve toutes les solutions dont nous avons besoin ? À force de lire la grande presse, de regarder la télévision et d'écouter les pouvoirs publics, on serait presque tenté de céder à ces raccourcis. Mais ce serait oublier une chose essentielle. Parallèlement à cette montée des crises écologiques, on assiste à l'avènement d'un système économique tout-puissant : le capitalisme néolibéral.

À la sortie de la Seconde Guerre mondiale, les classes dirigeantes américaines et européennes s'attachent à imposer, au sein du bloc de l'Ouest, un ordre économique qui préserve et renforce le capitalisme. Les principes qui fondent une société capitaliste n'ont pas varié depuis que le capitalisme existe : il faut permettre la propriété privée des grands moyens de production dans le but d'accumuler des richesses au profit d'une minorité et marchandiser au maximum les relations sociales. Entre 1945 et 1973, l'expansion du capitalisme est limitée par les conflits entre pays de l'Ouest et pays de l'Est et par la stratégie du « compromis fordiste » qui en résulte. Pour stimuler la consommation, la productivité, et par crainte de la contagion communiste, les grandes puissances économiques acceptent d'augmenter les salaires et de négocier avec les travailleurs occidentaux des conditions sociales plutôt favorables. Mais elles préparent activement, en coulisses, la fin de ce compromis. Dès les années 1960 et 1970, la production se réorganise au niveau mondial. Avec le développement des réseaux de transport et de communication, les lieux de production peuvent être éloignés des lieux de décision et de consommation. Encore faut-il donner un cadre juridique favorable pour que les marchandises et les capitaux circulent librement. L'Accord général sur les tarifs douaniers (GATT) s'y emploie avec succès depuis 1947 et mène une politique de suppression des obstacles aux échanges internationaux en s'employant à abattre les droits de douane. Au milieu des années 1960, les États-Unis connaissent les premières délocalisations, qui touchent l'Europe une dizaine d'années plus tard. Les conditions sociales, fiscales et environnementales des différents États de la planète se trouvent rapidement en concurrence, et les populations des pays développés du bloc de l'Ouest découvrent la « contrainte extérieure ». Les classes dirigeantes n'attendent qu'un événement déclencheur pour faire basculer la plus grande partie du monde dans le capitalisme néolibéral. Ce sera la crise pétrolière de 1973, qui débouche sur une grave crise économique et sociale.

De plus en plus mobiles, les capitaux en provenance des pays riches ont besoin d'un développement rapide de la finance. L'adoption d'un système international de changes flottants en 1973 ouvre la porte à la création d'un grand marché de devises : les monnaient s'achètent, se vendent, et leurs valeurs les unes par rapport aux autres ne sont plus le seul fait des politiques nationales et des accords entre États, mais de la loi de l'offre et de la demande sur un marché soumis à la spéculation[1]. Dans le même temps, l'endettement des pays industrialisés donne naissance à un marché des taux d'intérêt. Le président américain Richard Nixon et son successeur Gerald Ford, tous deux républicains, prennent différentes mesures très favorables à la finance. La retraite par capitalisation est adoptée en 1974, et les commissions fixes sur les marchés d'action et d'obligations sont supprimées en 1975. En 1979, sous la présidence du démocrate James Carter, la banque centrale américaine, la Fed, augmente fortement ses taux d'intérêt et génère une activité considérable sur les marchés. Elle provoque également une crise de la dette dans les pays du Sud.

Margaret Thatcher arrive au pouvoir en Grande-Bretagne en 1979 et Ronald Reagan prend la présidence des États-Unis en 1981. Fervents défenseurs de l'ultra-libéralisme, ils ont en commun de vouloir diminuer autant que possible le poids de l'État pour « libérer les marchés ». En

---

1. Toutefois, pour une longue période encore, les banques centrales interviennent pour soutenir leur monnaie.

Allemagne de l'Ouest, où le chrétien-démocrate Helmut Kohl devient chancelier fédéral en 1982, on applique une stratégie différente pour imposer le capitalisme néolibéral : l'État revendique une présence assez forte dans l'économie, mais pour garantir la libre concurrence et la stabilité monétaire. Dans cette offensive des classes possédantes pour mettre fin à de longues années de keynésianisme, la lutte contre le communisme se poursuit, mais il n'est plus question de compromis avec les classes populaires. Les rouages de la mondialisation sont assemblés, et la vraie régression sociale peut commencer grâce à l'arme du chômage et des délocalisations. Entre 1989 et 1991, les régimes soviétiques s'effondrent et laissent le champ libre à un capitalisme néolibéral. Au début des années 2000, l'émergence dans le commerce international de la Chine et de l'Inde crée de nouveaux marchés, attise la concurrence et accentue la mondialisation déjà très avancée de l'économie capitaliste. L'ordre commercial en place est un système de libre échange d'une puissance redoutable, qui permet la circulation des marchandises, des informations et des capitaux à une vitesse jamais connue auparavant.

La prise de pouvoir du capitalisme néolibéral grâce à ce libre échange et la montée des questions environnementales dans le débat public ont donc lieu simultanément. Pour les grands intérêts privés, la mondialisation est une réussite : en dépit de crises à répétition, les profits des multinationales n'en finissent pas de grimper. Mais l'échec complet des politiques environnementales est tout aussi spectaculaire. Alors que plus personne n'a d'illusion sur l'altruisme supposé des tenants du système économique, que plus personne ne croit à la fable de la mondialisation heureuse ni à celle de la finance éthique, une question reste entière : comment les grands industriels, les financiers, les hommes politiques convertis au libéralisme, qu'il soit « néo », « ultra » ou prétendument social, ont-ils composé avec la question écologique ? Comment sommes-nous passés d'un discours radical issu des Nations unies en 1974 à une écologie vidée de tout contenu politique telle que la portent l'ancien vice-président des États-Unis Albert Gore ou le photographe français Yann Arthus-Bertrand dans les années 2000 ? Comment sommes-nous passés d'un René Dumont dénonçant le productivisme et l'économie de marché à un Daniel Cohn-Bendit défenseur du capitalisme « vert » ? Comment, alors que tous les indicateurs sont au rouge, le capitalisme néolibéral parvient-il à éviter que les peuples se révoltent contre le saccage organisé qui touche autant les écosystèmes que les droits sociaux ?

Pour le comprendre, il faut mettre en perspective les deux chronologies : celle des politiques environnementales et celle de la construction du capitalisme néolibéral. On prend alors conscience de la formidable capacité d'adaptation de ce système qui, après avoir nié l'importance des crises environnementales, décide de s'en emparer pour mieux consolider ses acquis. Il faut également retracer l'évolution complexe d'un mouvement écologiste d'essence « libérale-libertaire », qui alterne les échecs et les succès relatifs sans percer réellement dans l'opinion publique et sans produire d'analyse sérieuse de la mondialisation et de ses impacts. Il faut décoder, enfin, un discours officiel convenu qui fait porter la responsabilité des crises environnementales sur l'individu pour mieux vanter la croissance, le libre échange et l'« autoresponsabilisation » des grandes entreprises.

Ce livre se penche sur les événements, les concepts, les stratégies qui jalonnent l'histoire de l'écologie politique et les replace dans le contexte de la mondialisation. Des termes et des noms connus, qui font parfois l'objet d'une littérature abondante, apparaissent sous un jour nouveau. Pourquoi le Club de Rome est-il soutenu par la puissante famille de banquiers, les Rockfeller, pour produire dès 1972 un rapport sur l'écologie ? Pourquoi le « développement durable » n'est-il finalement que l'adaptation des politiques environnementales au tournant de la rigueur et du capitalisme néolibéral ? Pourquoi les discours des écologistes, des politiques et des institutions internationales ressassent-ils les mêmes revendications ou les mêmes bonnes intentions depuis quarante ans, sans aboutir à la moindre avancée ? Pourquoi le « libre échange », associé dans l'imaginaire collectif à la liberté, à la prospérité et à la paix, est-il le premier responsable de la crise écologique et de la crise sociale ? Il faut aller au-delà des impostures pour en tirer les conclusions politiques. Elles sont sans équivoque. Si nous ne sortons pas du capitalisme néolibéral et de son ordre commercial, le libre échange, il est impossible d'appréhender différemment l'exploitation et le partage des ressources ou la gestion de la pollution. L'écologie politique du XXIe siècle passe par l'invention de mots et de concepts nouveaux : la relocalisation, la démondialisation, la baisse de la consommation matérielle. Par la redécouverte de concepts laminés par le libéralisme : l'État, la souveraineté populaire, la coopération, l'internationalisme. Et surtout, par des modalités concrètes de sortie du libre échange : le retrait de l'Organisation mondiale du commerce, la désobéissance à l'Union européenne, le démantèlement de la finance internationale...

Nous sommes souvent confrontés, en politique comme dans le monde associatif, à une écologie « hors sol » comme il existe une agriculture « hors sol ». Une écologie qui réfléchit et agit comme si la mondialisation n'existait pas ou comme si elle ne structurait pas à la fois les rapports sociaux et nos rapports à l'environnement. Il faut ouvrir les yeux et se rendre à l'évidence : s'il ne suffit pas d'être anticapitaliste pour être écologiste, ceux qui affirment pouvoir protéger les écosystèmes sans sortir du capitalisme sont des menteurs ou des naïfs.

Les errances de l'écologie politique

Le terme « écologie » apparaît au milieu du XIXe siècle, vers les années 1860-1870 en allemand, en anglais et en français pour désigner la science qui étudie les relations et interactions des organismes vivants avec le monde environnant. Très vite, l'écologie est utilisée à des fins politiques : dans la doctrine du « darwinisme social », notamment, les « lois naturelles » justifient la compétition entre individus. Mais ce que l'on nomme l'« écologie politique » n'apparaît qu'après la Seconde Guerre mondiale. Dans les pays riches, l'industrialisation extrêmement rapide des Trente Glorieuses (1945-1973) produit une inquiétude nouvelle qui porte à la fois sur la gestion des ressources et des pollutions et sur la qualité de vie dans un monde focalisé sur la croissance. Pour quelques précurseurs, il est urgent d'intégrer les enjeux environnementaux dans l'action politique et dans l'organisation sociale.

Si des mesures « environnementales » ont toujours plus ou moins existé dans l'histoire, si des associations de défense de l'environnement n'ont pas attendu le xxᵉ siècle pour militer, l'écologie politique apparaît au début des années 1960 dans les pays riches du Nord de la planète. Il ne s'agit plus seulement de faire du lobbying pour défendre des intérêts locaux, mais de considérer l'environnement comme une composante à part entière d'un projet de société. En l'espace d'une décennie, la production intellectuelle et l'activisme militant se développent de façon spectaculaire, et certains écologistes franchissent le cap de l'engagement électoral dans les années 1970.

L'introduction des grandes questions environnementales en politique ne va pas de soi. Sujet complexe par excellence, la protection de l'environnement se pose bien sûr à contrecourant du productivisme et du consumérisme de l'après-Seconde Guerre mondiale. Passer de la « protection de la nature » à l'écologie politique suppose d'aborder les grandes questions de société, les relations internationales, les enjeux économiques et de prendre position sur bien des sujets conflictuels. Certains mouvements et certaines personnalités ont permis des avancées majeures, mais beaucoup y ont perdu leurs illusions, leurs forces ou leur intégrité.

Les racines américaines de l'écologie politique

La naissance de l'écologie politique est souvent attribuée à la biologiste américaine Rachel

Carson (1907-1964). Cette spécialiste des milieux marins débute sa carrière au Bureau des pêches puis se consacre exclusivement à l'écriture dans les années 1950. Une trilogie à succès sur la mer lui assure la sécurité financière et l'autonomie pour mener ses travaux : *The Sea Around Us* (Cette mer qui nous entoure), publié en 1951 ; *The Edge of the Sea* (Les rivages de la mer), publié en 1955 ; et *Under the Sea-Wind* (Sous le vent marin), publié en 1941 mais réédité en 1952. Dès 1945, Rachel Carson s'intéresse à un tout nouveau pesticide : le DDT (pour Dichloro-diphényl-trichloroéthane). Développé en Suisse à la fin des années 1930 par la firme Geigy, ce produit est utilisé par l'armée américaine pendant la Seconde Guerre pour lutter contre les poux ou les insectes porteurs du paludisme et du typhus. En mai 1943, la Food and Drug Administration (FDA) estime que les avantages du DDT en conditions de guerre sont nettement supérieurs à ses effets potentiels sur la santé humaine. L'insecticide est alors produit massivement par la filiale américaine de Geigy. Après le conflit, la puissante industrie de guerre des États-Unis est reconvertie en un temps record dans la consommation de masse. De nombreuses usines chimiques s'orientent vers la production d'engrais et de pesticides pour l'agriculture, et l'épandage aérien permet de recycler une partie de la flotte d'avions de guerre. Le 31 août 1945, Geigy obtient l'autorisation à la vente du DDT aux États-Unis. Les ménages américains découvrent ce produit redoutable qui élimine les moustiques. Les agriculteurs peuvent le pulvériser sur leurs champs pour se protéger des ravageurs. En 1955, l'Organisation mondiale pour la santé (OMS) lance un programme mondial d'éradication du paludisme à grands renforts de DDT. Entre 1945 et la fin des années 1950, la question des impacts environnementaux du DDT intéresse très peu de monde. L'éditeur de Rachel Carson n'y est pas plus sensible que la moyenne, et mettra du temps à se laisser convaincre de publier un ouvrage sur ce sujet. En 1957, le *New York Times* mentionne pour la première fois l'existence d'un groupe d'opposition citoyenne au DDT dans l'État de New York. Des propriétaires de terrains sur Long Island s'insurgent contre les pulvérisations de DDT par avion qui touchent leurs domaines. C'est à cette époque que Rachel Carson, qui a récemment adhéré à l'association de protection de l'environnement *The Nature Conservancy*, entame une véritable enquête sur les pesticides. Elle surveille notamment le Département de l'Agriculture et ses programmes de lutte contre les ravageurs des récoltes, mais également la FDA, qui établit la réglementation sur les pesticides sous le coup d'un lobbying intense des industriels. Son travail dure quatre années. En 1962, elle publie ses résultats d'étude sur l'impact sanitaire et environnemental des pesticides dans

un livre intitulé *Silent Spring* (« Printemps silen-
cieux »), où elle incrimine tout particulièrement
le DDT. L'ouvrage est un best-seller et sert de
point de départ à de nombreuses actions militantes, y compris en justice. Réfutées et combat-
tues par les industriels, et notamment la firme
DuPont qui produit de grandes quantités de
DDT, les thèses de Carson sont confirmées par
le *Science Advisory Committee*, nommé par John
Fitzgerald Kennedy, dans un rapport publié en
mai 1963. L'affaire aboutit en 1970, après la
disparition de la scientifique décédée en 1964
d'un cancer, à la création par le gouvernement
du président Richard M. Nixon de l'Agence de
protection de l'environnement, l'Environmental Protection Agency (EPA). L'Administration
américaine ôte à la FDA l'évaluation environnementale des pesticides pour la confier à l'EPA,
moins dépendante des lobbies.

Militante de la protection de la nature, Rachel
Carson écrit sur la science et l'écologie, mais ne
s'aventure pas sur le terrain politique. Dans *Silent Spring*, elle critique « l'administration américaine » et les groupes industriels avides de profits,
mais n'en tire qu'une conclusion : les citoyens
doivent se battre pour protéger la planète et leur
santé, ce qui, aux États-Unis, passe par les tribunaux. Cette approche « lobbyiste » la distingue
d'un autre auteur américain, qui mérite mieux
que Rachel Carson la paternité de l'écologie politique : le biologiste Barry Commoner.

Né en 1917, il occupe la chaire de physiologie des plantes à l'université Washington. Dans les années 1950, il mène des travaux sur la présence d'un composé radioactif, le strontium 90, dans les dents de lait des enfants. Le strontium radioactif est, avec l'iode et le césium, le principal polluant distant émis par les essais nucléaires, et il a la particularité d'être re-concentré *via* certains champignons dans la pyramide alimentaire. D'une structure chimique proche du calcium, il suit le même chemin dans l'organisme et pénètre les os et les dents. À une époque où l'armée américaine fait exploser des bombes atomiques dans le désert du Nevada, Commoner publie plusieurs ouvrages dans lesquels il dénonce les essais nucléaires à l'air libre. Mais très vite, il élargit sa réflexion. *Science and Survival* (Science et survie) paraît aux États-Unis en 1963, puis en France en 1969 sous le titre *Quelle Terre laisserons-nous à nos enfants*[1], moins adapté au contenu du livre que le titre d'origine. En effet, Commoner limite son propos à la science, et détaille le point de vue du spécialiste qu'il est. Des essais nucléaires aux détergents en passant par les pesticides, il liste de nombreux dégâts provoqués par une mauvaise utilisation de la technologie, sans condamner la science en tant que telle. Mais il dénonce tour à tour le morcellement des

1. Barry Commoner, *Quelle Terre laisserons-nous à nos enfants ?*, Le Seuil, 1969.

connaissances, la loi du secret liée aux impératifs
militaires ou industriels, les objectifs politiques
qui orientent les travaux, en citant la conquête
de l'espace et les budgets démesurés de l'agence
spatiale américaine, la NASA. Il souhaite que le
chercheur demeure indépendant tout en étant
responsable et plaide pour un contrôle populaire sur la science et ses applications. Il s'oppose très clairement à la dictature de l'expertise,
estimant que « le citoyen peut comprendre les
faits sous-jacents aux problèmes technologiques
modernes » mais qu'il ne peut évidemment pas
vérifier l'exactitude des travaux. Les choix politiques doivent donc être faits par les politiques,
mais avec un devoir d'information et de consul-
tation du citoyen qui suppose avant toute chose
une science au dessus de tout soupçon. À aucun
moment, Barry Commoner ne verse dans le pas-
séisme, ce qui le distingue de bien des naturalistes qui l'ont précédé sur le terrain de l'écologie
américaine. On trouve dans son texte une critique des grandes entreprises de l'automobile ou
de l'agrochimie, mais *Science and survival* parle
peu d'économie, sujet sur lequel Commoner est
encore mal à l'aise. Son livre suivant *The Closing
Circle* (« Le cercle qui se referme »), qui paraît en
1971, est bien plus explicite[1].

---

1. Paru en France en 1972 sous le titre *L'Encerclement. Problèmes de survie en milieu terrestre*, aux éditions
du Seuil.

Il sort un an après la première «Journée de la Terre» organisée aux États-Unis le 22 avril 1970. Mis sur pieds par le sénateur démocrate Gaylord Nelson, cet événement est fêté dans 2 000 collèges et universités, dans plus de 10 000 écoles et dans des centaines de communautés, mobilisant au total 20 millions de citoyens américains. Des centaines de conférence ont lieu, les mouvements écologistes participent, mais chacun y va de son interprétation sur l'ampleur de la crise (qui se limite pour beaucoup à des pollutions locales, notamment des ressources en eau), ses causes et les solutions à apporter. Surtout, des multinationales comme Monsanto, Ford ou Dow Chemical profitent de l'occasion pour sponsoriser des conférences et vanter leur attitude responsable vis à vis de l'environnement[1].

Barry Commoner comprend que la crise environnementale est déjà récupérée par le pouvoir politique et économique et que des discours comme le sien risquent d'être dilués dans une véritable cacophonie. *The Closing Circle* remet les pendules à l'heure. Commoner y montre que la recherche d'accroissement des profits des grandes firmes est à l'origine de l'escalade technologique et de l'exploitation des ressources. Il opte cette fois pour une approche résolument politique et se demande si «une économie classique de marché

---

1. Michael Egan, *Barry Commoner and the Science of Survival*, MIT Press, 2007.

n'est pas fondamentalement incompatible avec
ce maintien de l'intégrité de l'environnement».
La réponse est dans la question, mais Commoner
va jusqu'à estimer que le socialisme serait bien
mieux adapté à la protection de l'environnement
et à la satisfaction des besoins sociaux, pour peu
qu'on ne reproduise pas le totalitarisme de certains pays communistes.

Il enfonce le clou dans un troisième ouvrage,
*The Poverty of Power : Energy and the Economic
Crisis* («La pauvreté du pouvoir : l'énergie et
la crise économique»), qui paraît en 1976 aux
États-Unis, après le premier choc pétrolier de
1973, et en 1980 en France. Il y explique l'en-
chevêtrement des problèmes économiques, sociaux et environnementaux et propose d'établir
une hiérarchie claire : une économie au service de
la production (pour satisfaire les besoins sociaux),
elle-même respectueuse des équilibres naturels.
Il examine les différents moyens de produire de
l'énergie, plaide non seulement pour le renouvelable, mais pour une utilisation économe, et
conclut une nouvelle fois par une critique sévère
du capitalisme et des multinationales. «Ainsi, de
même que la crise de l'environnement, la crise
énergétique a montré que la mécanique interne
du système capitaliste est curieusement incapable
de répondre à certains besoins sociaux comme
le besoin d'un environnement vivable ou d'un
approvisionnement pétrolier sûr. Ce système
s'est également révélé incapable de développer

des sources d'énergie renouvelables et non polluantes, des technologies agricoles ou utilisant l'énergie avec efficacité et ayant un faible impact sur l'environnement, des procédés de fabrication demandant de faibles capitaux et procurant des emplois satisfaisants et sûrs. [...] Une autre raison de l'incapacité de l'économie capitaliste à satisfaire bien des besoins sociaux est qu'elle repose sur l'échange de marchandises, produites pour être vendues avec bénéfice. Dans le secteur de l'énergie ces marchandises sont mises sur le marché sans souci de leur utilité sociale.» Citant l'analyse de Marx, il conclut qu'«une sorte de tabou politique a empêché les Américains de mettre en question la capacité ou les qualités du système capitaliste ou de le comparer ouvertement avec un régime aussi étranger que le socialisme. Mais il est devenu de plus en plus difficile de respecter ce tabou.»

Les écrits de l'économiste Barry Commoner inspirent des intellectuels, aux États-Unis comme ailleurs, et notamment l'économiste français Ignacy Sachs, fondateur du concept d'«écodéveloppement» dans les années 1970, qui est l'une des chevilles ouvrières des premières conférences internationales sur l'environnement. Les idées de Commoner bousculent les opinions publiques, pénètrent aux Nations unies et interpellent les gouvernements. En France, il est cité dans des revues officielles, comme celle de la Délégation interministérielle à l'aménagement du territoire et à l'attractivité régionale (DATAR). Mais de là à dire que ses thèses sont toutes acceptées, il y a évidemment un pas à ne pas franchir : le monde politique et les administrations retiennent le discours écologiste et scientifique, pas sa critique de l'économie de marché et son appel au socialisme. Les nombreux articles qui citent Commoner, à son époque comme aujourd'hui, ne sélectionnent qu'une partie de son analyse, celle qui traite de la place de la science, de la nécessité de protéger l'environnement. Le plus souvent, les dernières pages de *The Closing Circle* et *The Poverty of Power* sont effacées de sa biographie, car trop critiques vis-à-vis du système politico-économique.

Avec Carson et Commoner, les États-Unis des années 1950 et 1960 sont donc le berceau de l'écologie politique. L'écologie américaine a été essentiellement tournée dès ses débuts vers la conservation des espaces naturels. Le Sierra Club, fondé en 1892 pour protéger la chaîne montagneuse de la Sierra Nevada, est la première organisation américaine de citoyens, non gouvernementale, de défense de la nature. La forte croissance d'après-guerre amène les citoyens à réagir aux pollutions urbaines et industrielles. Mais ces réactions restent très circonscrites géographiquement et socialement : il s'agit souvent pour les classes moyennes de préserver leur cadre de vie, ce qu'André Gattolin, universitaire spécialiste des réseaux activistes, qualifie de « local-populisme »[1]. Sous l'influence de Rachel Carson, et sans doute plus encore de Barry Commoner, et en réaction aux essais nucléaires et aux conflits armés, le mouvement écologiste se politise. L'utilisation par les États-Unis de l'agent orange, un puissant défoliant à base de dioxine, pendant la guerre du Vietnam, fait converger les discours écologistes et pacifistes. Après la parution de *Silent Spring* de Rachel Carson, le rapprochement des pensées féministes et écologistes donne naissance au concept d'écoféminisme dont se revendiqueront l'auteur française Françoise d'Eaubonne (1920-2005) ou l'agronome indienne Vandana Shiva.

En 1971, des membres du Sierra Club qui souhaitent s'investir plus spécifiquement dans la lutte contre les essais nucléaires créent une nouvelle organisation du nom de Greenpeace.

Toutefois au sein de cette nébuleuse, la tendance progressiste représentée par Barry Commoner n'a pas le monopole de l'écologie. En 1968, le biologiste et démographe américain Paul Ralph Ehrlich, né en 1932, publie un ouvrage, *The Population Bomb*, traduit en français par « La bombe P ». Pour lui, l'impact humain sur la planète est le produit de trois facteurs : la population, la technologie et la richesse. C'est sur la première variable qu'Ehrlich propose de

---

1. André Gattolin, « De la nécessité d'un nouvel éco-système politique », *Multitudes*, n° 24, 2006/1, p. 119-129.

faire porter la contrainte. À l'époque où paraît *The Population Bomb*, les chercheurs découvrent que les statistiques démographiques dans les pays pauvres dépassent de très loin les prévisions de la décennie précédente. Pour l'Inde, par exemple, les études prospectives de 1951 tablaient sur une augmentation annuelle de 1,3 % ; il s'avère qu'elle atteint finalement 2,5 % dans les années 1960, soit près du double[1]. Or, l'ampleur de la pauvreté au Sud est de mieux en mieux perçue par l'opinion publique des pays industrialisés grâce au développement des médias et du tourisme. L'immigration est également en forte croissance, car les Trente Glorieuses réclament de la main d'œuvre étrangère. Aux États-Unis, la loi Johnson-Kennedy de 1965 supprime les quotas d'immigration en fonction du pays d'origine, ce qui génère une augmentation des entrées de migrants sur le territoire. En Europe, les ressortissants des anciennes colonies sont de plus en plus nombreux à venir chercher du travail dans l'ancienne métropole. La croissance démographique au Sud est rapidement associée à l'image inquiétante de pays riches envahis par des étrangers pauvres à la recherche d'un emploi et de conditions de vie meilleures. Chez les élites, elle génère des craintes d'une autre nature. En 1973, l'homme politique et écrivain

---

1. Jan Tinbergen, *Pour une terre vivable*, Elsevier Séquoia, 1976.

français Alain Peyrefitte (1925-1999) publie
un livre intitulé *Quand la Chine s'éveillera... le
monde tremblera*, qui laisse entrevoir un possible
déclin des pays riches au profit des Chinois.
Dès la fin des années 1960, la « surpopulation »
est un thème qui commence à terrifier les sociétés occidentales, et elle reste un sujet majeur
durant toutes les années 1970. Le livre d'Ehrlich, édité par le Sierra Club, connaît un succès
considérable, avec deux millions d'exemplaires
vendus et une couverture médiatique exception-
nelle. Il est enrichi par l'auteur pour une deuxième version diffusée en 1971 aux États-Unis
et en 1972 en Europe[1]. Les premières pages du
livre relatent la rencontre du biologiste avec l'explosion démographique, au cours d'un voyage
à Dehli, en Inde. « Je rentrais avec ma femme
et ma fille à l'hôtel, dans un taxi vétuste, dont
les sièges étaient infestés de puces. Seule la seconde vitesse fonctionnait. Comme nous traver-
sions au pas la ville, nous pénétrâmes dans une
zone misérable et surpeuplée. La température
dépassait les 40 degrés et l'air n'était plus que
poussière et fumée. Les rues étaient grouillantes
d'hommes. Des hommes qui mangeaient, des
hommes qui se lavaient, des hommes qui dor-
maient. [...] Des hommes, des hommes, des
hommes, des hommes. Dans notre enclave lente

---

1. Paul Ehrlich, *La Bombe P*, Fayard/Les Amis de
la Terre, 1972.

et klaxonnante, nous avancions dans un enfer de poussière, de bruit, de chaleur, de feux de camp. Reverrions-nous jamais notre hôtel ? ». De ce tableau effrayant et des données sur les ressources naturelles qu'il examine, Ehrlich tire une conclusion sans équivoque : pour le bien de « nos enfants », pour ne pas leur léguer « un air irrespirable, une terre exténuée, un univers en proie à la famine, aux maladies, à une violence meurtrière », il faut « une limitation stricte et rationnelle des naissances ». Dans ses diverses interventions orales ou écrites, Ehrlich hésitera sur la marche à suivre pour « endiguer le flot humain ». Il se montrera tantôt adepte des sanctions contre les pays qui ne contrôlent pas leur natalité, tantôt partisan des incitations, mais il ne démordra jamais de la pertinence de son objectif.

Les courants marxistes critiquent vertement cette analyse, qui évacue totalement la question de la répartition des richesses. Barry Commoner s'oppose à Ehrlich, lui reprochant une approche monomaniaque et autoritaire. À l'inverse, Ehrlich estime que Commoner focalise sur les dangers de la technique, et, en ne posant pas le problème de la surpopulation, reste dans une posture « socialement confortable ». Le numéro de mai 1972 du *Bulletin of the Atomic Scientists* fournit au lecteur une controverse entre les deux hommes, alors que Commoner vient de publier *The Closing Circle*, dans lequel il met en pièces l'idée de réduire de force la population mondiale.

La tendance représentée par Ehrlich est baptisée « néo-malthusienne » en référence à l'économiste britannique Thomas Robert Malthus (1766-1834) qui souhaitait déjà imposer à son époque une politique de maîtrise de la population pour protéger les ressources. Le débat intellectuel fait rage entre ces deux figures de l'écologie américaine que tout oppose. Barry Commoner est un enfant de la Grande Dépression de 1929, durant laquelle ses parents, des immigrés russes, ont tout perdu. Fils d'une enseignante de Grec et de Latin et d'un commerçant, Ehrlich passe sa jeunesse à chasser les papillons et à observer la nature. Pour lui, la pollution est un problème biologique. Pour Commoner, « la pollution ne commence pas dans le lit familial, mais dans les instances dirigeantes des grandes entreprises[1]. »

La lutte des classes, grande absente
du discours écologiste

Par-delà ces clivages profonds, deux questions fondamentales traversent les mouvements écologistes : celle du rapport de l'homme à la nature et celle de la place de l'individu dans la société. C'est justement à ces deux questions que Henry David Thoreau (1817-1862) a apporté, dans ses écrits, ses propres réponses. Cet

---

1. Barry Commoner, intervention lors de la Journée de la Terre, Brown University, 22 avril 1970.

écrivain américain d'origines française et écossaise s'engage dans la lutte contre l'esclavagisme et conçoit une philosophie de la résistance non violente, qui inspirera aussi bien Mohandas Karamchand Gandhi (1869-1948) en Inde que le mouvement noir américain. On doit à Thoreau deux livres majeurs. Le premier, *Walden ou la vie dans les bois*, publié de son vivant en 1854, relate son expérience d'isolement sur les bords de l'étang de Walden, dans le Massachusetts, deux années durant. Thoreau prône un retour à la vie dans sa plus simple expression, en symbiose avec une nature qu'il personnifie et idéalise. Son deuxième livre, *Résistance au gouvernement civil*, paraît en 1849 ; il sera titré après la mort de l'auteur *La Désobéissance civile* (*Civil Desobedience*). Thoreau y développe son concept de résistance passive, qui est avant tout une révolution intérieure : « La seule obligation qui m'incombe est de faire en tout temps ce que j'estime juste », écrit-il. Cette conception très individualiste du rapport à la nature comme du rapport à la justice marque profondément les mouvements non violents et les écologistes. Aujourd'hui encore, la « désobéissance civile » (ou « civique ») et la « simplicité volontaire » des objecteurs de croissance sont des adaptations contemporaines de la démarche de Thoreau.

Cette paternité de l'écologie politique, qui revient largement à des penseurs américains, est particulièrement importante. Dans un premier temps, ce sont ces idées qui se diffusent en Europe, dans les milieux intellectuels, avec la traduction des ouvrages de Carson, Commoner, Ehrlich, puis la redécouverte par la contestation de Mai-1968 de l'œuvre de Thoreau, avant que les intellectuels européens ne produisent leur propre pensée écologiste. On importe sur le vieux continent les termes du débat tels qu'ils ont été posés dans le pays le plus riche de la planète, de sensibilité libérale, et disposant à cette époque de la plus grande influence culturelle. L'écologie politique se bâtit sur le modèle américain, dans ce qu'il a de plus conservateur (Ehrlich), de plus progressiste (Commoner) ou de plus individualiste (Thoreau).

L'influence de la gauche « radicale » américaine sur les fondements de l'écologie politique est également cruciale. Sortie exsangue du maccarthysme, la gauche américaine renaît en 1960 avec la lutte pour les droits sociaux, et notamment la lutte contre la ségrégation. Mais elle reste très éloignée des débats économiques, des revendications traditionnelles de la gauche telle qu'on les conçoit en Europe. Les activistes qui forment cette gauche radicale s'inspirent des idéaux du libéralisme américain, au premier rang desquels figure la liberté individuelle, et, pour une petite partie d'entre eux seulement, découvrent le marxisme ou le socialisme sur le tard. Marie-Christine Granjon, chargée de recherche au Centre d'études et de recherches internationales

(CERI) de la Fondation nationale des sciences politiques, estime que « l'idéologie initiale de la nouvelle gauche doit bien davantage à la tradition libérale américaine, à C.W. Mills[1] et aux sociologues critiques des années 1950 (D. Riesman, W.H. Whythe...), à la non-violence active des pacifistes radicaux et des militants pour les droits civiques, qu'à Marx et aux penseurs socialistes. La société américaine est dénoncée d'un point de vue moraliste et humaniste beaucoup plus que dans ses structures économiques[2]. »

Les raisons pour lesquelles les États-Unis se montrent hermétiques au socialisme sont historiques et structurelles : l'influence religieuse, l'absence de passé féodal, l'expansionnisme, le statut de première puissance permettant de maintenir une certaine stabilité sociale sont les principaux éléments d'explication. Une chose est sûre : dans ce pays, et quelle que soit l'époque, les citoyens se battent plus facilement contre « les élites », « le pouvoir », pour les droits des minorités, que contre le capitalisme. Ils ont également une grande méfiance vis-à-vis du gouvernement fédéral et craignent plus que tout la

1. Charles Wright Mills (1916-1962), sociologue américain du courant de la sociologie critique. Il a publié plusieurs ouvrages pour dénoncer le fonctionnement d'une société américaine faite par et pour les élites.
2. Marie-Christine Granjon, « Révolte des campus et nouvelle gauche américaine (1960-1988) », *Matériaux pour l'histoire de notre temps*, 1988, n°s 11-13, p. 10-17.

limitation des libertés individuelles par un État
éclaté entre le niveau local et le niveau fédéral.
L'une des figures emblématiques de la dénonciation des élites américaines et de la défense
des droits sociaux est Ralph Nader, un avocat
né en 1934 dans le Connecticut. Nader se fait
connaître au début des années 1960 en attaquant General Motors sur la sécurité de ses véhicules, puis écrit de nombreux livres et articles
pour dénoncer le comportement des firmes vis-
à-vis des citoyens. En 1971, il fonde l'association Public Citizen pour défendre les droits des
consommateurs, et l'écologie tient une place importante dans son discours et ses actions. Pour
lui, un très petit pourcentage de la population
peut suffire à provoquer de grands changements
sociaux, parmi lesquels il cite volontiers l'abolition de l'esclavage ou l'introduction du vote
des femmes, deux causes emblématiques pour la
gauche américaine. Mais Nader ne dit rien des
conflits entre classes sociales ni de la nécessité de
repenser les structures économiques. Il propose
un lobbying utile, mais, comme la plus grande
partie de la gauche américaine de l'époque, ne
porte pas de véritable projet politique.

Et l'Europe importe l'écologie américaine

L'Europe, qui n'a ni la même histoire, ni
la même vision du monde, ni le même rapport à l'État que les Américains, va pourtant

puiser dans cette production intellectuelle pour construire son approche de la protection de l'environnement. Après la Seconde Guerre mondiale, la situation économique et sociale en Europe n'a rien à voir avec celle des États-Unis. Le développement de l'écologie est plus difficile dans une Europe de l'Ouest largement préoccupée par sa reconstruction que dans un pays extrêmement puissant et qui ne fut pas bombardé. Un embryon de mouvement écologiste européen se crée après-guerre et se tourne d'emblée vers l'international. L'Union internationale pour la protection de la nature (qui deviendra en 1956 l'Union internationale pour la conservation de la nature, UICN) est fondée le 5 octobre 1948 par des naturalistes à la suite d'une conférence tenue à Fontainebleau. Cette première organisation mondiale de conservation, qui regroupe des associations, des entreprises et des gouvernements, est basée en Suisse, pays neutre et indemne de la guerre. En 1961, c'est la création du Fonds mondial pour la nature (World Wildlife Fund, WWF), également basé en Suisse. Ces deux mouvements poussent la communauté internationale à s'emparer du sujet de la protection de l'environnement, en se concentrant sur la préservation des espaces naturels et de la biodiversité. La préparation du premier Sommet de la Terre, qui se déroulera à Stockholm en 1972, débute dès 1968, à l'initiative de la Suède, un autre

pays « neutre » et épargné pendant la Seconde
Guerre mondiale, donc plus enclin à se soucier
d'écologie. Cette même année, les forts mouvements sociaux qui ont lieu dans plusieurs pays,
notamment en France, intègrent pour certains
la protection de l'environnement à leur discours
(« La fôret précède l'homme, le désert le suit »,
par exemple), même s'ils se limitent à une critique assez basique de la société industrielle et
particulièrement de l'industrie militaire.

Les publications de Rachel Carson et Paul
Ehrlich connaissent un succès important en
France et surtout en Allemagne de l'Ouest. Les
relations germano-américaines sont alors très
étroites. Cette proximité tient en premier lieu
à l'immigration récente (dans les années 1930)
et à la stratégie des États-Unis, qui soutiennent
économiquement et politiquement la République fédérale d'Allemagne pour faire barrage
au bloc de l'Est ; la contre-culture traverse l'Atlantique. Les débats sur l'écologie qui font rage
aux États-Unis passionnent d'autant plus les Allemands qu'un certain culte de la nature fait
partie de leur tradition. Les travaux d'Herbert
Marcuse (1989-1979) participent à renforcer
le lien entre les mouvements contestataires aux
États-Unis et en Allemagne. Ce philosophe et
sociologue juif né à Berlin émigre dans les années 1930 pour fuir le nazisme. Il enseigne dans
différentes universités, notamment celle de Cali-
fornie. En 1964, il publie *One Dimensional Man*

(*L'Homme unidimensionnel*) qui devient une sorte de bible des mouvements étudiants français et allemands en 1968, qu'il soutient fermement. Dans son ouvrage, Marcuse dénonce le culte du rendement qui sert le système capitaliste et propose l'abolition du *travail aliéné* par le dépassement de la société industrielle. Plutôt que la critique marxiste traditionnelle d'une société de classes et d'une propriété privée des moyens de production, la nouvelle gauche de 1968 préfère puiser chez Marcuse le discours *anti-industriel*, plus compatible avec les aspirations de la jeunesse bourgeoise en quête d'émancipation[1].

Après que les révoltes du printemps 1968 se soient dissipées, l'écologie politique émerge réellement en Europe de l'Ouest autour de plusieurs courants de pensée. L'écologie « profonde », théorisée en 1972 par Arne Næss (1912-2009), fait peu d'adeptes sur le vieux continent, à l'exception de la Grande-Bretagne. Fils de banquier, Arne Næss étudie la philosophie à Oslo, à La Sorbonne et à Vienne. Admirateur de Gandhi, il rejoint la résistance pendant la Seconde Guerre mondiale et participe à plusieurs mouvements pacifistes. La lecture de *Silent Spring*, de Rachel Carson, l'amène à travailler sur les questions environnementales. Il conceptualise l'écologie « profonde », qu'il oppose aux

---

1. Thomas Keller, *Les Verts allemands, un conservatisme alternatif*, L'Harmattan, 1993.

formes d'écologie anthropocentrées, qualifiées de « superficielles ». Il considère que « le droit de toute forme de vie à vivre est un droit universel qui ne peut pas être quantifié » et qu'« aucune espèce vivante n'a plus de ce droit particulier de vivre et de s'étendre qu'une autre espèce ». Contrairement à l'interprétation qui fut souvent faite de ses textes, Næss n'estime pas pour autant que la vie d'un moustique vaut la vie d'un homme, mais il pense que « les humains n'ont pas le droit de détruire la richesse et la diversité des formes de vie, sauf pour satisfaire des besoins vitaux ». Arne Næss critique également l'ordre économique, s'inquiète de l'augmentation de la population mais refuse les mesures autoritaires pour la réduire.

Différents groupes se revendiqueront de sa pensée, faisant de l'écologie « profonde » une nébuleuse complexe. C'est notamment le cas des activistes d'Earth First !, groupe formé en 1980 aux États-Unis, qui utiliseront des méthodes de sabotage pour s'opposer à la déforestation. Le philosophe franco-britannique Edward Teddy Goldsmith (1928-2009) est lui aussi très inspiré par l'écologie « profonde ». Cet intellectuel, fondateur en 1969 de la revue *The Ecologist,* publie en 1972 *Blueprint for Survival,* paru en France sous le titre *Changer ou disparaître*[1]. À la

---

1. Edward Teddy Goldsmith, *Changer ou disparaître,* Fayard, 1972.

veille du sommet de Stockholm, Goldsmith y
défend le retour à des communautés hiérarchisées, patriarcales, autosuffisantes, et surtout une
réduction de la population mondiale. Son discours
cours sur le contrôle de la démographie rejoint
celui de l'Américain Paul Ehrlich, et ceux de
grandes organisations comme le Sierra Club ou
l'UICN. Les écologistes britanniques sont nombreux à adopter la position idéologique d'Edward Goldsmith, mais restent plutôt isolés par
rapport aux autres pays d'Europe.

Ailleurs, deux principaux courants s'opposent. D'un côté, le naturalisme « conservateur »
représenté par l'artiste et philosophe suisse Robert Hainard (1906-1999). Hostile au gauchisme, défenseur des communautés et des
individus contre l'État-nation, il considère que
la nature et la culture sont incompatibles. Il
propose de séparer clairement les espaces naturels, qu'il faut conserver intacts, et la civilisation, par définition nuisible à l'environnement.
À l'opposé, le discours du psychologue français
Serge Moscovici prône un naturalisme « subversif ». Juif d'origine roumaine, Moscovici a fui
les lois antisémites et est arrivé en France en
1948. En 1950, il obtient une bourse de réfu-
gié et entre à la Sorbonne, où il étudie la repré-
sentation sociale de la psychanalyse. Il crée en
1965 le Laboratoire européen de psychologie
sociale. Il conceptualise sa vision de l'écologie dans *La Société contre nature*, paru en 1972.

D'après lui, en renouant avec le corps et la nature, il serait possible de « ré-ensauvager la vie » et de dépasser la civilisation industrielle pour favoriser le bien-être de l'homme. L'idée d'une société post-industrielle et post-matérialiste est largement développée par Moscovici. Le philosophe français André Gorz (1923-2007) va encore plus loin et tente de marier marxisme et écologie. Ce disciple de Jean-Paul Sartre travaille sur les questions d'aliénation et d'émancipation. En 1964, il co-fonde avec Jean Daniel le magazine hebdomadaire *Le Nouvel Observateur* sous le pseudonyme de Michel Bosquet. Profondément marqué par le mouvement de Mai-1968, et notamment par le caractère « spontané » du gauchisme, il s'investit au début des années 1970 dans l'écologie dite radicale. Il publie en 1975 un recueil de textes, *Écologie et politique*, dans lequel l'écologie apparaît comme un moteur de la transformation sociale. Gorz s'oppose au productivisme, à l'économie, mais également aux institutions, au premier rang desquelles figure l'État. Il écrit par exemple, à propos des sociétés occidentales : « On a pris l'habitude d'appeler totalitaire ce genre de sociétés, parce que l'État y a totalement évincé la société civile et est devenu "État total"[1]. » Des propos qui rappellent ceux

---

1. André Gorz et Michel Bosquet, *Écologie et politique*, Le Seuil, 1978.

de l'agronome français René Dumont (1904-2001), autre grande figure de l'écologie française : « La notion moderne d'État, prenant la suite du pouvoir féodal, mais avec de bien plus grands moyens centralisateurs, se retrouve aujourd'hui derrière toutes les formes d'exploitation[1]. »

Localisme, mondialisme et haine de l'État

Contrairement à Hainard et à Goldsmith, Moscovici, Gorz ou Dumont sont incontestablement progressistes. Ils représentent l'écologie politique issue de la contre-culture soixante-huitarde en opposition à la culture dominante bourgeoise. Leur discours rappelle celui du mouvement hippie, né au début des années 1960 aux États-Unis, et montre une certaine fascination pour la nouvelle gauche américaine. Paradoxalement, au moment même où une partie de la gauche radicale américaine s'ouvre au socialisme et au marxisme, le mouvement de 1968 se prend de passion pour cette contre-culture américaine et pour ce que le philosophe français Edgar Morin appelle le « gauchisme existentiel » : les revendications pour les droits sociaux prennent nettement le pas sur la lutte des classes, la contestation de la morale dominante est plus

---

1. René Dumont in Jean-Paul Ribes, *Pourquoi les écologistes font-ils de la politique ?*, Le Seuil, 1978.

importante que celle du pouvoir politique en place. Marie-Christine Granjon l'exprime en ces termes : « Ce qu'on appellera la nouvelle culture ou la nouvelle gauche dans la France des années soixante-dix regroupait les adeptes de ce "gauchisme existentiel", plus culturel que politique, aux contours mal définis. Les écologistes (Les Amis de la Terre), les antinucléaires, les militants du Mouvement pour une alternative non violente (1974), une fraction du PSU, en constituaient les éléments les plus actifs et les plus organisés. Cette gauche, dite encore "alternative", anti-autoritaire et anti-étatiste, hostile au "capitalisme des monopoles" comme au capitalisme d'État, ayant cessé de croire au rôle privilégié de la classe ouvrière, rappelle étrangement la nouvelle gauche américaine des années 1960-1968 (avant la brève poussée ouvriériste et tiers-mondiste en 1969-1970) et son prolongement, l'activisme protestataire des années 1970 et 1980[1]. »

Par ailleurs, au moment où Moscovici et Gorz publient leurs théories sur l'écologie, la parenthèse soixante-huitarde se referme en Europe. Des changements sociétaux sont en marche, mais les mouvements revendicatifs n'aboutissent à aucun changement politique profond. La gauche reste en situation d'échec ou de victoire à

---

1. Marie-Christine Granjon, « Révolte des campus et nouvelle gauche américaine (1960-1988) », *op. cit.*

la Pyrrhus. En France, elle perd les élections législatives de 1968 (41,2 %) et de 1973 (44,9 %). En Allemagne de l'Ouest, elle n'arrive qu'en seconde position en 1969 (42,7 % contre 46 % pour les conservateurs), ce qui l'oblige à s'allier au Parti libéral démocrate (FDP) pour gouverner. Arithmétiquement victorieuse en 1972 mais ne disposant toujours pas d'une majorité absolue, elle poursuit son alliance avec les principaux défenseurs de l'économie libérale que sont les membres du FDP. De l'autre côté de l'Atlantique, la libéralisation des mœurs déclenche une réaction puritaine qui amène le républicain Richard Milhous Nixon (1913-1994) au pouvoir aux États-Unis en 1968 et le fait réélire en 1972. L'espoir à relativement court terme d'une société nouvelle s'est évanoui.

Le milieu de la contre-culture en Europe renonce alors à changer la société et propose à la place de changer « la vie ». La différence est fondamentale. Changer la société supposerait d'élargir la base du mouvement contestataire, de mener des luttes sociales d'ampleur au niveau national puis international, de porter un véritable projet politique articulant le combat électoral et le combat dans la rue et dans les entreprises. L'écologie politique choisit au contraire de promouvoir le modèle communautaire, de l'ériger en exemple, pour peu qu'il respecte certains principes de solidarité, d'égalité homme-femme. La stratégie proposée par Moscovici est

de fédérer les minorités : les féministes, les auto-
nomistes, les régionalistes... Il refuse d'imposer
un projet politique, idéalise le fonctionnement
« en réseau » (inspiré du Parti radical italien, lui-
même inspiré des luttes des Noirs américains),
qu'il oppose aux structures hiérarchisées, et défend le droit à la différence contre l'universa-
lisme républicain. En Allemagne, où les mêmes
revendications ont cours, cette conception est
résumée par le slogan « l'unité dans la diversité ».

En dépit de leurs oppositions flagrantes, écologistes profonds, conservateurs et subversifs se
retrouvent finalement sur plusieurs points : l'individualisme, un certain communautarisme, des
références à la spiritualité et à la morale en lieu
et place de perspectives politiques... et surtout
la haine de l'État. Pour Goldsmith et Hainard,
l'État-nation est « contre nature ». Chez le premier, il s'oppose aux organisations communau-
taires prétendument idéales d'un point de vue
écologique. Chez le second, il est une construction artificielle, nécessairement nuisible à la planète. Pour Moscovici, Gorz ou Dumont, l'État
est l'oppresseur, le promoteur du nucléaire civil et militaire. Ravalé au rang de contrainte sociale, au même titre que la famille traditionnelle
ou le salariat, il devient l'ennemi numéro un
d'une écologie « subversive » ou « radicale » qui
s'apparente à de l'anarcho-écologisme.

Ces fondements alternatifs et ce positionnement idéologique contre l'État ne sont pas une

particularité française, mais bien une constante
de l'écologie politique en Europe de l'Ouest.
L'association Les Amis de la Terre créée en
Grande-Bretagne en 1971 par un ancien membre
du Sierra Club s'implante dans de nombreux
pays au début des années 1970 et reprend à son
compte le naturalisme subversif de Moscovici.
En Belgique francophone, la première liste alternative se présente aux élections communales
de Namur en 1976 sous l'étiquette « Combat
pour l'écologie et l'autogestion ». Côté néerlandophone, un prêtre et enseignant jésuite du
nom de Luc Versteylen fonde en 1970 un mouvement contre-culturel chrétien baptisé « Vivre
autrement » (Anders Gaan Leven). Les écologistes allemands sont pour beaucoup issus des
« groupes spontanés de citoyens » (Bürger Initia-
tiven) refusant le nucléaire, des réseaux alternatifs et des mouvements pacifistes. Au-delà d'une
proximité culturelle et d'une estime réciproque,
les Allemands et les Américains partagent un
point commun essentiel : le fédéralisme et la
crainte d'un pouvoir centralisé. Au lendemain
de la Seconde Guerre mondiale, les institutions
mises en place par les vainqueurs en Allemagne
de l'Ouest visent à empêcher la reconstruction trop rapide d'une grande nation. Le territoire est découpé en États (*Länder*), d'abord
en zone d'occupation américaine, puis dans les
zones britanniques et françaises. L'Allemagne
de l'Ouest, qui voit le jour en janvier 1947, est

une fédération d'États possédant chacun une
constitution, un gouvernement, un parlement et
une cour de justice. Les politiques environnementales sont quasi exclusivement de leur ressort. Pour les écologistes et les pacifistes, qui
assimilent la nation et l'État à la guerre, cette
organisation devient une sorte de référence. En
France, les mouvements alternatifs vont même
jusqu'à renier le concept historique de nation et
adoptent la définition germanique, totalement
différente : chez les révolutionnaires français de
1789, la Nation est une adhésion volontaire à
une communauté de valeurs qui dépasse les différences culturelles ; au contraire, de l'autre côté
du Rhin, la Nation est une identité involontaire,
basée sur les liens du sang et sur la langue, qui
dépasse les différences sociales et les valeurs[1].
La dérive vers cette seconde conception conduit
à l'amalgame, dans le discours alternatif, de la
Nation et du nationalisme.

Les initiatives citoyennes, qui sont les points
de départ à la constitution des partis « verts », revendiquent la continuité avec les mouvements
de 1968. S'appuyant sur des mobilisations locales, ils adoptent rapidement un cheval de bataille : la lutte anti-nucléaire. En France, en
Allemagne, en Italie et en Belgique, le refus du
nucléaire civil et militaire est structurant pour

---

1. Thomas Keller, *Les Verts allemands, un
conservatisme alternatif, op. cit.*

les mouvements écologistes. Seul le Royaume-Uni échappe à la règle. Ailleurs, il s'agit d'un thème majeur, pour ne pas dire emblématique, qui laissera malheureusement des traces dans l'idéologie verte : pour les écologistes des années 1970, l'État est une hydre totalitaire, qui propage l'atome et organise la répression des opposants. Lancé par le général de Gaulle dès la fin des années 1940, le programme électro-nucléaire français est intensifié au début des années 1970, sous le gouvernement de Pierre Mesmer, Premier ministre de Georges Pompidou, avec l'argument du choc pétrolier de 1973. La contestation s'amplifie et prend une tournure clairement libertaire et autogestionnaire. Pour les mouvements post-1968 français revigorés par la lutte anti-nucléaire, Électricité de France (EDF) est le diable, l'État est son suppôt.

Dès lors que l'État devient un édifice à abattre ou tout du moins à contourner, il faut trouver d'autres niveaux d'intervention. La stratégie de développement des communautés de Moscovici ou de Goldsmith en fournit un premier. On peut appeler cette théorie le « localisme », puisqu'il s'agit de contourner le pouvoir en place par le local, organisé en communautés ou en petits bassins de vie, et de faire appel à la conscience individuelle. Honteux du nazisme, les mouvements alternatifs allemands cherchent leurs racines dans l'identité locale plutôt que dans l'identité nationale, et sont parmi les plus ardents défenseurs du localisme. En 1973, l'économiste britannique d'origine allemande Ernst Friedrich Schumacher (1911-1977) publie un ouvrage intitulé *Small is beautiful* (« *Ce qui est petit est beau* »)[1]. Cet ancien banquier parti d'Allemagne pour fuir le nazisme fait l'apologie des petites communautés autonomes. Son livre connaît un succès mondial.

Mais l'écologie politique compte également sur le « mondialisme », qui vise le remplacement de l'État par des structures supranationales. À partir de la fin des années 1970, en Europe de l'Ouest, les écologistes placent une grande partie de leurs espoirs dans la construction européenne, censée permettre de dépasser les égoïsmes nationaux. Ils revendiquent également la création d'instances internationales disposant de pouvoirs propres pour traiter les questions environnementales, avec la même idée de dépassement des intérêts des seuls États. Au final, le localisme et le mondialisme sont très complémentaires : de l'ONU à la construction européenne en passant par les régions, tout ce qui contribue à minimiser l'échelon national semble bon à prendre. En parallèle, la « société civile » est magnifiée. Évidemment, le dépassement de l'État est justifié par la globalité des

---

1. Ernst Friedrich Schumacher, *Small is beautiful. Une société à la mesure de l'homme*, Le Seuil, coll. « Points », 1979.

crises écologiques. Catherine Decouan, journaliste au mensuel écologiste *La Gueule ouverte*, écrit en 1979[1] : « Dans la pratique, les écologistes ignorent les frontières, parce que les problèmes qui les préoccupent les ignorent aussi. » Mais les vraies raisons sont bel et bien idéologiques et culturelles : « De toutes les dimensions politiques, la dimension nationale est incontestablement la plus controversée par la pensée écologiste. La nation est en effet la création la plus artificielle qui puisse s'imaginer, poursuit la journaliste. C'est un territoire qui a été inventé de toutes pièces par des légistes, borné autoritairement par des frontières et constitué en vue de la guerre. [...] Cette analyse est partagée depuis longtemps par les écologistes et les régionalistes, qui préfèrent voir les États-nations se fédéraliser de l'intérieur et se fédérer à l'extérieur. » On ressent clairement dans ces propos une double-influence : celle des pacifistes européens qui allèrent un peu vite à assimiler les États au nationalisme et à la guerre et celle des intellectuels américains de l'écologie politique, imprégnés par le libéralisme et par leur organisation fédérale.

On peut comprendre ces constructions idéologiques dans le contexte de l'après-1968 : les mouvements alternatifs font face à un État dur,

---

1. Catherine Decouan, *La Dimension écologique de l'Europe*, Éditions Entente, 1979.

conservateur et productiviste en France, à une présence américaine impérialiste et à un libéralisme économique violent en Allemagne de l'Ouest. Mais les écologistes commettent l'erreur de ne pas voir venir ce qui se profile déjà dans les années 1960 et 1970 et que l'on appellera plus tard la mondialisation. Par l'intermédiaire de l'Accord général sur les tarifs douaniers (le GATT), les États-Unis organisent la dérégulation du commerce international, qui permet aux grandes multinationales de fuir les normes sociales et la menace de normes de protection de l'environnement pour s'implanter dans les pays à bas coût de main d'œuvre. Avant de se traduire par des fermetures d'usine au Nord, cette réorganisation mondiale de la production commence par un changement d'affectation des investissements, qui sont réorientés, pour une part non négligeable, vers plusieurs pays du Sud (Mexique, Brésil, quelques d'Asie du Sud-Est...). Dans ce mouvement, les délocalisations d'usines ne sont que la partie visible d'un phénomène plus profond de désindustrialisation, qui débute dès le milieu des années 1960 aux États-Unis et touche l'Europe dans les années 1970. L'industrie la plus polluante régresse dans les pays riches sans disparaître pour autant. Au contraire, la production mondiale ne cesse de croître. Mais elle s'effectue dans les pays pauvres. Le chômage commence à toucher les populations occidentales.

Dans ce contexte, le discours de Moscovici, Gorz ou Dumont sur la sortie de l'ère industrielle est en profond décalage avec les réalités sociales. Parfois saluées par les écologistes, les fermetures d'industries polluantes dans les pays occidentaux ne résolvent aucun problème, bien au contraire. Avec le libre échange et les délocalisations, les États perdent peu à peu toute possibilité de contrôle démocratique des choix de production. L'analyse des écologistes sur l'impact inacceptable du modèle productiviste sur la planète est juste, mais leur discours sur le post-matérialisme tombe à plat. Leur diatribe anti-État entre en résonance avec celle des néolibéraux qui organisent la mondialisation. Pour ces derniers, l'échelle de l'État doit être dépassée afin de minimiser les aléas démocratiques et de renforcer le pouvoir des multinationales : quand bien même un gouvernement de gauche arriverait au pouvoir, le libre échange et la concurrence internationale lui interdiraient de mettre en œuvre son programme. Dans l'idéologie néolibérale, l'État n'a d'intérêt que pour impulser des politiques économiques conformes aux standards du capitalisme et maintenir l'ordre. Ainsi la diabolisation de l'État par les mouvements écologistes et libertaires renforce-t-il le « moins d'État » prôné par les néo-libéraux. Que les motivations soient totalement différentes ne change rien au résultat : l'État est bel et bien réduit à peau de chagrin par la montée en puissance des institutions internationales et par la construction européenne, sans que les mouvements alternatifs ne s'y opposent, bien au contraire. Cette erreur politique majeure, peut-être excusable dans les années 1970, devient impardonnable après le tournant ultralibéral imprimé par Margaret Thatcher au Royaume-Uni, Ronald Reagan aux États-Unis et Jacques Delors en France et en Europe après 1983. À cette période de l'histoire, les choses deviennent claires. Reagan est le premier à dire que, pour mettre en œuvre son projet politique, celui du capitalisme financiarisé et mondialisé, « l'État n'est pas la solution, l'État est le problème ». Malgré la franchise du président américain, les écologistes n'en comprennent pas les conséquences.

À la fin des années 1990, de nombreux mouvements alternatifs se déclarent « antimondialistes » avant de se dire « altermondialistes » : analysant et dénonçant pour la première fois la « globalisation », selon la terminologie alors en vigueur, ils apportent un souffle nouveau. Mais leur culture plonge très largement dans le mouvement post-1968. On retrouve dans leurs discours la haine de l'État, le localisme, le mondialisme, ou une recherche de convergences à tout prix qui exclut toute base politique forte. Trente ans après mai 1968, ils idéalisent toujours le fonctionnement en réseau et refusent l'idée de porter un projet politique concret. Ces héritiers de Serge Moscovici, enfermés dans un carcan culturel, expliquent la mondialisation mais n'y apportent aucune réponse crédible. Comme l'écrit André Gattolin : « Si, à l'instar des années 60-70, la radicalité politique d'aujourd'hui continue de s'inscrire dans un projet de transformation sociale, elle ne nourrit plus vraiment d'espoir révolutionnaire. Les motivations de l'activiste sont désormais plus modestes et concrètes : il n'a plus de visées avant-gardistes et totalisantes sur le groupe ou sur la société ; il aspire à la subvertir plutôt qu'à procéder à une véritable prise de pouvoir. Reprendre le contrôle de sa vie et développer autour de lui des espaces potentiels d'autonomie sont ses souhaits prioritaires[1]. »

De leur côté, les associations environnementalistes, dont certaines comme les Amis de la terre s'aventurèrent un temps en politique, font leur travail de lanceurs d'alerte, de lobbyistes, mais ne portent pas, puisque ce n'est pas leur rôle, de projet de société alternatif. Reste le terrain électoral, qui permettrait à l'écologie politique de changer la société et non plus seulement de changer « la vie » dans des communautés qui y sont idéologiquement préparées. Mais là aussi, le passif culturel est si lourd qu'elle condamne pour l'instant les partis verts à l'impuissance.

---

1. André Gattolin, « De la nécessité d'un nouvel écosystème politique », *op. cit.*

L'échec des urnes et du pouvoir

Le premier parti vert est créé en 1973 au Royaume-Uni. Il prend le nom de People avant de devenir Ecology Party en 1975. Influencé par l'écologie profonde, il fait figure d'exception et reste dans un relatif anonymat électoral dû non seulement aux positions extrêmes ou folkloriques qu'il défend – son manifeste de 1983 comprend une rubrique « spiritualité » –, mais aussi au mode de scrutin très défavorable aux petites organisations politiques. Dans les autres pays riches d'Europe de l'Ouest, des écologistes issus du mouvement alternatif sont rapidement tentés par la politique, même si cette option est loin d'être partagée par tous les militants.

En France, René Dumont est candidat à l'élection présidentielle de 1974 avec un programme anti-productiviste, dénonçant la domination des pays du Nord sur le tiers-monde. Officiellement soutenu par les Amis de la Terre, il a pour directeur de campagne un ancien leader étudiant de Mai-68, Brice Lalonde. Dans son programme, le mot « capitalisme » est absent. Dumont dénonce au contraire le « système », un terme très en vogue à l'époque, qui amalgame le capitalisme, l'organisation sociale et l'État centralisateur. Il s'en prend à la civilisation occidentale et à son mode de vie qui gaspille les ressources. Les partis de gauche et de droite sont renvoyés dos à dos. « C'est un seul et même système qui organise l'exploitation des travailleurs et la dégradation des conditions de vie et qui met en péril la Terre entière. La croissance aveugle prônée par les partis ne tient compte ni du bien-être ni de l'environnement. Dans ce système, le coût de la pollution, puis de la dépollution sont additionnés pour gonfler le chiffre de la production, alors qu'en réalité, le bilan est nul, voire négatif. Les produits conçus pour se détériorer aussitôt après l'achat, les ordures qui s'accumulent, les fabrications d'armes, le recours à des techniques toujours plus lourdes et plus dangereuses : notre société s'emballe sans autre objet que de se reproduire. »

La démonstration est sommaire lorsqu'elle passe de la domination d'une minorité à la défense du régionalisme : « Une minorité de privilégiés bénéficie de la croissance et se réserve soigneusement un cadre de vie agréable. Toutes les décisions sont concentrées entre ses mains. La centralisation s'étend à tous les domaines et transforme les citoyens, privés d'information, en robots de la production et de la consommation. Dans ce système, les femmes n'ont pas le droit à la parole ni même à la liberté de disposer de leur corps en matière de contraception et d'avortement. Dans ce système, un Breton n'a pas le droit d'être breton. Les cultures régionales sont niées, l'uniformité est la règle. »

Le 5 mai 1974, au premier tour, René Dumont obtient le résultat honorable de 1,32 % des suffrages. C'est une première qui fait bientôt des émules dans les pays voisins. En 1977, les Amis de la Terre Belgique participent aux élections législatives sous l'étiquette Wallonie-Écologie et obtiennent 3,1 % des voix dans la province de Namur. Aux législatives de 1977 et 1978, une liste écologiste flamande baptisée Aga Lev («Vivre autrement») est créée mais n'obtient qu'un résultat confidentiel. Les Verts allemands se lancent en politique en juin 1978 dans les Länder de Hambourg et de Basse-Saxe, où ils obtiennent respectivement 3,5 et 3,9 % des suffrages. Aux élections européennes de 1979, une liste wallonne Europe-Écologie obtient 5 %, sous l'effet de l'investissement belge dans le nucléaire et des difficultés liées à la régionalisation. Le vote Vert commence à apparaître comme un vote « anti-establishment ».

En 1979, pour la première fois, un député Vert est élu dans une assemblée parlementaire nationale. Il s'agit du suisse Daniel Brélaz, qui se présentait dans le canton de Vaud. Paradoxalement, c'est au moment même où l'écologie connaît un reflux dans le débat public, sous l'effet de la crise économique, que les Verts entrent dans les parlements nationaux : en 1981 en Belgique, en 1983 en Allemagne et en Finlande, et en 1986 en Autriche.

Dans les pays européens où ils sont réunis dans une formation, les Verts proposent de « faire de la politique autrement » : face aux partis établis, ils souhaitent en finir avec le cumul des mandats et le clientélisme politique. Ce discours séduisant explique sans doute mieux le relatif succès des écologistes que l'importance dans l'opinion publique des questions environnementales, qui inquiètent moins que l'augmentation du chômage.

Après l'accident nucléaire de Tchernobyl, les Verts connaissent une relative percée électorale. Ils accèdent au parlement en Suède en 1988, en Irlande, aux Pays-Bas, au Luxembourg et en Italie en 1989. Aux élections nationales françaises de 1988, les écologistes sont divisés entre deux organisations politiques : les Verts, conduits par Antoine Waechter, et Génération Écologie, présidée par Brice Lalonde. Ce dernier s'allie dès le premier tour au Parti socialiste de François Mitterrand et devient ministre en charge de l'écologie. Antoine Waechter défend quant à lui une position « ni droite ni gauche », majoritaire dans le parti à la suite notamment de l'affaire du *Rainbow Warrior*.

En 1985, sous la présidence de François Mitterrand, Laurent Fabius étant Premier ministre, les services secrets français ont coulé dans la baie d'Auckland le navire amiral de l'association Greenpeace, le *Rainbow Warrior*, qui devait mener une campagne contre les essais nucléaires dans le Pacifique Sud. Au cours de l'opération, un photographe du nom de Fernando Pereira a trouvé la mort à bord du bateau. En février 1988, le Vert Thomas Lesay écrit dans l'hebdomadaire du parti, *Vert-Contact* : « Le choix devient impossible entre Hernu [Charles Hernu, alors ministre socialiste de la Défense] et Giraud [André Giraud, ministre de la Défense de 1986 à 1988 dans le gouvernement de cohabitation formé par Jacques Chirac]. » D'après lui, l'enjeu de l'élection présidentielle est « la création d'une force indépendante de la droite et de la gauche, porteuse d'idées nouvelles ». Aux européennes de 1989, les écologistes réalisent de bons scores dans nombre de pays : 14 % en France, répartis entre les deux formations, 6,2 % en Italie, et jusqu'à 18 % au Royaume-Uni. Ils obtiennent 21 élus contre 11 au précédent scrutin et forment un groupe parlementaire au Parlement européen. Ce résultat s'explique à la fois par les conséquences de l'accident nucléaire de Tchernobyl en 1986 et par la déconnexion des élections européennes des enjeux nationaux.

Reste une étape à franchir : celle de l'entrée dans les gouvernements des principaux pays, qui est une autre affaire et suppose d'accepter des alliances. Au milieu des années 1990, les Verts finlandais, italiens, français et allemands obtiennent des ministères en passant des accords avec les partis socialistes, à l'image de ce qu'expérimenta Brice Lalonde en 1988. Il s'agit encore d'un paradoxe, puisque le renouveau des questions économiques et sociales et la montée de l'extrême droite affaiblissent le poids électoral des écologistes partout en Europe. Leur participation à ces gouvernements a un effet délétère. Alors qu'ils bénéficiaient d'une image « anti-establishment » dans les années 1970 et 1980, ils perdent ce bénéfice et l'abandonnent à d'autres partis « anti-establishment » : les partis d'extrême droite. Les Verts, qui représentent une contestation positive du système, celle des classes moyennes intellectualisées, ne résistent pas à la montée de la contestation négative, violente et xénophobe de l'extrême droite. En Belgique néerlandophone, Aga Lev stagne à partir de 1991 tandis que le Vlaams Block progresse dans les urnes. Aux élections nationales italiennes de 1992, I Verdi chutent à 2,8 % : c'est la Ligue du Nord qui capte mieux que les Verts le refus des partis traditionnels.

Les alliances avant les idées

Les Verts bénéficient pourtant d'une assez large sympathie... mais les électeurs ne votent pas pour eux. Une enquête de 1994 menée dans les pays de l'Union européenne estime leur potentiel électoral — c'est-à-dire la part de la population qui serait prête à voter pour les

Verts – à près de 29 %, ce qui est nettement supérieur à l'extrême gauche, à l'extrême droite,
et proche du potentiel des socio-démocrates
et des conservateurs. Mais, cette même année, il n'obtiennent qu'une moyenne de 4,5 %
aux scrutins nationaux. Le ratio entre leur potentiel et le nombre de voix obtenues est de
0,15 contre 0,36 pour les conservateurs et les
socio-démocrates. Pour expliquer ce différen-
tiel, les Verts incriminent souvent, et à juste
titre, des modes de scrutin qui leur sont dé-
favorables. Pourtant, la teneur de leur programme politique ne semble pas convaincre
outre mesure les électeurs. En avril 1998, en
Allemagne, un sondage est effectué sur la capacité des Verts à gouverner : 8 % des sondés pensent que les dirigeants verts sont compétents, et
43 % pensent qu'ils le seraient s'ils changeaient
leur programme. Y compris dans le milieu écologiste, ils sont loin de faire le plein de voix.
Un sondage réalisé en Italie en 1996 montre
que seulement 18,6 % des militants associatifs
écologistes votent pour les Verts, contre 32 %
d'entre eux qui votent pour le Parti socialiste
(PDS). Le Royaume-Uni, qui possède le mouvement associatif écologiste le plus ancien et le
mieux organisé (4,5 millions de membres au début des années 1990) n'a jamais connu de percée électorale des Verts aux scrutins nationaux
ni même locaux. La « vague verte » annoncée

par certains dans les années 1980 et 1990 n'a jamais eu lieu[1].

À l'origine, leur discours post-matérialiste, en complet décalage avec la réalité sociale, pouvait expliquer leurs faibles scores aux élections. La haine de l'État-nation, qui a notamment conduit les Grünen allemands à s'opposer à la réunification, à la reconstitution d'une grande Allemagne, ou l'impopularité de certaines de leurs propositions, comme l'augmentation du prix de l'énergie, ont également joué en leur défaveur. Mais surtout, en l'espace d'une vingtaine d'années, le projet politique porté par les écologistes s'est transformé. L'influence anti-capitaliste d'un Barry Commoner ou d'un André Gorz a été progressivement effacée au profit d'une écologie de verdissement du système économique et social. Pour autant, les écologistes restent attachés à la culture libertaire post-soixante-huitarde. La base militante continue à se situer quasi exclusivement dans les classes moyennes cultivées.

Les principaux partis écologistes ont connu des scissions : les naturalistes conservateurs sont souvent écartés, mais la frange la plus à gauche également. En France, la tendance autogestionnaire de gauche crée son propre mouvement,

---

1. Paul Lucardie, Roberto Biorcio, Florence Faucher, Jean-Michel De Waele, *Les Partis verts en Europe*, Complexe, 1999.

l'Alternative rouge et verte (AREV) en 1989, alors que les Verts conduits par Antoine Waechter persistent sur une ligne « ni droite, ni gauche ». Passée de 6 000 adhérents à sa création à 300 dix ans plus tard, l'AREV devient Les Alternatifs en 1998, qui reste une organisation très faible. Des écologistes radicaux se sont tournés vers la Ligue communiste révolutionnaire (LCR) devenue Nouveau Parti anticapitaliste (NPA) ou, depuis 2008, vers le Parti de gauche, à l'image de la députée de la première circonscription parisienne, Martine Billard, qui en est devenue la coprésidente.

Surtout, une grande partie des militants radicaux a déserté peu à peu le champ partisan pour investir le champ associatif (Attac notamment à la toute fin des années 1990) ou syndical. En 1986, la frange libertaire du parti wallon Écolo quitte l'organisation pour ne pas cautionner l'alliance avec le Parti socialiste. En Allemagne, dans les années 1990, les Grünen refusent de se rapprocher des anciens communistes de l'Est (PDS). Les « réalistes » l'emportent sur la gauche du mouvement et fondent en 1998 une coalition avec les socialistes conduits par Gerhard Schröder, puis « s'ouvrent » vers le centre-droit, jusqu'à se rapprocher en certaines occasions des conservateurs de la CDU avec qui ils dirigent des localités. Nombreux sont les radicaux à avoir rendu leur carte en raison de cette dérive. En Italie, à la fin des années 1980, la partie la plus à gauche d'I Verdi part et crée Verdi Arcobaleno, qui obtient 2,4 % aux européennes de 1989 contre 3,8 % pour la Fédération des listes vertes formée par I Verdi. Sous l'influence de Daniel Cohn-Bendit, qui a activement participé en Allemagne à la victoire interne du courant « réaliste » des Grünen, le rassemblement français Europe-Écologie-les Verts créé en 2010 voit son centre de gravité se déplacer vers le centre-droit, alors même que les Verts français s'emploient à confirmer leur ancrage à gauche.

La véritable raison de ces errances tient évidemment au contenu des programmes verts. Partis d'une base minimale de revendications concernant essentiellement l'environnement, les Verts ont élargi leur champ programmatique dans les années 1980 et 1990 pour pouvoir prétendre au statut de parti de gouvernement. Ils y ont notamment incorporé des mesures sociales comme la réduction du temps de travail ou introduit la notion de « démocratie participative » dans les localités. Toutefois, cette évolution ne peut cacher des carences dramatiques. En matière d'économie, les mouvements verts disposent de très peu de compétences. Sous l'influence des Grünen allemands, ils s'en remettent à l'économie de marché et à la construction européenne, qu'ils espèrent «verdir» ou rendre un peu plus sociales. Leurs propositions se limitent le plus souvent à de l'incantation comme le résume leur programme actuel : création d'un revenu minimum d'existence, bouclier social pour protéger les salariés contre les délocalisations et le dumping, soutien de l'agriculture paysanne pour une alimentation saine et sans OGM, développement des énergies renouvelables et d'une économie sociale et de services qui créerait dix millions d'emplois « non délocalisables » en dix ans au niveau européen, une relocalisation de l'économie dont les modalités concrètes restent très floues... Les Verts sont quasiment muets sur les moyens de mettre fin au libre échange qui permet le chantage aux délocalisations et empêche de contraindre un tant soi peu les multinationales ; ils ne disent presque rien non plus des questions monétaires et de l'euro, ni sur la politique à mettre en œuvre pour démanteler la finance internationale[1]. Le localisme et le mondialisme imprègnent toujours leur programme, ce qui se traduit par un européisme béat, par une foi inébranlable dans l'Europe des régions et par des propositions aussi ahurissante que celle de la décentralisation de la sécurité sociale vers les collectivités locales portée par Aga Lev en Belgique néerlandophone.

L'absence de programme crédible qui limite la percée électorale des partis écologistes les amène naturellement à rechercher des alliances. Celle avec les socialistes est souvent privilégiée mais pas systématique. Dans les années

---

1. Aurélien Bernier et Michel Marchand, *Ne soyons pas des écologistes benêts*, Mille et une nuits, 2010.

1990, les partis verts sont entrés dans une stratégie qui les a condamnés encore un peu plus. D'une part, leur participation au pouvoir exécutif dans plusieurs pays leur a ôté leur légitimité de contestation positive du système, l'échec de la social-démocratie européenne au tournant des années 2000 étant également devenu l'échec des écologistes. D'autre part, leurs louvoiements entre la gauche, le centre et parfois la droite les ont privés de base électorale stable.

Désastre électoral au pays de l'écologie

Aux États-Unis, berceau de l'écologie politique, l'aventure électorale des Verts est un échec encore plus cuisant. En 1979, Barry Commoner fonde le Parti des citoyens (Citizen Party) et se présente à l'élection présidentielle américaine de 1980. Tout en défendant une forte régulation par l'État, il cherche à agréger et satisfaire les différents mouvements écologistes progressistes en partant des revendications « de la base ». La rédaction du programme s'enlise dans des débats sans fin, et sa campagne démarre bien trop tard, dans un relatif silence médiatique. Commoner échoue dans sa tentative de remettre en question le bipartisme qui structure la vie politique américaine : il obtient 234 294 suffrages, soit 0,27 % des voix, et renonce à poursuivre dans la voie électorale. Le Parti des citoyens continue donc sans lui et s'enfonce dans l'anonymat, en recueillant 0,08 %

des suffrages à l'élection présidentielle de 1984 (71 947 voix). Il se désintègre en 1987. En 1991, des partis verts présents dans différents États fondent une coalition baptisée Green Party, et présentent Ralph Nader à l'élection présidentielle de 1996. Il obtient 685 297 voix, soit 0,7 % des suffrages. À nouveau candidat en 2000, alors que les questions de changement climatique sont très présentes dans l'actualité, il recueille 2 883 105 voix, soit 2,7 % des suffrages, ce qui constitue une percée remarquable dans le système de bipartisme américain. Il est d'ailleurs accusé d'avoir fait perdre le candidat démocrate Albert Gore et d'avoir favorisé l'élection du républicain George Walker Bush. Ralph Nader réalise de bons résultats dans plusieurs États, et passe notamment la barre des 10 % en Alaska. Ce succès crée des tensions au sein du Green Party entre partisans d'une candidature verte et partisans d'un effacement au profit des démocrates. Pour la présidentielle de 2004, un autre avocat du nom de David Cobb, adhérent au Sierra Club et ancien démocrate, est investi dans cette seconde optique : il n'est présenté que dans 28 États où il ne risque pas de compromettre le résultat des démocrates. En désaccord avec cette tactique, Nader se présente en indépendant. Ils obtiennent respectivement 119 859 et 465 650 voix, ce qui est un désastre comparé au score enregistré quatre ans plus tôt. Depuis, les écologistes sont divisés et quasi inexistants dans l'espace politique au niveau national.

Il serait facile de mettre ces échecs répétés sur le seul compte du bipartisme. En fait, les résultats électoraux déprimants des écologistes depuis 1980 sont liés au déclin général de la nouvelle gauche américaine. Marie-Christine Granjon en donne cette remarquable analyse : « Le déclin de la nouvelle gauche est surtout imputable aux attitudes cultivées, dès le départ, par les activistes étudiants et poussées au paroxysme en 1968-1969 : activisme anti-intellectuel, qui favorisa un confusionnisme idéologique propice à la diffusion aussi bien du prêt-à-penser marxiste que des délires "mystiques" de la contre-culture (non réductible à cet aspect) ; moralisme existentiel qui, sous prétexte d'harmoniser ses convictions et sa manière de vivre, aboutit le plus souvent à faire de l'action une fin en soi, une épreuve où se joue le salut individuel plutôt qu'un moyen au service d'un projet politique ; sentiment de culpabilité incitant les étudiants issus de milieux relativement favorisés, à adopter une fausse identité de classe, à s'assimiler aux pauvres, aux prolétaires ou aux "damnés de la terre" ; sensibilité libertaire, qui entrava l'organisation de l'action, attisa la méfiance des partis et du jeu politique, suscita un anti-électoralisme et un anti-étatisme croissants, paralysant et isolant la nouvelle gauche par manque de relais politiques. » À partir de 1968, l'individualisme de la contre-culture américaine fait de véritables ravages dans l'activisme politique : « La politique existentielle des tenants de la révolution culturelle (hippies, féministes et homosexuels radicaux) postule en effet que le "personnel est politique", c'est-à-dire que le domaine politique est une simple excroissance des rapports interpersonnels qui forment la trame de la vie quotidienne. Pour beaucoup d'activistes, déçus ou désarçonnés par le sectarisme et la violence de la nouvelle gauche, la révolution de la vie privée devint un refuge substitut à l'action politique[1]. »

On peut certes convenir que la prise de conscience individuelle doit précéder l'action politique, et que les alternatives locales permettent au moins de créer des îlots de résistance et d'espoir indispensables. Mais lorsqu'elles servent de substituts au combat politique contre un système – le capitalisme néolibéral, dont tout le monde reconnaît la puissance –, les révolutions personnelles deviennent des impostures, des façons de masquer un renoncement à changer la société.

Depuis les années 1960, aux États-Unis comme en Europe, les échecs se suivent et se ressemblent. Une certaine idéologie individualiste que l'on peut lire chez Henry David Thoreau, qui influence toujours de nombreux mouvements écologistes

---

1. Marie-Christine Granjon, « Révolte des campus et nouvelle gauche américaine (1960-1988) », *op. cit.*

ou libertaires, sert d'excuse pour ne pas mener le combat politique. Ce même individualisme libertaire – évidemment renforcé par le goût du pouvoir – explique des basculements à première vue incroyables, comme celui du Français Brice Lalonde, ancien de Mai-1968, allié des socialistes à la fin des années 1980 avant de s'associer à l'ultralibéral Alain Madelin dix ans plus tard. Le mouvement altermondialiste aurait pu sortir la gauche libertaire et écologiste de ses ornières, celles d'un mondialisme abstrait, d'un localisme décalé, d'une haine de l'État qui fait le bonheur des ultralibéraux. Mais leur attachement idéologique est si fort que cela s'est avéré impossible. Faute de programme sérieux, l'écologie politique subit des fluctuations électorales dramatiques : si elle peut parfois inquiéter les partis traditionnels dans les pays riches d'Europe de l'Ouest – comme aux élections européennes de 2010 en France, où elle dépasse 16 % des voix –, elle retombe systématiquement dans l'échec, et ce depuis plus de trente ans. En Europe de l'Est et dans les États du Sud (Espagne, Portugal, Grèce…), elle est inexistante.

À présent que tous les autres partis politiques, sans exception, parlent d'environnement et que les multinationales récupèrent l'écologie pour verdir le capitalisme, les écologistes sont condamnés à faire leur révolution ou à disparaître. Ont-ils compris la mondialisation et la puissance de l'arme ultra-libérale du libre échange ? Tout, de leur programme à leurs alliances, donne à penser que non. Bien sûr, rien n'est inéluctable. Mais il devraient opérer un basculement programmatique à gauche, vers des mesures concrètes et immédiates de rupture, qui non seulement bouleverserait leurs schémas culturels mais impliquerait aussi de devenir infréquentable par les socio-démocrates. Le renouveau de l'écologie politique se fera à ce prix.

Comme le prouvent la montée de l'extrême droite en Europe et l'aggravation des crises écologiques et sociales, le temps presse.

De l'importance de « verdir » en politique

« Il est clair aujourd'hui que la croissance quantitative doit désormais mieux respecter les éléments qualitatifs dont dépend notre équilibre collectif et dont dépend notre bonheur individuel. L'industrialisation "sauvage" qui accumule les nuisances, l'urbanisation hors d'échelle qui disloque les communautés ne répondent plus aux aspirations et aux nécessités du temps présent. Le moment est venu de définir une nouvelle croissance. [...]

« J'insiste, en effet, depuis plusieurs années et dans diverses circonstances, sur la nécessité d'une croissance différente, plus humaine et plus économe. Cette nouvelle croissance n'est pas seulement un concept, un sujet de réflexion ou de rêve, elle peut se dessiner concrètement. En matière d'environnement, elle signifie d'abord une "croissance zéro" de la pollution. [...]

« Aux indices économiques traditionnels qui mesurent exclusivement l'expansion de la production marchande, il conviendra d'ajouter d'autres critères qui traduisent aussi les changements du cadre de vie et qui ne sont à l'heure actuelle recensés dans aucun de nos éléments statistiques. Dans le monde de demain, l'augmentation des espaces verts publics, la plus grande pureté de l'air et de l'eau, le recul des accidents du travail ou de la route devront être des signes mesurables et mesurés de progrès.» Cette citation n'est pas tirée d'une publication altermondialiste, décroissante ou écologiste. Elle ne provient pas non plus d'un discours de l'ancien vice-président des États-Unis Albert Gore, appelant le monde à s'engager dans une révolution «verte». Elle ne sort pas non plus d'un texte officiel du début des années 2000 qui émanerait de l'Organisation des Nations unies ou de l'Union européenne. Non, elle date du 29 octobre 1975, et son auteur n'est autre que Valéry Giscard d'Estaing, alors président de la République française[1].

Durant la campagne électorale de 1974, Giscard d'Estaing promet «aux militants du mouvement écologique et à leurs associations qu'ils auront désormais les moyens de faire entendre leur voix, en particulier auprès du gouvernement». Élu le 27 mai 1974, il renforce le Haut

---

1. Allocution de M. Valéry Giscard d'Estaing, président de la République, lors de l'installation du Haut Comité de l'environnement, au Palais de L'Élysée, le 29 octobre 1975.

Comité de l'environnement créé en 1970 sous la présidence de Georges Pompidou. « La participation de personnalités indépendantes et de représentants des grandes associations » annoncée à l'automne 1975 semble un gage de sérieux et laisse présager des changements d'orientation pour mieux intégrer l'environnement aux politiques publiques. Le président de la République en personne prononce donc ce discours volontaire et ambitieux devant les plus grands spécialistes français de l'écologie. On jurerait alors que la planète est sur le point d'être sauvée... et l'on sera malheureusement bien déçus.

La création d'un « état d'esprit »

L'intégration de l'écologie dans les discours officiels au cours des années 1970 constitue, pour les gouvernements des pays riches, une sorte de figure obligée. Entre 1960 et 1970, 47 conventions internationales pour la protection des écosystèmes sont signées. L'écologie est un sujet central du débat public aux États-Unis depuis le succès des ouvrages de Rachel Carson et de Barry Commoner, qui trouve de nombreux échos en Europe. C'est d'ailleurs à Chicago, le 28 février 1970, que le président de la République française Georges Pompidou prononce un discours totalement inattendu sur les problèmes de l'environnement urbain. Il déclare notamment : « L'emprise de l'homme sur la nature est devenue telle qu'elle comporte le risque de destruction de la nature elle-même. [...] Il faut créer et répandre une sorte de morale de l'environnement, imposant à l'État, aux collectivités et aux individus le respect de quelques règles élémentaires, faute desquelles le monde deviendrait irrespirable[1]. » Pour cet homme de droite insensible à l'écologie, ces propos sont étonnants. Georges Pompidou agit en fait sur les conseils de son Premier ministre, le centriste Jacques Chaban-Delmas qui a déjà compris l'intérêt politique de ce thème. Son projet de « nouvelle société », reposant sur un certain progressisme et une relative ouverture politique en réponse aux mouvements de Mai-1968, ne peut ignorer cette nouvelle demande sociale.

Un an après le discours de Chicago, le 2 février 1971, le décret d'attribution d'un tout nouveau ministère de la Protection de la nature et de l'environnement, confié au gaulliste Robert Poujade, est publié au *Journal officiel.* Doté de très faibles moyens, le ministère a pour mission de concilier « la croissance économique et l'épanouissement de la qualité de la vie ». Lors de sa prise de fonction, Pompidou s'adresse à Poujade en ces termes : « Vous n'aurez pas beaucoup de moyens. Vous aurez

---

1. Discours de Georges Pompidou, président de la République française, à Chicago, le 28 février 1970.

peu d'action très directe sur les choses... vous créerez un état d'esprit[1]. » Effectivement, le ministère n'a aucun pouvoir sur la législation et très peu de résultats concrets. Mais l'écologie est entrée au gouvernement, ce qui constitue un symbole.

Suivant l'exemple de la France, et surtout l'impulsion donnée par le sommet international pour la Terre de Stockholm en 1972, de nombreux États en Europe créent leur ministère de l'Environnement. La pression sociale sur les partis de gouvernement se double d'une pression politique à l'occasion de l'élection présidentielle française de 1974, avec la première candidature d'un écologiste : celle de René Dumont. Si les partis verts, en France comme dans les autres pays d'Europe de l'Ouest, ne sont pas en mesure de concurrencer les grands partis, il s'agit malgré tout d'une irruption sur la scène politique dont la droite comme la gauche doivent tenir compte. Ne serait-ce que pour donner le change, il faut récupérer le thème de l'environnement.

Le discours de Valéry Giscard d'Estaing prononcé en 1975 lors de l'installation du Haut Comité de l'environnement relève de cette stratégie de récupération. Malgré tout, il est difficile de confondre son approche des problèmes environnementaux, particulièrement étroite et

---

1. Robert Poujade, *Le Ministère de l'impossible*, Calmann-Lévy, 1975.

conservatrice, avec celle d'un René Dumont. En 1978, Giscard déclare : «Les écologistes peuvent contribuer à faire avancer des idées de progrès. Par exemple : la participation de l'individu à la gestion de son habitat, le renforcement de la vie des associations, l'aménagement collectif du cadre de vie[1].» Les fondements du capitalisme demeurent intouchables dans l'esprit de Giscard : «L'économie de marché reste la meilleure façon de permettre aux aspirations des consommateurs d'orienter qualitativement la production. Bien sûr, lorsqu'on observe le détail, [...] et dans le court terme, cette affirmation souffre des exceptions nombreuses. Mais dans la longue durée, et globalement, elle n'est pas sérieusement contestable[2].»

Giscard d'Estaing ne se contente pas de placer toute sa confiance dans l'économie de marché, il accepte le libre échange qui structure l'ordre économique du bloc occidental depuis l'après-guerre. En 1978, il pointe la contradiction entre libre échange et protection de l'environnement : «Il faut d'abord savoir ce que coûte l'écologie. Ne serait-ce que pour en mesurer les

---

1. Interview de M. Valéry Giscard d'Estaing accordée au journal *Le Monde* du 26 janvier 1978 sur les problèmes de la croissance, d'écologie et d'environnement.
2. Allocution de M. Valéry Giscard d'Estaing, à l'occasion du dixième anniversaire de l'Institut national de la consommation, le 23 janvier 1978.

conséquences sur la compétitivité des industries. À cet égard, il y a des solutions à la réduction des nuisances qui sont nécessairement internationales[1].» On comprend bien que, dorénavant, les mesures environnementales se divisent en deux catégories : les initiatives compatibles avec le marché et la mondialisation désormais en route, que l'on peut soutenir, et les autres, qu'il faut renvoyer à un impossible accord mondial.

Tout au long de son mandat, de mai 1974 à mai 1981, Giscard d'Estaing s'efforce d'accompagner la libéralisation des mœurs, mais aussi de satisfaire le grand patronat français et de discipliner les salariés, amorçant la fin du compromis social des Trente Glorieuses. Cette stratégie passe par l'instrumentalisation d'une « catégorie sociale » récemment instituée, dont les revendications peuvent neutraliser celle des salariés : les consommateurs. En 1978, devant l'Institut national de la consommation, il dénonce « l'erreur qui consiste à penser, comme beaucoup le font encore aujourd'hui, que les seuls vrais problèmes sont ceux de la production et de la rémunération du travail productif ». Et de préciser : « Comme si, une fois ces problèmes résolus, ceux de la consommation devaient l'être automatiquement, par eux-mêmes par voie de conséquence. Or, nous savons bien,

---

1. Interview de M. Valéry Giscard d'Estaing, *Le Monde*, 26 janvier 1978.

aujourd'hui, qu'il n'en est rien, la consommation est une activité qui n'est ni subordonnée, ni secondaire, mais au contraire fondamentale et motrice[1]. »

Les pouvoirs publics soutiennent les associations de consommateurs et les incitent à « entrer sur la scène économique » pour réclamer, non pas des produits plus respectueux de l'environnement, mais la baisse des prix. Des prix toujours plus bas... que seuls les pays à bas coût de main-d'œuvre sont en mesure de fournir, ce qui justifie le libre échange et les importations massives de l'étranger. Selon Giscard d'Estaing, le lobbying pour une vie moins chère doit se substituer à l'action de l'État. En mai 1981, alors qu'il s'apprête à quitter le pouvoir, le Président adresse une lettre ouverte au candidat écologiste Brice Lalonde : « La solution à nos maux ne passe plus par des règlements nouveaux, des administrations nouvelles, des charges supplémentaires, des formalités, fastidieuses quand elles ne sont pas humiliantes. C'est l'erreur historique des partis socialistes européens, qui voient encore le monde tel qu'il était il y a cinquante ans : le remède à la crise de 1929, c'était d'augmenter les interventions de l'État. Le premier remède à la crise actuelle, c'est de la réduire. Et de faire

---

1. Allocution de M. Valéry Giscard d'Estaing, à l'occasion du dixième anniversaire de l'Institut national de la consommation, 23 janvier 1978.

confiance aux collectivités locales, aux associations, aux syndicats, aux familles, aux citoyens.
» Puis, quelques paragraphes plus loin : « Les nouveaux progrès dépendront non pas d'une augmentation des contraintes administratives mais
du rôle des associations de défense des consommateurs. Dès 1982, ces associations recevront
des tâches et des moyens nouveaux[1]. »

Battu le 10 mai 1981, il n'a pas l'occasion
d'appliquer sa préconisation. En revanche, le
désengagement de l'État a été largement organisé durant son mandat. Le 11 décembre 1980,
alors que Ronald Reagan vient d'être élu président des États-Unis et que Margaret Thatcher
dirige le Royaume-Uni depuis plusieurs mois,
il déclare que sa nouvelle politique écologique
« se fera de moins en moins par la voie de la
contrainte législative ou réglementaire. À cet
égard d'ailleurs, la comparaison entre la France
et les États-Unis d'Amérique est révélatrice.
[...] Deux sondages parallèles ont été faits de
chaque côté de l'Atlantique [...]. En voyant le
résultat de ces sondages, j'ai été frappé par la
question suivante : "Que faire si un produit
alimentaire se révèle cancérigène ?", les Français répondent : "Il faut l'interdire." Les Américains répondent en large majorité : "Il faut

---

1. Lettre de M. Valéry Giscard d'Estaing à M. Brice
Lalonde, sur son programme écologique et les problèmes de l'environnement, mai 1981.

avertir le consommateur par une étiquette sur l'emballage du produit. " Pour ma part, après avoir fait voter, depuis 1974, 37 textes législatifs sur l'environnement et le cadre de vie, j'estime que la période des réformes législatives et réglementaires dans ce domaine est sans doute close. Les progrès à venir passent par le développement de la vie associative, en ce qui concerne aussi bien la défense des consommateurs, l'animation de la vie collective, la gestion des espaces naturels[1]. »

Tandis que Margaret Thatcher annonce brutalement qu'il n'y a pas d'alternative au néolibéralisme, Giscard d'Estaing dit la même chose, mais de façon plus diplomatique et plus imagée : « L'action de l'humanité consciente, c'est de choisir son itinéraire sur le plan incliné de l'histoire. Sur un plan incliné, on peut, en effet, choisir un certain itinéraire, on ne peut pas aller contre son inclination (*sic*). Et donc tous ceux qui recommandent par nostalgie, par obstination, par réaction d'aller en sens contraire de cette inclination, sont perdus à l'avance, et s'isolent dans le flux du progrès de l'histoire. » Cette inclinaison porte un nom : la mondialisation. Désormais, les politiques environnementales devront s'y plier.

---

1. Allocution prononcée par M. Valéry Giscard d'Estaing à la séance de clôture des troisièmes Assises de l'environnement, Paris, Unesco, le 11 décembre 1980.

En parallèle du soutien aux consommateurs, le gouvernement insiste sur l'idée de « qualité de vie ». Cette notion promue pour détrôner le progrès social est elle aussi instrumentalisée : elle vise à rendre obsolètes les revendications salariales. « On ne peut plus parler désormais des seules inégalités économiques : il faut combattre aussi, et avec la même détermination, les inégalités écologiques. On a parlé des "exclus" de la croissance ou du progrès économique. On pourrait parler des "exclus" de la qualité de la vie. L'air pur, l'eau pure, la nature, l'accès aux loisirs, le temps de vivre heureux avec sa famille et ses amis... tout cela doit faire partie du minimum garanti a tout Français[1]. » Sorti de son contexte, ce constat semble juste. Mais lorsqu'il côtoie un plaidoyer en faveur du libre échange et de la dérégulation, il apparaît clairement comme une diversion. En 1978, le Président avait aussi déclaré : « J'ai toujours pensé, et cela correspond, en quelque sorte, a un choix philosophique, que le matérialisme ne répondait pas à l'aspiration profonde des français[2]. »

---

1. Allocution de M. Valéry Giscard d'Estaing, à la réunion de travail des associations du cadre de vie et du Haut Comité de l'environnement, Palais de L'Élysée, 13 octobre1977.
2. Interview de M. Valéry Giscard d'Estaing, *Le Monde*, 26 janvier 1978.

La notion de décroissance n'est pas loin, mais il s'agit bien pour la droite au pouvoir d'une décroissance pour les pauvres, imposée par les politiques d'austérité que la crise et la mondialisation naissante exigent. La croissance différente à laquelle aspire Valéry Giscard d'Estaing n'a strictement rien à voir avec les propositions d'un René Dumont, qui met en cause le productivisme et la domination du Nord sur le Sud. Déjà, le discours écologiste est détourné par le pouvoir en place pour justifier la politique de rigueur menée par le Premier ministre Raymond Barre. Déjà, l'écologie est soumise aux « lois » du libre échange. Déjà, le consommateur tend à remplacer le citoyen et le militant.

Du mépris à la récupération

Pour la gauche socialiste des années 1970, l'écologie n'est pas un sujet : il suffirait de mettre fin au capitalisme pour que la crise environnementale soit résolue. En 1972, le Programme commun signé avec le Parti communiste français et les Radicaux de gauche est quasiment muet sur la question, n'y consacrant qu'une page sur cent quatre-vingt-douze, qui énonce des banalités. Quelques ajouts sont effectués dans les documents officiels des socialistes après la percée des écologistes aux élections municipales de 1977, mais il s'agit d'un saupoudrage de circonstance. Le Parti socialiste se moque régulièrement des écologistes, les comparant aux « premiers détracteurs de la machine à vapeur et du chemin de fer[1] ». Pour sa campagne de 1981, François Mitterrand se contente de suivre la ligne du Parti et de pointer l'antagonisme entre l'écologie et le développement du capitalisme.

Le 26 avril 1981, le candidat écologiste Brice Lalonde obtient plus d'un million de voix au premier tour de l'élection présidentielle, soit 3,88 % des suffrages. Ce résultat n'est cependant pas confirmé aux législatives de juin, où le courant « Aujourd'hui l'écologie » n'obtient que 1,1 % des suffrages. Une fois au pouvoir, le 10 mai, les socialistes évacuent rapidement la protection de l'environnement de leur plan d'action. Pendant un peu plus d'un an, François Mitterrand et son Premier ministre Pierre Mauroy engagent des politiques de gauche : passage à la semaine de travail de 39 heures, attribution d'une cinquième semaine de congés payés, retraite à 60 ans, création d'un impôt sur la fortune, nationalisations, abolition de la peine de mort... Mais le rapport de force interne au Parti socialiste tourne à l'avantage des « socio-démocrates », et les mesures prises ne vont pas jusqu'au bout de leur logique. Le gouvernement

---

1. Guillaume Sainteny, « Le Parti socialiste face à l'écologisme. De l'exclusion d'un enjeu aux tentatives de subordination d'un intrus », *Revue française de science politique*, 44e année, n° 3, 1994, p. 424-461.

nationalise mais intervient peu dans la gestion des entreprises, et François Mitterrand se laisse convaincre de ne pas sortir le franc du serpent monétaire européen. En mars 1983, c'est le « tournant de la rigueur » : le gouvernement abandonne l'idée de poursuivre son programme de gauche, et le ministre des Finances Jacques Delors devient l'artisan de l'austérité. Ce qui devait être une « parenthèse » se transforme en nouvelle doctrine : la social-démocratie. Autant dire que, durant le premier septennat de François Mitterrand, la protection de l'environnement est une préoccupation très secondaire. D'ailleurs, les écologistes ne renouvellent pas leurs bonnes performances électorales de la fin des années 1970, ce qui ne pousse pas les socialistes, ni la gauche dans son ensemble, à s'intéresser au sujet.

Il faut attendre 1986 pour que la situation change. Le 26 avril, le réacteur de la centrale ukrainienne de Tchernobyl entre en fusion et provoque un terrible accident nucléaire. À deux ans de l'échéance présidentielle, le gouvernement ne peut ignorer cette catastrophe qui traumatise à juste titre l'opinion publique. En parallèle, les scientifiques et les écologistes alertent la communauté internationale sur deux problèmes écologiques majeurs, d'un niveau non plus local mais planétaire : l'appauvrissement de la couche d'ozone dû à l'utilisation industrielle de certains gaz chimiques et le changement climatique qui serait provoqué par des émissions de gaz à effet de serre d'origine humaine. François Mitterrand commence à mentionner les « problèmes de l'environnement » dans ses écrits de campagne. Réélu président de la République en mai 1988, il nomme un écologiste, Brice Lalonde, secrétaire d'État à l'Environnement, en remerciement de son ralliement à sa candidature dès le premier tour. On délègue à un « spécialiste » des sujets qui paraissent encore secondaires et sur lesquels les socialistes n'ont fait aucun travail sérieux. Le 15 juin 1989, lors des élections européennes, les partis « verts » réalisent une percée dans plusieurs pays. Les citoyens inquiets de l'état de la planète élisent 21 députés européens écologistes : 8 en Allemagne et en France, 7 en Italie, 3 en Belgique, 2 aux Pays-Bas, 1 en Espagne et au Portugal. Avec 10,59 % des suffrages, la liste conduite par Antoine Waechter en France accède à la quatrième place, dépassant les centristes et talonnant le Front national. Il devient alors essentiel pour le Parti socialiste de se positionner plus nettement. Pour pallier ses lacunes en matière de culture environnementale, il emprunte une nouvelle voie : l'internationalisme.

La France participe activement à l'organisation d'une Conférence internationale des chefs d'État et de gouvernement sur l'environnement qui se déroule à La Haye, aux Pays-Bas, en mars 1989. Durant les sessions, elle pèse de tout son poids pour l'instauration d'une organisation mondiale de l'environnement. Le Premier ministre socialiste Michel Rocard, jadis imperméable à l'écologie, opère un revirement spectaculaire. Il est l'un des tout premiers artisans du sommet et convainc le Président de l'importance de l'enjeu. La remontée des partis « verts » dans les urnes et l'apparition en 1987 du concept de « développement durable » dans le corpus idéologique des Nations Unies expliquent seulement en partie cette conversion. Michel Rocard est sincèrement inquiet. Un haut fonctionnaire, Yves Martin, lui a donné à lire un rapport sur le changement climatique et ses possibles retombées sur les migrations en Afrique saharienne. Si rien n'est fait pour lutter contre la désertification et le réchauffement, l'étude prévoit des mouvements massifs de populations vers les pays européens. Michel Rocard comprend que la France doit s'engager dans une action internationale pour limiter la destruction de la couche d'ozone et le réchauffement planétaire, et orienter des financements vers la lutte contre la désertification. L'initiative de La Haye n'a pas l'effet escompté par la France en matière de négociations internationales. Les États-Unis et le Royaume-Uni sont absents de la déclaration finale, qui n'est signée que par 47 États le 11 mars 1989. Cet événement a au moins permis de donner le change à la population française en matière d'écologie.

Dans la foulée de cette initiative, le secrétaire d'État en charge de l'environnement, Brice Lalonde, coordonne l'organisation d'un colloque intitulé « Écologie et pouvoir » qui se tient les 13, 14 et 15 décembre 1989 à Paris. Dans son introduction, il explique que « le temps de l'alerte s'achève, celui de la gestion commence », et que l'objectif est de « mesurer ce qui est fait et ce qui reste à faire ». La manifestation voit défiler les ténors du Parti socialiste, toujours en quête d'une image plus verte : Jean-Michel Baylet, secrétaire d'État en charge des collectivités territoriales, Michel Delebarre, ministre en charge de l'équipement, du logement, des transports et de la mer, Pierre Bérégovoy, ministre de l'Économie, des Finances et du Budget, Jack Lang, ministre de la Culture et de la Communication, Bernard Kouchner, secrétaire d'État chargé de l'action humanitaire, Lionel Jospin, Premier ministre par intérim en remplacement de Michel Rocard, et jusqu'à François Mitterrand lui-même, qui vient ouvrir les travaux.

Les débats font la part belle aux services de l'État et aux collectivités. L'ambition affichée par Brice Lalonde est élevée, mais c'est bien le renoncement politique qui transpire de toutes les communications du colloque. Les socialistes sont dans la gestion des nuisances bien plus que dans la révolution écologique. Contrairement à Giscard d'Estaing, qui annonçait clairement le désengagement de l'État dans les années 1970, le Parti socialiste tente de masquer son manque de volonté en organisant deux diversions. La première, c'est la poursuite de la décentralisation, lancée réellement par la gauche avec les lois Defferre en 1982, sous le gouvernement de Pierre Mauroy. Les rapporteurs du colloque posent d'emblée une question centrale : «Avec la décentralisation, la commune est-elle devenue un lieu approprié d'élaboration et d'application des lois écologiques ?» Jean-Yves Le Déaut, député socialiste de Meurthe-et-Moselle, y répond en estimant que les maires doivent disposer de plus de pouvoirs, notamment pour inspecter les installations classées pour l'environnement. Le secrétaire d'État en charge des collectivités locales estime, lui, que « les Régions pourraient élaborer avec l'État, voire avec la Communauté [européenne], les procédures juridiques et financières qui conviennent à la défense de l'environnement». Or, si l'on ne peut pas être contre l'amélioration de la démocratie locale et l'équilibre des pouvoirs, le transfert de compétences qui s'opère dans un contexte de rigueur économique revient à diluer les responsabilités de l'État et à morceler l'action publique.

La seconde diversion du Parti socialiste, c'est la construction européenne. Pierre Arpaillange, ministre de la Justice, considère par exemple que «compte tenu de la très forte sensibilité aux problèmes d'environnement des pays membres de la Communauté, la réalisation de l'unité européenne ne peut qu'accélérer ce mouvement ». On assiste à la naissance d'un mythe : puisque certains États sont « plus sensibles » que la France, « l'Europe » tire notre pays vers l'avant sur les questions écologiques. Pourtant, la Communauté européenne semble découvrir les crises écologiques et n'a reconnu l'environnement comme l'un de ses objectifs essentiels qu'en 1986. Le 19 mars 1987 à Bruxelles, la Communauté européenne lance l'« année européenne de l'environnement », qui vise à « sensibiliser les citoyens de la Communauté à l'importance de la protection de l'environnement » et les actions symboliques autour de la nature, des déchets, de l'énergie se multiplient. Mais dans les faits, l'Europe qui se construit est celle du libre échange, de la concurrence libre et non faussée, de l'agriculture intensive qui détruit les écosystèmes à grands renforts de subventions. Le 1er juillet 1987, l'entrée en vigueur de l'Acte unique concocté par Jacques Delors, toujours membre du Parti socialiste, précipite l'Europe dans l'ultralibéralisme. Grâce à quelques règlements contraignants qu'elle adopte, comme en matière de qualité de l'eau, la Communauté européenne parvient à faire oublier que ses politiques générales participent activement au pillage des ressources et aux pollutions diverses[1].

_____

1. Aurélien Bernier, « Imposture écologique », sous la direction de Bernard Cassen, Utopies critiques et

Tout en transférant un maximum de responsabilités au niveau local et communautaire, le Parti socialiste français poursuit son dur apprentissage de l'écologie. En 1992, l'ONU organise le sommet mondial pour la Terre à Rio de Janeiro, au Brésil, vingt ans après la première réunion de Stockholm. Pierre Mauroy s'y rend, ainsi que Michel Rocard, qui réclame à nouveau l'instauration d'une autorité mondiale de l'environnement. Cela ne suffit pas à garantir le succès électoral : à la fin de l'année 1992, les écologistes français sont crédités de 15 % d'intentions de vote. En novembre 1992, le contrat de législature adopté par le bureau exécutif du Parti socialiste se prononce pour un « développement durable ». Le 16 mars 1993, moins d'une semaine avant le premier tour des élections législatives, la commission environnement du groupe socialiste au Parlement européen publie un « livre blanc » sur les politiques d'environnement.

De la « maison qui brûle » au Grenelle qui coule

Les citoyens français ne reconnaissent pas ces efforts. Ils élisent en 1993 l'assemblée nationale la plus à droite depuis un siècle ! Le Parti socialiste n'atteint que 17,4 % des voix exprimées,

---

Mémoires des luttes, *in En finir avec l'eurolibéralisme*, Mille et une nuits, 2008.

contre 19,83 % pour le RPR, 18,64 % pour
l'UDF et 12,42 % pour le Front national. Avec
plus de 10 %, les écologistes réalisent un score
correct, mais les suffrages sont répartis entre
trois formations politiques : les Verts (4,03 %),
Génération écologie (3,61 %) et Nouvelle écologie (2,50 %). La droite au pouvoir reprend
sans conviction le flambeau de la protection de
l'environnement. Le 8 mai 1993, le nouveau
ministre Michel Barnier présente sa politique.
La priorité est donnée au « développement de
l'éco-citoyenneté » et à l'« introduction de l'environnement dans les programmes scolaires », à
l'« intégration de l'environnement dans l'aménagement du territoire » et au « développement
d'une nouvelle croissance conciliant économie
et écologie » qui doit se traduire par l'émergence des « éco-industries ». Les lobbies industriels, fortement mobilisés lors du sommet de
Rio en 1992 pour défendre l'auto-régulation
des entreprises, sont entendus par le gouvernement du Premier ministre Jacques Chirac,
membre du Rassemblement pour la République
(RPR), grand promoteur de l'agriculture intensive lorsqu'il fut ministre de l'Agriculture et du
Développement rural entre juillet 1972 et février 1974, puis bétonneur de la ville de Paris
durant son mandat de maire, de mars 1977 à
mai 1995.

Élu président de la République le 17 mai 1995
grâce à sa campagne sur la « fracture sociale »,

Jacques Chirac « oublie » l'environnement dès son arrivée à l'Élysée. Il provoque un scandale chez les écologistes, les pacifistes, et dans une bonne partie de la population, en relançant des essais nucléaires français dans le Pacifique dès juillet 1995. Sa politique économique s'inscrit dans la grande tradition néolibérale : réduction de la dette publique, lutte contre le déficit budgétaire, privatisations...

Mais comme Georges Pompidou et Valéry Giscard d'Estaing à droite, comme François Mitterrand et Michel Rocard à gauche, Jacques Chirac effectue sa conversion à l'écologie. Elle a lieu le 3 mai 2001, à Orléans. Au cours d'un déplacement de routine, le Président surprend son auditoire composé principalement d'élus locaux en consacrant l'intégralité de son discours à l'environnement. Énumérant les différents risques auxquels sont confrontés les hommes, il considère que, « en matière d'environnement, exigence rime désormais avec urgence. En un mot, il y a péril en la demeure ». Face à cet « impératif éminemment politique », Jacques Chirac propose en premier lieu de « s'appuyer sur les progrès de la science et de la technologie ». Considérant que « le droit à un environnement protégé et préservé doit être considéré à l'égal des libertés publiques », il s'engage à écrire une « Charte de l'environnement adossée à la Constitution ». Les juristes ouvrent des yeux ronds, car cette notion d'adossement à la Constitution ne

signifie rien de connu. Mais cette trouvaille ne
tarde pas à faire le tour des médias.

Au moment où il prononce le discours d'Orléans, le président de la République est en pleine
cohabitation avec le gouvernement socialiste
de Lionel Jospin, installé à Matignon depuis
le 1er juin 1997. Les écologistes sont en progression : après avoir chuté à 3,32 % à la présidentielle de 1995, ils ont doublé leur score aux
législatives de 1997, sous l'effet notamment de
la crise de la vache folle, de l'introduction des
OGM dans l'agriculture et l'alimentation, ou de
la montée des préoccupations en matière de climat et de biodiversité. L'élection présidentielle
doit se tenir dans un an, et la « Gauche plu-
rielle », qui regroupe les socialistes, les communistes et les Verts, est nettement en avance sur
la droite en matière d'écologie.

Jacques Chirac sait qu'il paraîtra difficile-
ment sincère compte tenu de son passé au ministère de l'Agriculture ou à la Ville de Paris,
mais il persévère. Le 4 décembre 2001, il s'exprime à Villepinte, en Seine-Saint-Denis, dans
le cadre du salon des éco-industries Pollutec,
pour louer la conversion des industriels à l'écologie et défendre un nouveau concept, celui de
l'écologie humaniste, qu'il définit assez vague-
ment comme « une écologie porteuse de progrès pour l'homme ». Les axes d'action cités par
Chirac sont d'une affligeante banalité : « intégrer l'écologie à nos politiques publiques et à la

stratégie des entreprises» ; «la clarification des responsabilités, l'appel à plus de démocratie» ; «accroître notre exigence de précaution et de prévention». Moins de trois mois après l'explosion de l'usine chimique toulousaine d'AZF, le 21 septembre 2001, Jacques Chirac met l'accent sur la sécurité industrielle, mais les dirigeants d'entreprise n'ont pas à se montrer inquiets. Les règles du libre échange ne seront pas entravées par la protection de l'environnement, il n'y aura pas de contrainte nouvelle : « Pour éviter toute distorsion de la concurrence, l'Union européenne ne doit pas appliquer le principe de précaution en solitaire, mais chercher à le faire reconnaître aussi par la Communauté internationale.» Le sommet pour la Terre de Johannesburg qui doit se tenir en septembre 2002 constitue l'occasion de renvoyer la balle au niveau de l'ONU.

Réélu à la présidence de la République le 5 mai 2002, Jacques Chirac poursuit sa stratégie de communication en Afrique-du-Sud. Le 2 septembre, il prononce un discours devant l'assemblée plénière du troisième sommet pour la Terre, dont les premières phrases resteront célèbres : « Notre maison brûle et nous regardons ailleurs. La nature, mutilée, surexploitée, ne parvient plus à se reconstituer, et nous refusons de l'admettre. L'humanité souffre. Elle souffre de mal-développement, au Nord comme au Sud, et nous sommes indifférents. La Terre et l'humanité sont en péril, et nous en sommes tous responsables. » En désignant ceux qui « regardent ailleurs », il vise le président américain George W. Bush, occupé à mener la guerre contre le terrorisme depuis les attentats du 11 septembre 2001. La prise de conscience de Chirac, saluée jusque dans les rangs du Parti communiste français, est aussi une manœuvre diplomatique pour isoler les États-Unis. Sur le plan des négociations internationales, cette déclaration n'aboutit à rien. Le sommet de Johannesburg voit les plus grandes entreprises défiler aux tribunes pour signer des engagements volontaires et jurer qu'ils feront preuve d'un maximum de responsabilité, mais le droit de l'environnement reste une fois de plus lettre morte.

En 2005, la fameuse Charte de l'environnement « adossée à la Constitution française » voit le jour. Non contraignante, très généraliste, elle reprend les grandes lignes de la déclaration du sommet de Rio de 1992. Le seul droit « subjectif[1] » reconnu par la Charte de l'environnement dans son article 7 est le droit à l'information des citoyens. Pour le reste, ses principes sont bien trop flous pour en faire une utilisation juridique réelle[2]. Le texte reflète un profond chan-

----

1. Un droit subjectif est un droit qui permet de faire, d'exiger ou d'interdire.
2. Michel Prieur « La Charte de l'environnement : droit dur ou gadget politique ? », *Pouvoirs, revue*

gement idéologique : alors que le Préambule de la Constitution du 27 octobre 1946 commence par « la Nation garantit à tous... », la Charte de l'environnement débute par la phrase : « Chacun a le droit de vivre dans un environnement équilibré. » L'individu a remplacé la Nation. Le libéralisme a triomphé des valeurs républicaines, et personne ne s'en émeut. Le président Chirac achève son mandat sur cette imposture, alors que les inquiétudes sur le changement climatique et la perte de biodiversité se renforcent.

En novembre 2006, l'une des personnalités écologistes les plus appréciées des Français, le présentateur de télévision Nicolas Hulot, lance un « Pacte écologique » pour peser sur l'élection présidentielle de 2007. Ce pacte énumère un certain nombre de propositions, parmi lesquelles figurent la création d'un poste de « vice-Premier ministre en charge du développement durable » et la mise en place d'une taxe carbone pour réduire les émissions de gaz à effet de serre. Le texte est signé par la quasi-totalité des candidats, dont Nicolas Sarkozy, qui se présente sous la nouvelle étiquette de l'Union pour la majorité présidentielle (UMP) qui fusionne deux partis de droite, le RPR et Démocratie libérale (DL), et qui accueille certains membres de l'Union pour la démocratie française (UDF). Lors de

française d'études constitutionnelles et politiques, n° 127, novembre 2008, p. 49-65.

la campagne, un collectif d'associations de protection de l'environnement, l'Alliance pour la Planète, évalue les programmes politiques des candidats et attribue à ce dernier l'une des plus mauvaises notes (8,5/20)[1]. Nicolas Sarkozy obtient la majorité des suffrages le 6 mai 2007.

Dès le 18 mai, le nouveau Président lance le Grenelle de l'environnement, qui rassemble des représentants de la société civile et de l'État au sein de six groupes de travail pour mettre en place un plan d'action en matière d'écologie. Une table ronde de restitution a lieu les 24 et 25 octobre 2007. En clôture des travaux, Nicolas Sarkozy prononce un discours en présence, notamment, de José-Manuel Barroso, président de la Commission européenne, et d'Albert Gore, ancien vice-Président des États-Unis. Il y déclare : « Le Grenelle est un événement sans précédent. [...] C'est un changement complet dans la logique de décision gouvernementale. C'est une révolution dans la méthode dont on mesurera les implications dans quelques années. [...] Mais ce changement de la France, nous voulons le mettre au service de l'Europe et au service du monde. Si la France a compris que son devoir était d'agir, c'est que l'Europe doit agir et que le monde doit réagir. »

Le Président énumère une série de dispositions, qui vont du développement du réseau

---

1. http://saison1.lalliance.fr

ferré à l'instauration d'une taxe carbone en passant par la prise en compte obligatoire de l'environnement dans les marchés publics. Un projet de loi-cadre dit « Grenelle I » est adopté le 23 juillet 2009. La loi « Grenelle II » portant engagement national pour l'environnement, adoptée le 12 juillet 2010, décline le plan d'action sur les différents sujets.

Mais au fil des débats à l'Assemblée nationale et au Sénat, les promesses de ce « New Deal écologique » s'effritent les unes après les autres. Les associations deviennent de plus en plus critiques. Le 2 novembre 2010, Agir pour l'environnement publie un « contre-bilan » du Grenelle dans lequel l'organisation pointe les incohérences du gouvernement : l'abandon d'écotaxes, la poursuite du développement des agrocarburants, la faiblesse des résultats en matière d'agriculture biologique ou de fret ferroviaire... et surtout une liste de projets d'infrastructures jugés incompatibles avec les engagements pris en 2007 (un second réacteur nucléaire EPR sur la commune de Penly, une ligne très haute tension dans la Manche, un aéroport à Notre-Dame-des-Landes près de Nantes, un incinérateur à Fos-sur-Mer, et plus de mille kilomètres de nouvelles autoroutes). Même le principal partenaire de l'État dans le processus, la fédération France nature environnement (FNE), juge le résultat « contrasté » et pointe de nombreuses lacunes dans les domaines de l'eau, des déchets, de l'urbanisme[1]...

En mars 2010, lors d'une réunion avec les députés UMP, le Premier ministre François Fillon annonce le report *sine die* de la mesure phare du Pacte écologique de Nicolas Hulot et du Grenelle de l'environnement, la taxe carbone, dans l'attente d'un improbable accord européen. La plupart des mouvements écologistes hurlent au scandale. Lors d'une table ronde organisée au Salon de l'agriculture à Paris le 6 mars, le Président lui-même déclare à des exploitants : « Je voudrais dire un mot de toutes ces questions d'environnement. Parce que là aussi, ça commence à bien faire. » Cette petite phrase lui attire les foudres de l'opposition et des représentants associatifs[2].

Le plus incroyable dans cette comédie du Grenelle reste la naïveté des organisations de protection de l'environnement et des représentants de partis, comme le « vert » Daniel Cohn-Bendit, qui se sont publiquement félicités de la conversion à l'écologie du président de la République. Bien peu ont perçu, derrière les apparences, l'incompatibilité profonde entre l'ultralibéralisme de sa politique économique

---

1. France nature environnement, « Grenelle II ; Analyse de FNE », septembre 2009.
2. « Sarkozy a-t-il trahi le Grenelle de l'environnement ? », *Lexpress.fr*, 7 mars 2010.

et fiscale et l'amélioration de la situation environnementale. Finalement, Sarkozy et Giscard d'Estaing ont opéré, à plus de trente ans d'intervalle, des manœuvres très similaires. Les ressemblances sont frappantes entre l'installation du Haut Comité de l'environnement et le Grenelle. Ce sont deux démarches de récupération de l'écologie : l'ambition de mobiliser la société civile, les propos des deux présidents sur l'importance de la protection des écosystèmes... et la déception de ceux qui ont cru à un véritable changement d'orientation, rendu impossible par leur attachement indéfectible à l'économie de marché.

Entre 1975 et 2007, l'impact des activités humaines rapporté à la biocapacité mondiale est passée de 0,8 à 1,5, soit une augmentation de l'ordre de 87 % de l'empreinte écologique. En d'autres termes, les capacités de la planète à fournir durablement les ressources renouvelables nécessaires à nos sociétés et à épurer les pollutions qu'elles génèrent sont dépassées de 50 %. En France, le résultat est encore pire qu'au niveau mondial, avec un dépassement de 70 %. La croissance «plus humaine et plus économe» se fait tragiquement attendre. L'indicateur des indicateurs est toujours le Produit intérieur brut (PIB), auquel personne n'a jamais ajouté depuis 1975 la moindre variable sociale ou environnementale.

En février 2008, Nicolas Sarkozy crée la « commission sur la mesure de la performance économique et du progrès social » et en confie la présidence au prix Nobel d'économie Joseph Stiglitz, ancien conseiller du président américain Bill Clinton. Présenté le 14 septembre 2009 à Paris, le rapport rédigé par la commission critique timidement le PIB, qui ne serait « pas faux en soi, mais peut être faussement utilisé ». Pour mieux mesurer la richesse d'un pays, suggèrent les rapporteurs, il conviendrait de prendre en compte des indicateurs de qualité de vie et de développement durable et d'intégrer dans la comptabilité publique la mesure d'activités non marchandes. Et de conclure : « Au niveau national, il conviendra de mettre en place des tables rondes afin de définir quels sont les indicateurs qui permettent à tous d'avoir une même vision des modalités de progrès social et de sa soutenabilité dans le temps. » On se croirait revenu trente-quatre ans en arrière ! Dans le même temps, bien sûr, la ministre de l'Économie Christine Lagarde confrontée à la crise ne pense qu'à retrouver le chemin de l'augmentation du PIB. Le 13 août 2010, elle se félicite, par exemple, d'une « magnifique » croissance de 0,6 % pour la France au deuxième trimestre.

Courir après la demande sociale

Malheureusement, l'imposture des dirigeants français illustre une tendance générale. Les gouvernements « font de l'environnement » lorsque cette thématique est rentable d'un point de vue électoral, en courant après la demande sociale. Si les politiques environnementales ne semblent progresser qu'après des accidents catastrophiques, elles reculent encore plus vite en cas de crise économique.

« Gouverner, c'est prévoir », disait le journaliste libéral français Émile de Girardin (1806-1881). Dans ce cas, le principe de précaution devrait s'appliquer à un certain nombre d'activités pour les réguler, à défaut de les interdire. Or, nous assistons depuis les années 1950 au phénomène exactement inverse. Alors que les tonnages de pétrole transportés par mer et la taille des supertankers ne cessent de croître, que les pavillons de complaisance se multiplient, il faut attendre la marée noire du *Torrey Canyon* en 1967 pour que la communauté internationale réagisse : la Convention internationale sur la responsabilité civile des dommages dus à la pollution par les hydrocarbures est signée en 1960 à Bruxelles, mais elle ne permet pas d'intervenir en amont des problèmes. On peut admettre que personne à l'époque ne pouvait imaginer un tel accident possible. Mais une fois le drame survenu, la leçon aurait dû être apprise. Il n'en est rien, et les catastrophes se sont succédé : l'*Amoco-Cadiz* (1978), l'*Exxon Valdez* (1989), l'*Erika* (1999), le *Prestige* (2002)... En avril 2010, la plus grosse marée noire de tous les temps s'est produite dans le golfe du Mexique suite à l'explosion de la plateforme offshore de British Petroleum, Deepwater Horizon. En réaction à ce sinistre historique, l'administration états-unienne décrète le 12 juillet 2010 un moratoire sur les forages en eaux profondes... dont la levée est annoncée le 13 octobre pour ne pas entraver les activités pétrolières. Du côté de l'Europe, les pays pétroliers, en particulier la Norvège, le Royaume-Uni et le Danemark, s'opposent à toute mesure similaire.

La Convention sur le contrôle des mouvements transfrontaliers de déchets dangereux, signée à Bâle en mars 1989, n'est pas, elle non plus, une anticipation, mais une réaction à un autre scandale. Après l'explosion de l'usine chimique de Seveso en 1976, la décontamination du site en Lombardie prend plusieurs années. En 1982, des fûts de déchets contenant de la dioxine sont évacués... avant d'être perdus ! Leur trace n'est retrouvée qu'en 1985, sous les yeux ébahis des médias et des citoyens qui découvrent l'étendue du laxisme des industriels et des autorités. Rédigée pour rassurer le public, la Convention de Bâle vise à sécuriser ces mouvements de déchets, mais absolument pas à réduire les quantités générées, qui donnent lieu à un commerce très rentable. En l'espace de huit ans, la France a multiplié ses importations des déchets dangereux par trois et ses exportations par cinq. Il faut également attendre l'accident de Tchernobyl en avril 1986 pour qu'une Convention internationale sur la sûreté nucléaire soit rédigée et finalement adoptée en septembre 1994. Comme dans le cas des marées noires, elle n'a pas stoppé les incidents. L'échelle INES (International Nuclear Event Scale) est utilisée depuis 1991 pour donner une image, sur un barème de 0 à 7, de la gravité des incidents ou des accidents nucléaires. Entre 1986 et 2007, l'Autorité française de sûreté nucléaire recense trois incidents de niveau 2 (contamination importante et surexposition d'un travailleur ; incidents assortis de défaillances importantes des dispositions de sécurité), quatre incidents de niveau 3 (très faible rejet : exposition du public représentant une fraction des limites prescrites ; contamination grave/effets aigus sur la santé d'un travailleur ; accident évité de peu/ perte des barrières) et un accident de niveau 4 (rejet mineur : exposition du public de l'ordre des limites prescrites ; endommagement important du cœur du réacteur / des barrières radiologiques/ exposition mortelle d'un travailleur). En 2008, le site de Tricastin, dans la basse vallée du Rhône, connaît plusieurs incidents dont une fuite d'uranium et des rejets de carbone 14. En mars 2011, c'est le niveau 7 qui est atteint par la centrale de Fukushima, au Japon, touchée par un gigantesque séisme suivi d'un tsunami. Aucune convention internationale n'a empêché Tepco, l'opérateur privé de la centrale nucléaire, de falsifier une trentaine de rapports d'inspection constatant des fissures ou des corrosions sur les enveloppes de béton de ses réacteurs, dont certains concernaient le site de Fukushima, ni de dissimuler 199 incidents entre 1984 et 2002[1].

Bien que le « principe de précaution » soit largement invoqué dans les discours officiels, la capacité du pouvoir politique à anticiper les problèmes environnementaux est donc inexistante, et lorsque des mesures sont prises, leur efficacité laisse souvent à désirer. Dans le domaine des nouvelles technologies, l'actualité montre qu'en la matière, il est bien difficile de changer les habitudes. Les plantes transgéniques sont mises sur le marché et cultivées alors que l'évaluation de leurs impacts est laissée à la seule discrétion de l'industriel qui les met sur le marché, les agences publiques faisant office de chambres d'enregistrement des demandes d'autorisation. En dépit d'une large mobilisation citoyenne qui s'est maintenue pendant plus de dix ans,

---

1. « Tepco must probe 199 plant check coverups », *Japan Times*, 2 février 2007.

la législation sur les OGM est toujours aussi laxiste, en Europe comme aux États-Unis. Les nanotechnologies, qui manipulent la matière et le vivant à l'échelle atomique ou moléculaire, se développent elles aussi sans la moindre expertise indépendante. En cas de crise économique, les gouvernements savent par contre où trouver la marche arrière. Nicolas Sarkozy l'a montré, dès 2008-2009, en abandonnant tout à fait ses engagements du Grenelle. De tels revirements sont monnaie courante dans l'histoire de l'écologie moderne. Lorsque la première crise pétrolière éclate en 1973, les économies d'énergie deviennent subitement prioritaires. On maquille alors en mesures écologiques des campagnes de réduction des consommations : en France, c'est la « chasse au gaspi » coordonnée par l'Agence française de maîtrise de l'énergie (AFME). En réalité, la réduction du déficit commercial est de très loin la première préoccupation des gouvernements, tant les importations de carburants pesaient lourdement dans la balance commerciale. Lorsque le pétrole redevient bon marché entre 1985 et 2005, la préoccupation de sobriété énergétique se dissipe. C'est au tour du recyclage des déchets de connaître son heure de gloire. Mais la structuration de filières de valorisation des déchets en Europe dans les années 1980 et 1990 a moins pour ambition de protéger l'environnement que de réduire la dépendance aux importations de matières premières. De fait, la rentabilité économique du recyclage est directement liée au cours des matériaux sur le marché mondial : si ce cours baisse, il vaut mieux importer que valoriser les déchets. Les orientations de l'Agence de l'environnement et de la maîtrise de l'énergie (ADEME) ou des structures publiques qui l'ont précédée révèlent à quel point les priorités fluctuent non pas en fonction de l'état de la planète, mais bien en fonction des enjeux économiques et stratégiques : réduire les consommations d'énergie est, dans les années 1970 et 1980, un objectif majeur ; puis, cette activité devient marginale pour laisser la place à la gestion des déchets dans les années 1990 ; enfin, au début des années 2000, avec l'émergence des problèmes climatiques, l'essentiel est le développement des énergies renouvelables. Là où l'on attendrait un travail de fond continu, sévit une politique du coup par coup, où le cours des matières premières en Bourse tient lieu d'arbitrage.

En matière d'énergie, l'administration américaine est elle aussi adepte des revirements spectaculaires. Depuis le premier choc pétrolier de 1973, elle hésite entre la promotion des économies d'énergie et des technologies « vertes » pour renforcer l'indépendance des États-Unis et des politiques environnementales minimales pour ne pas contrarier les intérêts de l'industrie consommatrice d'énergies fossiles. En 1989, devant la Conférence mondiale de l'énergie de Montréal, l'ancien directeur de la Central Intelligence Agency (1973), ancien secrétaire de la Défense (1973-1975) et de l'Énergie (1977-1979), James Schlesinger, estime que l'absence de politiques d'économie d'énergie fait des États-Unis « les meilleurs alliés des Arabes[1] ». Alors que le GIEC, créé un an auparavant, alerte pour la première fois les décideurs sur les risques de changement climatique, les États-Unis du président George Herbert Walker Bush prennent la question très au sérieux. La raison n'a rien à voir avec l'écologie, mais elle n'est pas moins cruciale, car développer les énergies renouvelables ou réduire les besoins a un impact direct sur les relations commerciales et l'indépendance du pays. Après la guerre du Golfe de 1990-1991, qui renforce pour un temps la sécurité énergétique américaine, les États-Unis abandonnent le dossier des négociations internationales sur le climat aussi vite qu'ils l'ont pris en main... Quant à l'Union européenne, sa position volontaire à la fin des années 1990 dans ces mêmes négociations relève avant tout d'un positionnement diplomatique : il s'agit d'isoler les Américains dans un contexte de conflit

---

1. Jean-Charles Hourcade, « Convention climat : États-Unis et Europe dans un labyrinthe de miroirs déformants », *Critique Internationale*, Fondation nationale des sciences politiques, 2002.

commercial qui concerne la libéralisation des marchés agricoles.

Même les Allemands, souvent perçus comme d'authentiques écologistes, n'échappent pas à cette règle. Historiquement, les politiques d'environnement relèvent de la compétence des États fédérés, qui disposent de leur propre ministère et de leurs propres agences de contrôle. Dans un pays qui possède une densité de population parmi les plus importantes d'Europe, une industrie colossale et un réseau de transport particulièrement dense, les problèmes de pollution locale inquiètent. Dans les années 1950, un consensus national avait été trouvé autour de la croissance économique maximale. Le code civil stipulant que les citoyens doivent accepter les nuisances au nom du « bien commun », les protestations ont été provisoirement écartées. Les dégâts environnementaux se multipliant au début des années 1960, la population de la RFA réagit. En 1961, dans un discours de campagne électorale, le sociodémocrate Willy Brandt sent tourner le vent de la contestation environnementale : il marque les esprits en déclarant que « le ciel au-dessus de la Ruhr doit redevenir bleu », une phrase que les médias retiendront et amplifieront. Sous la pression des habitants victimes de nuisances, de nombreux États fédérés développent des politiques de qualité de l'eau et de l'air. Pourtant, aucun changement structurel ne vient mettre en péril le modèle économique libéral. La législation se concentre sur les polluants visibles, et notamment les fumées, mais les pollutions invisibles continuent de plus belle, à commencer par la destruction des sols sous les effets d'une agriculture productiviste[1]. Au niveau fédéral, la protection de l'environnement est du ressort du ministre de l'Intérieur. De 1969 à 1974, ce poste est occupé par Hans-Dietrich Genscher, membre du FDP, le parti des libéraux. Il se sert de la question environnementale pour se faire connaître et faire percer son parti, minoritaire dans la coalition qu'il forme avec les socio-démocrates. Son programme environnemental de 1971 stipule toutefois que « les capacités économiques du pays ne doivent pas être écrasées par la mise en œuvre des mesures environnementales ».

À chaque crise économique, les industriels profitent de la situation pour réclamer un allègement des normes. En juin 1975, le patronat allemand se réunit à la conférence de Gymnich[2] pour exiger un assouplissement de la réglementation suite au premier choc pétrolier. Le chancelier social-démocrate Helmut Schmidt,

---

1. Frank Uekoetter, *The Age of Smoke : Environmental Policy in Germany and the United States, 1880-1970*, University of Pittsburgh Press, 2009.
2. Du nom d'un château situé dans l'État de Rhénanie du Nord-Westphalie, près de Cologne.

élu en mai 1974, accède volontiers à leur demande. Il faut attendre la fondation du parti vert die Grünen en 1980, dans un contexte économique redevenu favorable, pour que les socio-démocrates préparent de nouvelles législations sur l'environnement. Malheureusement pour eux, ils perdent les élections de 1982, et c'est la droite emmenée par Helmut Kohl qui récupère les fruits de ce travail, en se donnant une image écologiste à peu de frais. Une image suffisante en tout cas pour donner le change à l'opinion. En 1986, l'accident nucléaire de Tchernobyl bouscule les chrétiens-démocrates et les libéraux au pouvoir, qui sont incriminés pour leur gestion catastrophique de la sûreté nucléaire. Helmut Kohl y répond en créant le premier ministère fédéral de l'Environnement, dont les compétences et les capacités d'action restent cependant très faibles.

À partir de 1990, la préparation de la réunification des deux Allemagne et les difficultés économiques qui en découlent accaparent toute l'action politique. Il n'est plus question de réglementation stricte, et la protection de l'environnement se limite à réparer les dégâts dans une ex-Allemagne de l'Est particulièrement polluée. L'écologie ne fait un retour dans les discours officiels des gouvernements allemands qu'à la fin des années 1990, lorsque l'industrie cherche à profiter de la lutte contre le changement climatique et de l'augmentation du cours du pétrole pour vendre de «nouvelles technologies». Mais fin septembre 2008, alors que les vingt-sept États membres de l'Union européenne débattent des objectifs de réduction des gaz à effet de serre et que la crise des *subprimes* vient d'éclater, la chancelière allemande Angela Merkel annonce qu'elle ne cautionnera pas «la destruction d'emplois allemands du fait d'une politique inappropriée sur le climat[1]». Immédiatement suivie par l'Italie et les pays de l'Est, elle obtient sans peine que l'Union européenne adopte un «plan énergie-climat» sans la moindre contrainte pour l'économie.

Si l'on s'en tient, en matière d'écologie, à cette réalité française, américaine et allemande, faite de double discours et de revirements spectaculaires, la tentation est forte de céder à la dénonciation en bloc des politiques, au «tous pourris». Il suffirait alors de placer au pouvoir des responsables réellement soucieux de protéger la planète, qui agiraient enfin dans la durée et de façon cohérente. C'est finalement le discours véhiculé par les partis «verts» et la plupart des associations, dénonçant l'hypocrisie des socialistes et de la droite. Pourtant, la similitude des comportements entre les dirigeants des années 1970 et ceux des années 2000 ne doit pas faire oublier qu'il s'est produit entre-temps un

1. «La crise économique menace l'accord sur le paquet énergie-climat», *Euractiv.fr*, 22 septembre 2008.

véritable tournant politique. Avec la mondialisation, les faux discours ne masquent plus seulement un manque d'intérêt pour l'écologie, ils
dissimulent aussi une véritable impuissance à
rompre avec les logiques et les institutions de
l'ordre économique.

Le développement durable,
ou l'adaptation des politiques environnementales
au tournant de la rigueur

Après les Trente Glorieuses, les deux crises
pétrolières de 1973 et 1979 déclenchent l'offensive de la rigueur. Elles augmentent soudain le
coût des matières premières et viennent aggra-
ver un phénomène de saturation des marchés
jusqu'alors porteurs, comme celui de l'automobile. Les grandes puissances économiques y
voient l'occasion de passer à la vitesse supérieure
dans leur stratégie de mondialisation du capitalisme. Le développement des outils techniques
(réseaux de transport et de communication) et
politiques (le libre échange) est suffisamment engagé. Le bloc de l'Est est affaibli, et il n'est plus
nécessaire de concéder des avancées sociales à
l'Ouest pour freiner la diffusion des idées communistes. La crise fournit une justification : le
retour à la croissance passera par le libre échange
et la baisse des coûts de production.

L'arrivée au pouvoir de Margaret Thatcher au
Royaume-Uni en 1979 et de Ronald Reagan aux

États-Unis en 1981 entérine définitivement la rupture avec le « compromis fordiste » et les politiques de régulation keynésiennes. La concentration des richesses augmente en flèche et le rôle de l'État diminue fortement. En matière d'environnement, ces deux ultralibéraux convaincus n'ont aucun projet, en dehors de défaire toute réglementation défavorable aux grandes entreprises. Reagan place des gens de confiance à l'Agence américaine de protection de l'environnement, l'EPA, et réduit drastiquement ses budgets. Thatcher est bien trop occupée à briser les mouvements syndicaux et à soutenir la finance londonienne pour se préoccuper des écosystèmes.

En France, les socialistes sont au pouvoir, mais opèrent le « tournant de la rigueur ». L'écologie est une préoccupation très secondaire et les marges de manœuvre des États se sont considérablement rétrécies avec l'acceptation du libre échange qui génère la « contrainte extérieure ». En 1984, Paris accueille un colloque international baptisé « Les politiques de l'environnement face à la crise », dont les actes reflètent parfaitement le nouveau contexte politique[1] : les élites françaises considèrent que la crise n'est pas

---

1. *Les Politiques de l'environnement face à la crise*, Cahiers du GERMES, actes du colloque international, organisé le 10 décembre 1984 par l'Association du GERMES et les ministères de l'Environnement, de l'Urbanisme et du Logement.

temporaire, mais qu'elle est l'expression d'un
« grand bouleversement » qui touche en premier
lieu l'industrie lourde. Présentée comme une fa-
talité par les socialistes au pouvoir, cette situation nouvelle produit un changement dans la
nature même de l'action politique. Les grands
industriels n'apparaissent plus comme des pol-
lueurs qui dégradent l'environnement pour
maximiser leurs profits, ils deviennent d'abord
et avant tout des employeurs : dans « une période où rien ne doit entraver la compétitivité
des entreprises », l'État les ménage. Il investit
dans la recherche pour favoriser l'innovation qui
« permettra aux petites entreprises de rivaliser
avec les grandes ». Puisque l'industrie lourde est
déjà fortement délocalisée, la France, comme les
autres pays occidentaux, compte sur la haute
technologie pour conserver sa compétitivité économique. La science, la technique et le retour
à la croissance sont présentés comme des réponses évidentes à la crise environnementale.
On banalise le terme « éco-industries » pour qualifier les grandes entreprises spécialisées dans le
traitement de l'eau ou les déchets. Ces activités
permettent de limiter le déséquilibre de la balance commerciale et sont fortement soutenues
par l'État. En 1981, le solde exportateur des activités environnementales est de 7,2 milliards de
francs pour un déficit global des échanges d'environ 70 milliards. Le savoir-faire de la Compagnie générale des Eaux (qui deviendra dans les

années 2000 Vivendi, puis Veolia), de la Lyonnaise des Eaux (qui deviendra Suez) ou de Bouygues (*via* la Société d'aménagement urbain et rural) dans la production d'eau potable, l'assainissement, la gestion de décharges ou d'unités de recyclage s'exporte un peu partout sur la planète, et bénéficie très largement de la dérégulation des marchés de services imposée aux pays pauvres *via* des plans d'ajustement structurels qui contraignent à privatiser de nombreux secteurs nombreux économiques.

Le gouvernement socialiste se met à défendre le principe d'une « contrainte réglementaire concertée ». Les travaux de l'OCDE sont largement cités à l'occasion de ce colloque : des travaux qui estiment, par exemple, qu'« entre 1958 et 1977, les réglementations sur l'environnement ont compté pour 10 % dans la baisse de la productivité » et qui préconisent donc à la fois une grande concertation avec les industriels en ce qui concerne la réglementation et une grande souplesse dans sa mise en œuvre[1]. Pour les pouvoirs publics, les politiques de contrôle et de réglementation sont « difficiles en temps normal, mais dangereuses en temps de crise ».

Le gouvernement annonce une cogestion des politiques environnementales avec les lobbies industriels et tente de cacher son impuissance

---

1. *Politiques de l'environnement et changement technique*, OCDE, 1982

derrière la décentralisation : puisque « la crise empêche l'État d'assumer à 100 % son rôle d'État-providence, l'État doit assurer sa fonction providente indirectement en donnant aux citoyens les moyens de prendre en charge eux-mêmes la qualité de voisinage». Pour cela, il faut organiser une bonne circulation de l'information et des connaissances, présentée comme la première des conditions à la décentralisation. Pour le citoyen, l'environnement est ainsi restreint à son espace de vie. Fini les grandes causes portées par les associations de développement ou des intellectuels comme René Dumont. La secrétaire d'État en charge de l'environnement, Huguette Bouchardeau, affirme que « l'environnement, c'est MON voisinage». Le citoyen est invité à s'impliquer, à s'informer, à dialoguer avec les industriels et les élus locaux. Au final, « il faut recomposer les politiques d'environnement en les appuyant sur les aspirations et les comportements quotidiens plutôt que sur les grandes mobilisations ou les grandes peurs[1]». Dès 1984, on voit l'irruption dans le discours des socialistes français au pouvoir et dans celui de l'administration de concepts qui seront livrés au grand public quelques années plus tard : le «développement durable» et la « gouvernance ».

---

1. « Les politiques de l'environnement face à la crise », *op. cit.*, p. 60.

En 1982, dix ans après Stockholm et deux ans après le grand tournant ultralibéral, un second Sommet pour la Terre se déroule à Nairobi. Les États ne peuvent qu'y constater l'échec de la communauté internationale en matière de protection de l'environnement, mais pour entretenir l'illusion que la contre-révolution néolibérale n'a pas complètement balayé l'écologie, une mission est confiée par les Nations unies à la Norvégienne Gro Harlem Brundtland, ancienne ministre de l'Environnement (de septembre 1974 à octobre 1979) et ancienne chef du gouvernement (de février à octobre 1981). Membre du Parti travailliste social-démocrate (Det norske Arbeiderparti), dont les statuts indiquent qu'il veut « bâtir [son action] sur une interaction du travail et du capital », Gro Harlem Brundtland est favorable au libre échange et à l'intégration de la Norvège dans la Communauté économique européenne. Elle s'oppose régulièrement au Parti socialiste de gauche (Sosialistisk Venstreparti), qui regroupe les communistes et plusieurs mouvements de la gauche radicale, en particulier sur les questions européennes.

La commission qu'elle dirige est composée de vingt et un membres, dont plusieurs retiennent l'attention. Les États-Unis sont représentés par William Doyle Ruckelshaus. En 1970, ce républicain modéré a été le premier administrateur, nommé par Richard Nixon, de l'Agence fédérale de protection de l'environnement (EPA).

Après un bref mandat de directeur du Bureau fédéral d'investigation (FBI), il s'est recyclé dans le privé, suite au scandale du Watergate. En 1983, Ronald Reagan le rappelle à la direction de l'EPA, poste qu'il occupe jusqu'en 1985. Le Japon est représenté par l'économiste Saburo Okita, ancien ministre des Affaires étrangères. De 1947 à 1979, il a été l'un des principaux artisans du « miracle » économique japonais, qui s'appuie largement sur la sous-traitance dans les pays asiatiques à bas coût de main d'œuvre et sur les exportations massives de produits industriels. L'incontournable Maurice Strong participe lui aussi aux travaux. Né en 1929 dans la province pauvre de Manitoba, il a débuté sa carrière dans l'industrie pétrolière et a été nommé président de la Power Corporation of Canada en 1961, poste qu'il a occupé jusqu'en 1966. À partir de 1966, il prend la tête de l'Agence canadienne de développement international (CIDA). Repéré par les Nations unies, il s'engage sur les questions environnementales dès la préparation du premier Sommet de la Terre à Stockholm en 1972, dont il est le principal coordinateur. Strong a le profil idéal pour conduire les négociations sur l'environnement : habitué des rencontres internationales grâce à son expérience à la CIDA, bénéficiant d'un remarquable carnet d'adresses, il se déclare lui-même « socialiste par idéologie mais capitaliste par méthode ». Ses liens avec les milieux d'affaires en font une personne relativement fiable pour les grands groupes privés : il est devenu administrateur de la Fondation Rockfeller en 1971 ; il côtoie régulièrement Ted Turner, fondateur de la chaîne américaine CNN, qui lui confie la direction de sa fondation ; il a participé en 1971 à la création du Forum économique mondial de Davos... Enfin, la représentante italienne à la commission Brundtland est la comtesse Rattazzi, Susanna Agnelli, sœur du dirigeant de Fiat, Gianni Agnelli. Députée et sénatrice italienne, puis élue au Parlement européen, elle est membre du Parti républicain italien, à l'époque de centre-gauche.

Le travail de cette petite oligarchie aboutit en 1987 au « rapport Brundtland », dont le titre exact est *Our Common Future* (« Notre avenir à tous »). Le document consacre le « développement durable », expression apparue de façon discrète dans la Stratégie mondiale de conservation élaborée en 1980 par l'Union internationale pour la conservation de la nature (UICN), le Programme des Nations Unies pour l'environnement (PNUE) et le WWF. La commission Brundtland lui donne une définition précise et très consensuelle : un développement laissant aux générations futures la possibilité de se développer elles aussi, en profitant d'un écosystème en bon état. Elle lui donne surtout un contenu politique.

Les signataires du rapport sont considérés, par la littérature officielle, comme des visionnaires, mais il suffit de lire *Our Common Future* dans le texte pour comprendre qu'il n'est qu'un vague appel à la moralisation du capitalisme pour justifier son maintien, voire son expansion. Le rapport voue un culte à l'augmentation du PIB : « Il est essentiel de revitaliser la croissance économique mondiale si l'on veut que de vastes secteurs du monde en développement échappent à des catastrophes écologiques. Concrètement, cela implique une accélération de la croissance économique aussi bien dans les pays industrialisés qu'en développement. » Le libre échange est évidemment incontournable, et le protectionnisme est présenté comme une maladie honteuse qui nuit avant tout aux plus pauvres.

« Si l'on veut assurer un développement socialement et économiquement stable, il est indispensable, entre autres choses, que les pays industrialisés reviennent, à l'échelle internationale, à des politiques d'expansion en matière de croissance, d'échanges commerciaux et d'investissements. » Les profits supplémentaires tirés de cette croissance nouvelle permettraient, selon les auteurs, d'apporter « une assistance à long terme » et une « amélioration des compétences techniques » aux pays les plus pauvres afin qu'ils ne surexploitent pas les ressources. Quand à l'industrie, elle doit « produire plus avec moins » et intégrer l'environnement dans des codes de bonne conduite. L'émotion est à son comble quand on lit que, pour les pays en développement, « une coopération efficace avec les sociétés transnationales est possible si l'on crée des conditions d'égalité pour toutes les parties».

Gro Harlem Brundtland concède qu'«une méfiance réciproque subsiste néanmoins» entre ces deux partenaires, mais ajoute aussitôt que «ces situations conflictuelles et ces méfiances doivent être aplanies si l'on veut que les sociétés transnationales jouent un rôle accru en matière de développement». Pour garantir à tous un monde meilleur, il faut «réorienter les institutions financières multilatérales», «inscrire la recherche d'un développement soutenable» dans le mandat du GATT et instaurer une cogestion des politiques environnementales : «La coopération entre les gouvernements et l'industrie avancerait plus rapidement encore si les deux partenaires s'entendaient pour créer des conseils consultatifs mixtes pour le développement soutenable» qui «collaboreraient à l'élaboration et à la mise en application de politiques, de lois, de réglementations relatives à des formes de développement plus soutenable».

Dans cet ouvrage, tout est présenté de façon mécanique : les «termes de l'échange», qui se dégradent, les «effets de la récession», encore plus sensible dans les pays pauvres, semblent venus de nulle part. Le rapport Brundtland évite toute analyse des rapports de force et des véritables origines de la mondialisation. Il adopte une approche de l'environnement ouvertement

productiviste, scientiste et libérale. Finalement,
ce « développement durable » popularisé en
1987 apparaît comme un qualificatif posé sur
une réalité politique en place depuis le début
des années 1980. Il s'agit de théoriser a poste-
riori l'adaptation des politiques environnementales au tournant de la rigueur provoqué par la
stratégie néolibérale de mondialisation.

L'instrument de la grande peur

La domination de l'homme par l'homme ne
peut durer que si les dominés vivent dans la
crainte. Au XXe siècle, la hantise du communisme et la menace d'un conflit armé après la
Seconde Guerre mondiale ont longtemps permis au capitalisme de désigner l'ennemi, clairement identifié, contre lequel il fallait faire bloc.
Lorsque la majorité des régimes communistes
s'effondrent à l'est, à la fin des années 1980, le
capitalisme perd son meilleur ennemi, et court le
risque de voir la critique se tourner contre lui et
se renforcer à l'intérieur même des pays industrialisés. Le terrorisme islamiste n'est pas encore
prêt à succéder aux soviétiques, et l'ordre économique mondial a besoin de combler ce vide.

La question environnementale, que les classes
dirigeantes tenaient auparavant pour quantité négligeable, prend alors un sens nouveau.
Les scientifiques sont de plus en plus nombreux à s'inquiéter des altérations subies par les

écosystèmes et d'un possible changement climatique provoqué par les émissions humaines de gaz à effet de serre, quand d'autres gaz, utilisés dans l'industrie, sont eux responsables de la destruction de la couche d'ozone. Ces deux phénomènes constituent une menace planétaire suffisamment anxiogène pour remplacer la guerre froide.

Le programme des conservateurs britanniques pour les élections générales de mai 1979, le *Manifesto*, comprend 35 points. L'un d'eux est titré «Protéger l'environnement»; il se situe dans la rubrique «Aider les familles» et tient en quelques lignes – autant que le paragraphe consacré à la protection des animaux. Le chef du Parti conservateur Margaret Thatcher s'engage mollement sur quatre sujets : la sauvegarde des paysages, le recyclage des déchets, la réduction des pollutions aquatiques et l'isolation des bâtiments. Pour les élections générales de 1983, le *Manifesto* s'étoffe un peu sur le thème de l'écologie. Un chapitre entier, «Améliorer notre environnement» lui est consacré, cependant le contenu reste très pauvre : agrémenter le cadre de vie dans les villes, renforcer le transport public, améliorer le traitement des animaux et maîtriser les pollutions. Dans cette dernière partie, Margaret Thatcher se félicite de la suppression du plomb dans l'essence, des progrès en matière de recyclage, du développement de l'énergie nucléaire, et considère que «les pires problèmes en matière de pollution de l'air ont été résolus ». N'étant pas à une contradiction près, elle se réjouit dans le même temps du développement massif des énergies fossiles : « La Grande-Bretagne est partie de nulle part pour devenir le cinquième producteur de pétrole au monde. L'histoire à succès de la mer du Nord a été un triomphe de l'entreprise privée au bénéfice de la nation. Nous devons continuer à faire en sorte que notre fiscalité et notre législation encouragent le développement en mer du Nord. » Autant dire que le changement climatique et les quantités de dioxyde de carbone générées par l'exploitation et la combustion du pétrole sont le cadet des soucis du Premier ministre britannique.

Puis, à la fin des années 1980, c'est la révélation : Margaret Thatcher devient l'une des principales porte-paroles de la lutte contre le changement climatique et contre le trou dans la couche d'ozone. Dans un premier temps, elle défend l'idée de créer un organisme réunissant des scientifiques chargés d'expertiser et de synthétiser les études existantes sur l'évolution du climat. Le Groupe d'experts intergouvernemental sur l'évolution du climat (GIEC) voit le jour en 1988. À partir de 1989, elle enchaîne les discours aux différents sommets internationaux : à la conférence de Londres pour protéger la couche d'ozone le 7 mars 1989, à l'assemblée générale des Nations unies sur l'environnement le 8 novembre, à la conférence des parties au Protocole de Montréal

sur la couche d'ozone le 27 juin 1990 ou encore
à Genève, pour la deuxième conférence mondiale
sur le climat, le 6 novembre 1990. Dans toutes
ces interventions, il est frappant de constater que
les schémas rhétoriques utilisés pour désigner le
communisme quelques années plus tôt ont été
recyclés pour parler d'environnement. Dans le
Manifesto de 1983, il est écrit que l'Union soviétique « reste une menace pour la liberté et la sécurité de l'Ouest. L'Union soviétique conserve
des forces armées massives en Europe et étend
son pouvoir naval partout dans le monde. La
force nucléaire soviétique continue de croître».
La menace, la force, le pouvoir, la croissance...
Tout un vocable qui vise à faire peur, une peur
dont personne n'est à l'abri où que ce soit sur
la planète. Six ans plus tard, Margaret Thatcher
parle de l'ozone. Elle pense qu'il faut « renforcer
la prise de conscience, dans tous nos pays, de la
menace et des conséquences pour chaque pays
de la planète d'un échec [dans la lutte contre
la réduction de la couche d'ozone][1] ». Quelques
mois plus tard, elle déclare : « Alors que les dangers politiques conventionnels – la menace d'un
conflit mondial, de guerres locales – semblent
reculer, nous avons tout récemment été alertés
d'un autre danger insidieux. [...] C'est le risque

---

1. Margaret Thatcher, discours de conclusion de la
conférence pour protéger la couche d'ozone, Londres,
7 mars 1989.

d'un dommage irréparable à l'atmosphère, aux océans, à la planète elle-même[1].» Puis, elle ajoute : «Chaque zone de notre planète pourrait être touchée par la sécheresse et la famine si le rythme des pluies et des moussons devait changer à cause de la destruction des forêts et de l'accumulation des gaz à effet de serre.» En novembre 1990, elle confirme : «La menace pour notre monde ne provient pas seulement des tyrans. Elle peut être plus insidieuse, moins visible. Le danger du changement climatique est encore invisible, mais il est suffisant pour que nous changions et acceptions des sacrifices, afin que nous ne vivions pas aux dépens des générations futures[2].»

Comme avec le communisme, le danger est mondial, sournois, et aucune région de la planète n'est à l'abri. Dans les deux cas, il s'agit d'une menace (*threat*) qui nécessite des sacrifices et réclame la participation de tous. Avec pour véritable projet la consolidation du capitalisme néolibéral et la justification des politiques de rigueur, Margaret Thatcher vient de trouver dans le climat et l'ozone une grande cause commune. Une cause qui fait peur et qui est de

1. Margaret Thatcher, discours à l'Assemblée générale des Nations unies, New York, 8 novembre 1989.
2. Margaret Thatcher, discours à la deuxième Conférence mondiale sur le climat, Genève, 6 novembre 1990.

nature à occulter les crises sociales. Comment oser réclamer du pouvoir d'achat alors que la planète est en si grand danger ? Comment refuser les mesures d'austérité alors que les ressources baissent dangereusement ? Pourquoi s'inquiéter de la mainmise des grandes multinationales sur les technologies « propres » alors qu'il faut réduire drastiquement les gaz à effet de serre ? Avec quelques années d'avance sur le reste de la classe politique, Margaret Thatcher vient tout simplement de poser les fondements du capitalisme « vert » : de gigantesques perspective de profits pour les firmes et la grande peur du changement climatique pour discipliner les populations.

Quarante ans d'imposture

Au sens littéral, un imposteur est une personne qui se fait passer pour ce qu'elle n'est pas. Avec la crise écologique, bon nombre de dirigeants politiques occidentaux se sont livrés à l'exercice de l'imposture. De Georges Pompidou et Valéry Giscard d'Estaing à Nicolas Sarkozy, de Gro Harlem Brundtland à Margaret Thatcher, les mêmes discours sont ressassés depuis une quarantaine d'années. Les trémolos dans la voix ou les grandes formules invoquant les « générations futures » ne parviennent pourtant pas à cacher qu'entre l'économie capitaliste et l'écologie, ces dirigeants ont tous fait le

même choix : celui de sauvegarder et de péren-
niser l'ordre économique en place. Incapables
de mettre en œuvre un quelconque principe de
précaution qui obligerait à rogner les taux de
profit de leurs multinationales, ils se contentent
de paraître écologistes lorsque les cours de la
Bourse et la croissance l'autorisent.

En revanche, puisqu'il est de bon ton de « verdir », l'écologie sert à l'occasion de prétexte
pour dissimuler des préoccupations bien plus
terre-à-terre : l'immigration (Michel Rocard),
le positionnement diplomatique sur la scène internationale (François Mitterrand et Jacques
Chirac), la relance de l'économie (Margaret
Thatcher et Nicolas Sarkozy), l'indépendance
énergétique (George H. W. Bush) et, d'une manière générale en Europe, la bataille électorale
avec les partis écologistes.

Bien sûr, il est tout à fait normal que des
dirigeants se soucient des enjeux internationaux et du développement économique de leur
pays, mais l'instrumentalisation politique des
problèmes environnementaux pour défendre
d'autres intérêts est une manœuvre doublement
dangereuse. Premièrement, elle réduit les mesures environnementales à une suite d'actions
ponctuelles, décousues, dépendant de facteurs
sans aucun rapport avec l'environnement. Deuxièmement, plutôt que d'adapter l'économie aux
contraintes naturelles, elle conduit à adapter la
théorie environnementale à la réalité de l'ordre

économique. En la matière, la construction du concept de « développement durable » est un cas d'école, et l'avènement du capitalisme « vert » n'est que sa suite logique.

Le libre échange
ou la fable
de la mondialisation heureuse

Le 29 mars 2011, l'Académie des sciences américaine approuvait et publiait une étude qui aurait mérité de faire la « une » de tous les journaux. Quatre chercheurs spécialisés dans l'environnement et le climat ont étudié sur la période allant de 1990 à 2008[1] les liens entre commerce international et changement climatique à partir des statistiques officielles des émissions de gaz à effet de serre de 113 États et de 57 secteurs économiques. Le bilan qu'ils dressent est accablant. En près de vingt ans, le poids des produits entrant dans le commerce international est passé de 20 à 26 % des émissions mondiales de gaz à effet de serre, toutes activités humaines confondues. Cette augmentation des

---

1. Glen P. Petersa, Jan C. Minx, Christopher L. Weber et Ottmar Edenhofer, « Growth in emission transfers *via* international trade from 1990 to 2008 », National Academy of Sciences, mars 2011.

émissions liées aux biens échangés (4,3 % par an en moyenne) entre pays est supérieure à l'augmentation du PIB mondial sur la même période (3,6 % par an). Surtout, les émissions transférées dans les pays du Sud par le biais des délocalisations industrielles dépassent les réductions accomplies dans les pays du Nord.

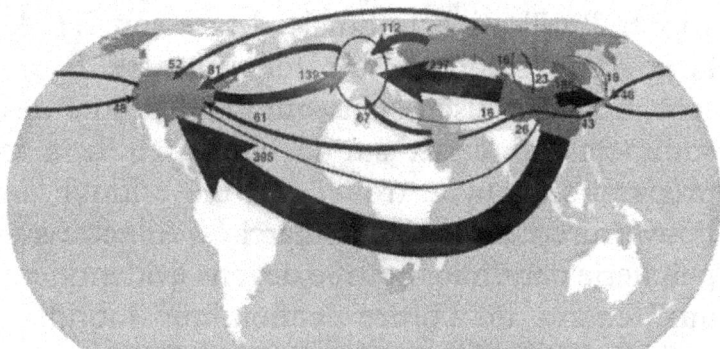

Transferts nets de gaz à effet de serre liés au commerce
international, en millions de tonnes équivalent carbone.
Source : PNAS.

Ces chiffres viennent confirmer les précédentes études réalisées sur le même sujet, mais apportent une vision globale là où les autres rapports se concentraient sur quelques pays uniquement. Ils donnent un éclairage scientifique sur un phénomène parfaitement connu : avec la désindustrialisation au Nord et le transfert d'activités dans les pays à bas coût de main-d'œuvre, les polluants chimiques et les gaz à effet de serre sont eux aussi délocalisés. Comme ces pays où l'on exploite les salariés sont également ceux qui ne jugent pas nécessaire de réglementer les pollutions, les dégâts environnementaux s'intensifient. L'étude le prouve : même si l'on fait mine de considérer le PIB comme un indicateur de richesse des États (ce que plus personne ne croit aujourd'hui), le commerce international produit plus de pollution que de richesse.

Alors qu'il devait bénéficier aux peuples et favoriser l'utilisation optimale des ressources, le libre échange aboutit au résultat inverse. Pourtant, dans les discussions qui ont lieu lors des sommets mondiaux sur le climat et de leur préparation, on ne trouve aucune critique de l'ouverture complète des marchés. Si cette supercherie continue, nous le devons évidemment aux tenants de l'ordre économique mondial, qui ont construit très tôt un argumentaire pour convaincre les populations que mondialisation et protection de l'environnement allaient de pair. Mais les classes dirigeantes ne sont pas les seules coupables. Les écologistes portent la responsabilité de ne pas avoir mesuré l'ampleur de ce phénomène, prenant les vessies de la mondialisation néolibérale pour les lanternes d'un internationalisme « vert ».

Le libre échange, une stratégie ultralibérale

Les débats entre libre-échangistes et protectionnistes sont nés avec l'expansion des échanges internationaux. Du XVIe au XVIIIe siècle, les grandes nations d'Europe cherchent à garantir leur essor par un fort développement de leur commerce extérieur : c'est la stratégie du « mercantilisme » qui accompagne la colonisation du continent américain et de l'Océanie. Les fondateurs de l'économie classique Adam Smith (1723-1790) et David Ricardo (1772-1823) développent l'idée que la libre circulation des marchandises et des capitaux, le « libre-échange », permet d'augmenter la richesse des Nations. Mais leur démonstration est critiquée par des partisans du protectionnisme, qui veulent protéger le marché national de la concurrence étrangère par des réglementations, des droits de douane ou des quotas. Les pays puissants utilisent ces théories économiques en fonction de leurs intérêts, dictés par leurs classes dirigeantes. D'abord protectionniste, l'économie britannique se convertit au libre échange en 1848, persuadée qu'elle est de pouvoir dominer le commerce mondial.

Dans le jeu de la concurrence internationale provoquée par le mercantilisme, le Royaume-Uni a longtemps disposé d'un énorme avantage : une zone commerciale privilégiée très étendue qui comprenait son empire colonial et des pays sous influence. Au xviiie siècle, le capitalisme anglais parvient à prendre en main l'économie portugaise. À la fin du xixe siècle, c'est l'économie néerlandaise qui tombe en grande partie sous sa coupe. L'influence britannique s'étend

alors aussi aux territoires sous le contrôle de ces
deux puissances : l'Angola et le Mozambique
colonisés par le Portugal et la future Indonésie
colonisée par les Pays-Bas. Cette influence in-
directe mais réelle dans des colonies appartenant à des pays sous contrôle économique porte
un nom : le « sous-impérialisme ». Pour bloquer la progression des Français en Afrique, le
Royaume-Uni tisse des liens étroits avec l'Italie,
qui possède l'Érythrée, la Somalie et la future
Libye. L'impérialisme dans les territoires colonisés et le sous-impérialisme dans les colonies des
pays contrôlés par la finance britannique a un
double avantage : il permet à la puissance colo-
niale de prospérer grâce au libre échange en période de croissance et d'amortir les périodes de
crises en intensifiant les échanges avec l'empire
et ses satellites lorsque le commerce international se contracte.

Le débat économique prend un nouveau
tournant avec la Grande Dépression des années 1930. Alors que l'économie mondiale s'enlise dans la crise provoquée par la surproduction
et par une délirante spéculation boursière, la
progression de la pauvreté dans les pays occidentaux rend les idées communistes de plus en
plus populaires. Les libéraux réagissent et cherchent aussitôt à démontrer que le protectionnisme est responsable de la situation. Dans ses
écrits, l'économiste et philosophe allemand Wilhelm Röpke (1899-1966) tente de prouver que

le libre échange permet de lutter contre les égoïsmes nationaux. Il publie en 1934 un texte intitulé « Capitalisme et impérialisme », qui s'en prend notamment à la théorie de la marxiste allemande Rosa Luxemburg (1871-1919), qui analysait l'impérialisme comme une conséquence du capitalisme. À l'inverse, Röpke écrit : « Dans un capitalisme pur, qui se caractérise par la liberté économique, les frontières étatiques ont une importance quelconque. Mais comme la liberté économique se voit limitée par l'intervention étatique, le rôle économique des frontières et la possibilité d'un conflit entre États augmentent. » Pour les libéraux, ce serait donc l'État, par son intervention dans l'économie, qui empêcherait la paix et la prospérité ! Ce discours sera particulièrement bienvenu pour les classes dirigeantes américaines.

La rivalité historique entre Britanniques et Américains

Issus de la même culture économique, les États-Unis se sont construits contre la politique pratiquée par la Grande-Bretagne, et notamment contre sa politique commerciale. En 1774, la guerre d'indépendance éclate à cause du poids des taxes imposées par la Grande-Bretagne à ses treize colonies américaines, à l'image du *Sugar Act* (taxe sur le sucre) en 1764, ou du *Tea Act* (taxe sur le thé) en 1773, et des monopoles sur les importations ou les exportations que s'arroge la métropole. Depuis, pour les Américains, la libre circulation des marchandises est assimilée à une revendication émancipatrice.

Mais au-delà de cette dimension culturelle, le libre échange devient une exigence pour les États-Unis au moment de la Grande Dépression. Alors que les colonies des grandes Nations européennes ont servi d'amortisseurs de la crise, les États-Unis voyaient leurs exportations s'effondrer. Même si une « association de pays libres et égaux », le Commonwealth, a succédé à l'Empire britannique à partir de la fin des années 1920, le Royaume-Uni a préservé son avantage en matière de commerce extérieur. Encore au début de la Seconde Guerre mondiale, le gouvernement britannique crée une « zone sterling » de coopération du contrôle des changes, essentiellement constituée des anciens pays colonisés, afin de défendre sa monnaie et ses positions commerciales.

À l'inverse des Britanniques, les États-Unis n'ont jamais réellement cherché à étendre leur contrôle territorial au-delà du sous-continent nord-américain. Leur expansion outre-mer se fait de façon accidentelle, lorsqu'ils battent en 1898 l'armée espagnole qui dominait l'île de Cuba. Ils prirent aussi possession de Porto Rico, de Guam et des Philippines, ce qui leur offrit notamment une ouverture sur le marché asiatique. Mais ces nouveaux territoires américains sont très loin de rivaliser avec les colonies européennes. Pourtant, aux États-Unis comme ailleurs, le capitalisme a besoin d'expansion pour garantir la paix sociale. Dans un premier temps, cette expansion était passée par la conquête de l'Ouest au XIXe siècle, qui fixa les frontières du pays. Par la suite, les classes dirigeantes américaines ont fait le choix idéologique et stratégique d'un impérialisme sans occupation territoriale. Mais ils visent bel et bien le même objectif que les classes dirigeantes européennes : la conquête de nouveaux marchés pour augmenter les profits privés.

Avec la Seconde Guerre mondiale, les États-Unis ont l'occasion de mettre fin à la domination britannique sur le commerce international. Le 14 août 1941, le président américain Franklin Delano Roosevelt et le Premier ministre britannique Winston Churchill font une déclaration conjointe et solennelle, baptisée Charte de l'Atlantique, qui entend jeter les fondements d'une nouvelle politique internationale pour l'après-guerre. Suite à d'âpres négociations, Roosevelt parvient à arracher, au principe numéro quatre de cette charte, une référence au libre échange : « [Les pays] s'efforceront, dans le respect de leurs obligations existantes, de favoriser la jouissance par tous les États, grands ou petits, vainqueurs ou vaincus, de l'accès, à égales conditions, à l'échange et aux matières premières du monde qui sont nécessaires à leur

prospérité économique.» Cette charte prévoit
également l'émancipation des colonies vis-à-vis
de leurs métropoles.

Une fois les capitulations allemande et ja-
ponaise signées, les États-Unis sont dans
une position hégémonique mais redoutent de
connaître aussitôt une crise de la surproduction inhérente à la reconversion très rapide de
leur industrie de guerre dans la production de
biens d'équipement et de consommation. Ils
cherchent à la fois à développer leur marché
intérieur en créant ou en répondant à de nouveaux besoins (par exemple, dans les domaines
de l'électroménager et de l'automobile), à
écouler leur production dans les pays détruits
par la guerre, notamment par l'intermédiaire
du plan Marshall lancé en 1947 pour soutenir la reconstruction de l'Europe, et à conquérir de nouveaux marchés abandonnés par les
Européens, notamment dans les anciennes colonies. Il ne s'agit plus seulement d'arracher
la suprématie commerciale au Royaume-Uni,
mais de garantir le libre échange en Europe
de l'Ouest et dans l'ensemble des pays non
communistes.

Une offensive idéologique sans précédent

Alors que l'ordre économique mondial est
encore à reconstruire après la Seconde Guerre
mondiale, des cercles de réflexion libéraux

lancent une offensive de grande ampleur pour mettre en pièce le keynésianisme ambiant, promouvoir l'économie de marché et imposer la doctrine du libre échange. Ils visent deux objectifs : l'expansion du capitalisme et la lutte contre le communisme. En 1947, l'économiste libéral Friedrich Hayek réunit des historiens, des philosophes et des confrères de même sensibilité, notamment Ludwig von Mises, Milton Friedman et Maurice Allais, pour fonder la Société du Mont-Pèlerin. Cette organisation prône l'ouverture des marchés, la dérégulation et l'intensification des échanges avec une vigueur impressionnante. Des membres de gouvernements sont invités à participer à ses travaux. Elle compte plusieurs prix Nobel d'économie, dont Ronald Coase, le « père » de la théorie des marchés des droits à polluer. L'Institut des affaires économiques (Institute of Economic Affairs, IEA) est fondé en 1955 au Royaume-Uni par Antony Fisher, l'un des grands admirateurs de Friedrich Hayek. L'IEA proclame que « les problèmes et défis de la société sont mieux traités grâce à la libre interaction des personnes et des firmes, sans interférence du politique ou de l'État[1]. »

---

1. http://www.iea.org/. Pour montrer à quel point l'État parasite la société, la page d'accueil du site Internet de l'IEA présente un compteur en temps réel de l'argent dépensé par le gouvernement britannique...

Sur le plan politique, l'Allemagne de l'Ouest est la véritable locomotive du libre-échangisme en Europe. Après une vague d'hyperinflation allemande en 1923, après la terrible crise économique de 1929 qui touche l'ensemble des pays industrialisés, un courant d'économistes allemands a fondé en 1932 une nouvelle théorie : l'ordolibéralisme. Pour eux, la Grande Dépression des années 1930 provient d'une mauvaise intervention des États dans l'économie. Les ordolibéraux prennent le parti de substituer à la délibération politique des règles de bonne gestion libérale de l'économie, qui s'appuient sur deux piliers : la libre concurrence et le libre échange d'une part, et une politique monétaire on ne peut plus stricte d'autre part. Au sortir de la Seconde Guerre mondiale, les ordolibéraux accèdent au pouvoir dans la nouvelle République fédérale allemande (RFA) et appliquent concrètement leur doctrine. Ludwig Wilhelm Erhard (1897-1977) est le plus célèbre d'entre eux. Chargé par les Alliés d'administrer l'économie et les finances dans les zones anglaise et américaine entre 1947 et 1949, il est l'artisan de la réforme de 1948 qui crée le deutschmark et introduit une très grande rigueur monétaire. En juillet 1949, à leur congrès de Düsseldorf, les chrétiens-démocrates de la CDU abandonnent la politique de compromis social qu'ils mènent depuis la fin de la guerre pour se convertir à l'ordolibéralisme défendu avec ferveur par Erhard.

Celui-ci devient ministre fédéral de l'Économie du gouvernement de Konrad Adenauer dès la création de la RFA en août 1949, lorsque son parti remporte les premières élections. Le 16 octobre 1963, il accède au poste de chancelier, qu'il occupe un peu plus de trois ans. L'ultra-libéralisme d'Erhard est tel qu'il inquiète les Alliés : en 1950, ils tentent de s'opposer, sans succès, à une réforme fiscale qui favorise outrageusement les hauts revenus. Les mesures ordolibérales gravent dans le marbre la rigueur monétaire et le libre échange, qui ne seront plus contestés à l'avenir, ni par la population ni par les sociaux-démocrates. Dans un pays en ruines et honteux du nazisme, le discours ordolibéral qui fait du protectionnisme et de l'inflation les raisons de la guerre fonctionne à merveille.

En Allemagne comme ailleurs, le principal argument avancé par les promoteurs du libre échange est que le commerce contribue à la paix et au bien-être des hommes en permettant une répartition optimale des ressources. Il faut donc augmenter sans cesse le commerce mondial et abattre toute entrave réglementaire ou tarifaire pour créer une concurrence « non faussée ». Ainsi, les populations peuvent accéder à un maximum de biens et de services à des tarifs optimaux, que les salaires provenant d'un travail réparti de façon homogène permettent de payer. Les adeptes du libre échange de l'après-guerre ont pourtant leurs divergences. Pour les ordolibéraux, l'État doit être présent afin de garantir l'application des règles du marché libre et veiller à la rigueur des politiques monétaires. Pour d'autres courants, toute intervention de l'État dans le champ économique doit être exclue. Au final, ces différences importent peu. Les libres-échangistes font front commun autour d'une idée centrale : les règles qui régissent l'économie mondiale doivent échapper à l'influence des peuples et du suffrage universel.

La bataille commerciale de La Havane

Grâce à leur rôle dans la reconstruction de l'Europe de l'Ouest et à leur stratégie libre-échangiste, les États-Unis évitent une crise de la surproduction au sortir de la Seconde Guerre mondiale. Mais les dirigeants américains savent que leur hégémonie commerciale pourrait être de courte durée, puisque le redémarrage industriel en Europe et au Japon se profile déjà. Ils s'engagent alors dans des négociations multilatérales pour assurer la mise en œuvre du libre échange. À partir de 1945, les Américains proposent au monde non communiste, dit « libre », la création d'une Organisation internationale du commerce (OIC). Trois conférences ont lieu : à Londres en 1946, à Genève en 1947 et à La Havane en 1948. Mais plusieurs pays s'opposent à la vision libre-échangiste des Américains. D'anciennes colonies britanniques, des pays d'Amérique latine et d'Afrique réclament dès la conférence de Londres que l'OIC prévoie un traitement différencié pour les pays en développement, et qu'elle les autorise à développer leur économie en instaurant des quotas à l'importation. Lors de la conférence de Genève, les États-Unis tentent de négocier une sécurisation des investissements à l'étranger, en particulier dans le cas de nationalisations, mais se heurtent à l'opposition du bloc du Sud. À La Havane, cette opposition emmenée par l'Uruguay et l'Argentine – deux dictatures pratiquant des politiques de réindustrialisation et de correction des déséquilibres dans le partage des richesses – est rejointe par la Chine et l'Inde. Ces pays vont jusqu'à réclamer le droit à développer des zones économiques régionales privilégiées et protégées, ce qui constitue pour les États-Unis un véritable camouflet. Mais la nécessité d'obtenir un accord commercial le plus large possible pour contenir la progression des pays communistes conduit les négociateurs américains à accepter bien des compromis. Ils choisissent de mettre toute leur énergie pour lutter contre l'instauration de quotas d'importation, qui aurait terriblement handicapé les exportations américaines, et cèdent sur les tarifs douaniers et sur le développement de zones régionales.

La Charte de La Havane, signée par les États-Unis du président démocrate Harry S. Truman fin 1948, n'a plus rien à voir avec le plan initial des Américains. Elle fait de l'équilibre de la balance des paiements un principe de base : les pays doivent tendre vers une égalisation des importations et des exportations et peuvent y parvenir en instaurant des mesures protectionnistes. La partie de la charte qui traite des questions de développement va même plus loin : les pays du Sud y revendiquent un droit à l'industrialisation et rejettent le schéma dans lequel ils continueraient à fournir les matières premières et les produits agricoles tandis que les pays riches se réserveraient les activités de transformation à haute valeur ajoutée.

Les puissants lobbies économiques, comme la Chambre américaine du commerce, le Conseil national pour le libre échange ou le Comité de développement économique, qui soutenaient au départ la création de l'OIC, font un virage à cent quatre-vingts degrés et s'opposent à la ratification de la charte. Leur campagne s'appuie sur la proclamation de la République populaire de Chine, le 1er octobre 1949 par Mao Tsé-Toung, alors que c'était son prédécesseur, Tchang Kaï-Tchek, qui était signataire du texte : pour les Américains, la présence d'un pays communiste dans un tel accord est totalement inacceptable et vaut motif de rejet. Les républicains disposant depuis 1946 d'une majorité dans les deux chambres, le Sénat et la Chambre des représentants, l'administration Truman enterre une OIC mort-née et stoppe la procédure de ratification au Congrès

fin 1950. Les États-Unis poursuivent des négociations, mais dans le cadre de l'Accord multila-
téral sur les tarifs douaniers (GATT), signé en
octobre 1947 par 23 pays, parmi les plus modé-
rés, là où la Charte de La Havane comprenait
53 signatures. Au fil des cycles de négociation,
le GATT s'élargit – excepté le départ notable de
la Chine de Mao Tsé-Toung, qui n'y reviendra
qu'en 1986 – et démantèle en premier lieu les
protections douanières des États signataires. Ce
changement de tactique ne modifie pas l'objectif américain, qui est, sur le long terme, de faire
du libre échange une règle de droit international[1].

Le succès sera au rendez-vous. En l'espace
d'un demi-siècle, de 1945 à 1995, la plupart des
freins techniques et politiques au libre échange
ont été progressivement levés. Le développement rapide des réseaux de transport et de communication a permis aux marchandises et aux
flux financiers de circuler bien plus vite que par
le passé. La « troisième révolution industrielle »,
celle de l'informatique, accélère le mouvement
dans les années 1970 en ouvrant de nouvelles
possibilités en matière d'automatisation de la
production et de transmission à distance des
ordres de façon quasi instantanée.

---

1. Christian Deblock, « Le libre échange et les accords de commerce dans la politique commerciale des
États-Unis », Centre Études internationales et Mondialisation, mars 2004.

De 1945 à 1989, le libre échange se déploie principalement au sein du vaste espace commercial composé des pays capitalistes et des pays pauvres sous leur influence, non sans difficultés. En Europe, la France gaulliste des années 1950 et 1960 veut préserver ses marges de manœuvre, en particulier sur les questions agricoles. Elle s'oppose un temps au projet d'une construction européenne pilotée par les États-Unis et vouée au libre échange. Mais, face à une Allemagne ordolibérale et au Royaume-Uni, elle cède progressivement dans les années 1970 et 1980. Malgré l'arrivée au pouvoir des socialistes en 1981, les politiques néolibérales progressent encore. En 1986, l'Acte unique européen donne corps à un véritable espace de libre échange prévu dès le traité de Rome de 1957. En Europe de l'Est, le bloc communiste s'effondre à la fin des années 1980. Il est immédiatement absorbé dans le marché « libre » et la concurrence « non faussée ». Puis, dans les années 2000, l'Inde et la Chine font leur véritable entrée dans le commerce international. Leur adhésion à l'OMC fait du libre échange un système quasi planétaire. Cependant, les règles de « bonne conduite commerciale » (ou plutôt de bonne orthodoxie libérale) n'empêchent pas ceux qui tirent les ficelles de l'ordre économique de s'autoriser des écarts protectionnistes lorsque les intérêts de leur classe dirigeante sont menacés.

Les États-Unis, Docteur Jeckyl
et Mister Hyde du libre échange

Quoi qu'en disent les grands penseurs de l'économie, il y a souvent loin des proclamations à la pratique. Les États-Unis de l'après-guerre jonglent, selon leurs intérêts du moment, avec un discours sur l'ouverture des marchés et des pratiques protectionnistes. Le libre échange est invoqué pour exporter la production américaine de coton, largement subventionnée, dans un maximum de pays d'économie de marché. Mais, lorsque le Japon opère son redressement industriel dans les années 1950, se met à importer du coton américain à bas prix pour le transformer et conquérir des marchés dans le secteur du textile, les États-Unis recourent à des mesures protectionnistes à la demande de leur industrie de transformation. Ces contradictions apparentes visent à satisfaire les groupes de pression, qui ont parfois des intérêts divergents : un producteur national de matières premières réclame du protectionnisme pour se protéger des importations concurrentes, là où un transformateur réclame le libre échange pour ces mêmes matières premières afin de les obtenir à moindre coût.

Au fur et à mesure que la concurrence se développe entre pays exportateurs, cette hypocrisie est de plus en plus courante. Dans les années

1970, les demandes de protection formulées par les entreprises américaines se multiplient et aboutissent à des mesures concrètes : l'administration met en place des quotas sur les importations de roulements à billes en 1973, sur les importations d'acier en 1976, sur les importations de chaussures en 1977, et négocie des limitations volontaires d'exportation avec des pays tiers pour les téléviseurs (1977) et pour les automobiles (1981)[1]. Confronté à la récession, le président américain William Jefferson Clinton élu en 1993 est soumis aux mêmes pressions. Après un relèvement brutal des droits de douane sur les importations d'acier européen et d'automobiles, la fermeture des appels d'offres publics aux entreprises européennes de télécommunications, Bill Clinton juge déloyales les subventions européennes accordées au fabriquant d'avions Airbus. En février 1993, il déclare : « Je ne laisserai pas Airbus pousser l'Amérique à la faillite[2]. » Alors que le cycle de négociations dit Uruguay Round au sein du GATT est en cours depuis sept ans, le Fonds monétaire international recense près de 60 mesures unilatérales à

---

1. Alain Richemond, Colette Herzog, « Néo-protectionnisme et investissement international : le cas de l'accès au marché américain », *Revue économique*, vol 33, n° 6, 1982. pp. 1065-1088.
   2. « La tentation de Clinton », *L'Express*, 18 février 1993.

la disposition du gouvernement américain pour protéger son marché intérieur...

Les politiques commerciales sont d'autant plus complexes quelles doivent intégrer la nouvelle division du travail sur la scène internationale. Dès les années 1950, certaines industries lourdes (chimie, métallurgie, sidérurgie...) et certains secteurs de la transformation commencent à quitter le territoire des États-Unis pour s'implanter dans des pays en développement, fuyant des conditions sociales jugées trop contraignantes : la part de l'emploi manufacturier chute à partir de 1965, année où elle représente encore 28 % de l'emploi. Elle sera divisée par deux en trente-cinq ans[1]. Les *maquiladoras* mexicaines sont le premier symbole des délocalisations[2]. Après avoir été déplacées dans les États du sud du pays pour bénéficier de coûts salariaux et de protections sociales plus faibles, certaines unités de transformation nécessitant une main-d'œuvre importante franchissent la frontière mexicaine. Elles s'implantent dans des zones franches créées lors du Programme d'industrialisation frontalier adopté

---

1. Lionel Fontagné, Jean-Hervé Lorenzi, *Désindustrialisation, délocalisations*, rapport du Conseil d'analyse économique, La Documentation française, Paris, 2005.
2. Daniel Villavicencio, « Les "Maquiladoras" de la frontière nord du Mexique et la création de réseaux binationaux d'innovation », *Innovations*, 2004/1, n° 19, p. 143-161.

par le gouvernement mexicain en 1965. Là, elles produisent à des coûts inférieurs en important la plupart des composants et en réexpédiant au moins 80 % des marchandises aux États-Unis. Il s'agit d'abord du textile, puis de l'électronique et de l'automobile, deux secteurs qui sont parvenus à séquencer et autonomiser leurs unités productives, facilitant ainsi les délocalisations[1].

Cette nouvelle stratégie se poursuit et s'intensifie : au début des années 1970, Ford décompose le processus de fabrication de son modèle Escort et localise dans différents pays, en fonction de leurs avantages comparatifs, la production des pièces qui seront assemblées sur les chaînes des sites américains. Avec l'essor de l'informatique, plusieurs pays à bas coût de main-d'œuvre dans lesquels délocalisent les multinationales occidentales assurent, dans les années 1980, la fabrication complète de produits simples. C'est ce schéma qui conduit à l'émergence spectaculaire des quatre « dragons asiatiques » : la Corée du Sud, Hong Kong, Singapour et Taïwan. Au cours de la décennie suivante, ils acquièrent les compétences et l'équipement nécessaire pour s'attaquer à la haute technologie.

---

1. On parle dans la littérature de « modularité » ou de « fragmentation de la chaîne de valeur » qui conduit à une « division internationale des processus productifs ». Cette division se fait soit par le biais de filiales, soit par la sous-traitance.

L'Europe est elle aussi touchée par les délocalisations, avec un léger décalage dans le temps. S'inspirant des mutations en cours aux États-Unis, les entreprises allemandes améliorent le séquençage de leur production et délocalisent une partie de leur activité dans les pays de l'Est dès les années 1960. Le phénomène se généralise dans le courant des années 1970. Alors qu'en 1973, l'emploi industriel dépasse 40 % de l'emploi total au Royaume-Uni, en France et en Allemagne de l'Ouest, il s'effondre et perd de 8 à 12 points en l'espace de quinze ans. En 2011, il compte à peine pour 20 % de l'emploi dans les trois principales puissances européennes. La croissance des emplois dans le secteur tertiaire n'est pas suffisante pour compenser ce déclin industriel : entre 1973 et 1977, 1 170 000 emplois disparaissent dans la Communauté économique européenne. Les exportations mondiales chutent également, tout comme celles des États-Unis, tandis que celles des pays en développement passent de 17,8 à 25,8 % entre 1970 et 1977. La réorganisation mondiale de la production se confirme et s'accentue au fil des années.

Les États-Unis comme l'Europe cherchent à compenser leur désindustrialisation en misant sur la haute technologie et sur une économie de services, dans laquelle la finance prend une place prépondérante. Le redressement économique des États-Unis à la fin des années 1990 est en grande partie dû à la dérégulation financière : en

1999, Bill Clinton fait abroger le *Glass-Steagall Act* ou *Banking Act* qui avait été promulgé en 1933 et qui avait instauré l'obligation de séparer les activités de banque de dépôt, de celles de banque d'investissement et de compagnie d'assurance. Il est remplacé par le *Gramm-Leach-Bliley Act*, dit de modernisation des services financiers qui crée des « banques universelles », multicartes... Pour sortir provisoirement de la crise sans remettre en cause la mondialisation, Clinton a levé toute restriction aux activités bancaires et financières américaines.

La nouvelle division internationale du travail complique la donne pour les États industrialisés car leurs firmes multinationales, de plus en plus nombreuses et puissantes, cherchent à s'implanter dans les pays à bas coût de main-d'œuvre tout en continuant à alimenter le marché occidental. Dès les années 1950, les importations de produits électroniques grand public en provenance de pays à bas coût de main-d'œuvre d'Asie du Sud-Est dans lesquels l'assemblage a été délocalisé représente plus de la moitié des importations américaines[1]. En 2010, 60 % des produits importés de Chine par les États-Unis sont fabriqués par des multinationales américaines

---

1. Philippe Moati et Mouhoud El Mouhoub, « Les nouvelles logiques de décomposition internationale des processus productifs », *Revue d'économie politique*, vol. 115, 2005/5 p. 573-589.

implantées en Chine[1]. Dès lors, il serait malvenu de pénaliser ces importations, qui font elles aussi les profits des classes dirigeantes occidentales. Pour cette raison, l'Allemagne impose dès les années 1960 un régime douanier européen pour taxer les flux commerciaux sur la valeur ajoutée et non sur les volumes échangés ; de cette manière, elle préserve sa stratégie de délocalisation dans les pays de l'Est[2]. De même, l'accord de 1977 négocié par les États-Unis avec le Japon pour limiter les importations de téléviseurs couleur épargne les produits fabriqués par des sociétés américaines implantées au Japon, en ne les taxant là aussi que sur la valeur ajoutée[3]. Au final, un modèle commercial idéal pour un pays riche lui permettrait d'exporter librement la production nationale, d'importer librement la production de firmes nationales délocalisées, mais de se protéger de la concurrence des importations étrangères. La recherche de cet optimum nécessite d'instaurer le libre échange mais d'utiliser à bon escient un protectionnisme déguisé.

Les grandes puissances économiques ont également compris que le libre échange est une

---

1. Rapport d'information déposé par la Commission des affaires économiques, de l'environnement et du territoire sur les délocalisations et présenté par Chantal Brunel, 29 novembre 2006.
2. Philippe Moati et Mouhoud El Mouhoub, *op. cit.*
3. Alain Richemond et Colette Herzog, *op. cit.*

terrible arme de dissuasion contre les revendications sociales. Pour le capitalisme, la vocation première de la dérégulation est de trouver de nouveaux débouchés pour sa production et de s'approvisionner à moindre coût sur le marché mondial en matières premières comme en main-d'œuvre. Mais le second effet du libre échange est de mettre en concurrence les principaux facteurs de production que sont les coûts des matières premières et du travail salarié, ainsi que les régimes fiscaux. Là où le protectionnisme permet de protéger les intérêts de certains groupes de pression nationaux, mais aussi l'emploi et les conditions sociales des travailleurs, le libre échange fait, sur le long terme, l'unanimité dans la classe dirigeante en tirant vers le bas les salaires et les protections sociales, y compris dans les pays riches.

À partir de la fin des années 1960, un nouveau paramètre commence à plaider lui aussi en faveur du libre échange contre le protectionnisme. De la même manière qu'il met en concurrence les régimes sociaux et fiscaux, le libre échange met en concurrence les normes écologiques et permet d'éviter des mesures contraignantes de protection de l'environnement que les États seraient tentés d'imposer pour limiter des pollutions de plus en plus préoccupantes.

L'environnement aux mains du GATT

Devant la multiplication des problèmes écologiques (les pesticides dénoncés par Rachel Carson, les retombées radioactives mises en évidence par Barry Commoner, les pollutions industrielles...), la communauté internationale décide en 1968 de préparer la première conférence mondiale sur la protection de la nature, placée sous l'égide de l'ONU. Le 22 avril 1970, les dirigeants occidentaux ont la confirmation que les questions d'environnement font irruption parmi les grands enjeux internationaux : plus de 20 millions d'Américains participent à la Journée de la Terre organisée par le sénateur démocrate Gaylord Nelson. Il devient alors évident que les revendications citoyennes d'un environnement plus propre, appuyées sur de solides travaux d'intellectuels, présentent le risque de nuire aux intérêts du capitalisme néolibéral. En particulier, elles pourraient aboutir à freiner le commerce international pour en limiter l'impact sur les ressources.

C'est la raison qui pousse les pays riches, dès 1971, à prendre les devants. L'Organisation de coopération et de développement économique (OCDE), tout d'abord, établit un Comité pour l'environnement. Le GATT, ensuite, réalise sous sa propre responsabilité une étude intitulée «Lutte contre la pollution industrielle et commerce international », et crée un groupe de travail baptisé Groupe sur les mesures relatives à l'environnement et le commerce international qui ne sera activé que vingt ans plus tard. Pour l'OCDE comme pour le GATT, l'objectif est d'éviter toute entrave au commerce qui pourrait être décidée au nom de la sauvegarde des écosystèmes. Le rapport publié par le GATT estime qu'il faut « éviter les situations dans lesquelles l'institution de systèmes nationaux pour combattre la pollution pourrait compromettre l'expansion continue des échanges internationaux ». Concrètement, les négociations sur l'environnement et le commerce ne doivent pas se dérouler en dehors des instances libre-échangistes : « Tous les conflits d'intérêts commerciaux résultant de différences entre les normes nationales [...] pourront être résolus grâce aux accords ou aux procédures qui existent déjà ou qui sont en cours d'élaboration. »

Toujours dans le contexte de la préparation du sommet de Stockholm, une initiative déterminante est prise en direction des pays en développement. Les relations entre les pays du Nord et ceux du Sud ont évolué depuis la fin des années 1940, quand se négociait la Charte de la Havane. De nombreux États ont acquis leur indépendance : l'Indochine en 1954, le Ghana et la Malaisie en 1957, la Guinée en 1958, la République centrafricaine en 1960, l'Algérie en 1962, le Kenya et la Tanzanie en 1963... Du

18 au 24 avril 1955, la conférence de Bandung
(Indonésie) a réuni les représentants de vingt-
neuf pays africains et asiatiques et a abouti à une
condamnation du colonialisme et de la guerre
froide. Lors de la conférence de Belgrade en
1961, certains de ces pays posaient les bases
du « mouvement des non-alignés », qui refu-
sait le rattachement au bloc occidental et au
bloc communiste. Pour contrer ce mouvement
d'émancipation, les pays riches adoptèrent une
nouvelle stratégie : accorder massivement des
prêts conditionnés à l'achat de matériel dans le
pays prêteur. De la sorte, ils conservaient un
contrôle stratégique sur le « tiers-monde » et
stimulaient leur propre économie. Cette forme
nouvelle de protectionnisme participa à bloquer
l'industrialisation des pays du Sud. La stratégie
protectionniste des créanciers du Nord suscita
toutefois un changement de posture : les pays
du Sud en appelèrent à une véritable application
du libre échange qui, selon eux, leur permettrait
de s'industrialiser et ouvrirait les marchés des
pays du Nord à leur production.

Au tout début des années 1970, lorsque le débat environnemental fait irruption sur la scène
internationale, il est alors perçu comme un faux
prétexte utilisé par les Occidentaux pour justifier des barrières protectionnistes d'un genre
nouveau.

Un an avant Stockholm, le Canadien Maurice
Strong qui coordonne pour les Nations unies la

préparation du sommet, réunit des intellectuels
des pays du Sud afin qu'ils préparent une position commune, qui n'a pas le statut de position officielle, mais qui doit influencer les États.
Du 4 au 12 juin 1971, vingt-sept personnalités
sélectionnées pour leur maîtrise des sujets de
développement ou d'environnement se réunis-
sent à Founex, ville suisse proche de Genève.
Le panel constitué par Strong fait la part belle
aux économistes : on y trouve l'Allemand Karl
William Kapp (1910-1976), le néerlandais Jan
Tinbergen (1903-1994), le Japonais Shigeto
Tsuru (1912-2006) et le Pakistanais Mahbub
ul Haq (1934-1998), économiste à la Banque
mondiale. Tous se préoccupent de développement, mais aucun ne critique le libre échange,
bien au contraire. « Prix Nobel » d'économie en
1969, Jan Tinbergen est sans doute le plus in-
fluent d'entre eux. Considéré comme l'un des
inventeurs de la social-démocratie, il défend le
productivisme et la libre circulation des marchandises et des capitaux, tout en réclamant une
meilleure répartition des richesses en faveur des
pays du Sud. En 1970, il a publié aux Pays-Bas
un livre intitulé *Pour une terre vivable* (*Een Leef-
bare aarde*), qui synthétise sa vision de l'ordre
économique international[1]. Il y écrit : « Il est essentiel d'arriver à une production aussi élevée

---

1. Jan Tinbergen, *Pour une terre vivable*,
Paris-Bruxelles, Elsevier Séquoia, 1976.

que possible pour assurer au monde la prospérité la plus grande possible », ce qui suppose
notamment en matière d'agriculture de « for-
cer le sol à donner plus qu'il ne fournit spontanément ». Dans son essai, Tinbergen reprend
à son compte la théorie des avantages comparatifs de David Ricardo qui veut que les pays
auraient intérêt à se spécialiser dans des productions particulières pour lesquelles ils ont un
avantage comparatif (ressources naturelles, climat, main-d'œuvre...) et à importer les autres
produits consommés, renonçant à des pans en-
tiers d'activité. Pour ce faire, évidemment, « il
faut que le commerce international ne soit pas
perturbé par des entraves artificielles ». Sans ci-
ter d'exemple précis, Tinbergen estime que le
libre échange est un succès pour les multinationales comme pour les peuples : « L'objectif,
lors des implantations en pays sous-développés
était le profit, sans doute, mais il n'empêche
qu'elles furent bénéfiques. [...] [Les entreprises
étrangères] y ont gagné mais les pays pauvres
n'y ont pas perdu : sans ces implantations, il
n'y aurait de travail pour personne. » Évacuant
totalement la question des rapports de force,
il considère que « le problème de la misère est
celui d'un manque de capitaux » et qu'il faut
donc « constituer ces capitaux, provoquer l'investissement – par les autochtones ou par des
étrangers ». À la recherche d'un dépassement
des idéologies, d'une « troisième voie » entre

marxisme et capitalisme qu'il nomme « théorie de la convergence », Jan Tinbergen propose, entre autres, d'encourager la création d'un gouvernement mondial.

Pitambar Pant (1910-1973), ancien secrétaire du Premier ministre indien Jawaharlal Nehru, est également actif dans les travaux de Founex. Très présente dans les négociations préparatoires du sommet de Stockholm, l'Inde des années 1970 cherche elle aussi à bâtir une « troisième voie » entre capitalisme libéral et socialisme soviétique : le gouvernement indien utilise la planification et le protectionnisme, mais favorise les investissements directs étrangers et permet le libre rapatriement des profits et des dividendes[1].

Pour s'assurer que les experts adopteront bien des positions libre-échangistes, le GATT a fourni des notes préparatoires au groupe de Founex. Dans un document intitulé « Contrôle des pollutions industrielles et commerce international », le GATT écrit : « Un résultat possible des réponses nationales aux problèmes environnementaux pourrait être l'accélération du transfert des industries ou des procédés générant le plus de pollution dans des pays où la pollution pose un problème moins urgent. Les pays qui

---

1. Frédéric Landy, « La libéralisation économique en Inde : inflexion ou rupture ? », *Tiers-Monde*, tome 42, n° 165, 2001.

transfèrent [leur industrie] devraient soutenir cet effort d'industrialisation des pays d'accueil et dans le même temps s'assurer que les importations en provenance de ces pays ne seront pas pénalisées par des coûts de lutte anti-pollution.» Le message est clair : les délocalisations doivent être favorisées et la compétitivité sur les marchés mondiaux ne doit pas être entravée par des dispositifs coûteux de protection de l'environnement. Bien sûr, toute mesure protectionniste visant à privilégier des modes de production respectueux des écosystèmes est exclue de ce schéma.

Rédigé par ses 27 membres à l'issue de leurs travaux, le *Rapport Founex sur l'environnement et le développement* part d'un postulat, formulé initialement par l'Inde : la pauvreté est la pire des pollutions, et pour protéger l'environnement, il faut d'abord lutter contre la pauvreté. Certes, les pays du Sud veulent « éviter, autant que possible, les erreurs du modèle de développement des sociétés industrialisées », mais pour arbitrer entre le besoin de croissance et la protection de la planète, « les choix peuvent être faits seulement par les pays eux-mêmes, à la lumière de leur propre situation et de leur stratégie, et ne peuvent être déterminés par des règles a priori ». Surtout, les experts voient la crise environnementale comme une opportunité économique : « Le renforcement des standards environnementaux dans les pays développés devrait augmenter les coûts de production de plusieurs industries polluantes comme l'industrie pétrolière et chimique, l'extraction de métaux et les procédés industriels, ou l'industrie du papier. Un tel développement constitue une opportunité pour les pays en développement qui pourraient attirer certaines de ces industries si l'état de leurs ressources naturelles, et notamment la sous-utilisation des ressources environnementales, crée un avantage comparatif». Pour limiter les transferts de pollution, ils proposent de façon évasive d'améliorer la connaissance sur l'écologie et de favoriser la participation des habitants au processus de décision. Et puisque ce scénario ne peut fonctionner que dans un contexte libre-échangiste, les rédacteurs estiment que « le cadre existant du GATT, au sein duquel la plupart des pays industrialisés ont assumé des obligations et des droits spécifiques, doit être utilisé plus avant pour régler ces problèmes, de manière à réduire les craintes des pays en développement qu'une meilleure protection de l'environnement ne mène à une résurgence du protectionnisme ». Ce faisant, ils soumettent les futures politiques environnementales à la censure commerciale du GATT. Si incroyable que cela puisse paraître, les experts des pays en développement se rapprochent des fondamentaux de l'idéologie ultralibérale véhiculés par la Société du Mont-Pèlerin et ses deux membres les plus éminents, Friedrich Hayek et Milton Friedman.

Pour l'économiste franco-égyptien Samir Amin, ancien membre du groupe Founex, les pays du Sud croyaient vraiment pouvoir tirer avantage du libre échange, qui semblait le plus court chemin vers l'industrialisation. En combattant le protectionnisme, le GATT passait à leurs yeux pour une enceinte favorable à leur développement et à leur future émergence[1]. En fait, il servait d'abord et avant tout les intérêts des multinationales dont les sièges étaient dans les pays développés : l'objectif des grandes firmes était bel et bien d'industrialiser certains pays du Sud (les plus « compétitifs »), mais en aucun cas de leur donner la maîtrise des moyens de production ni de partager les profits réalisés.

L'instrumentalisation du groupe Founex et la prise en main de la questions environnementale par le GATT ont pour effet de subordonner le débat sur l'écologie aux règles de la mondialisation néolibérale en cours de construction. L'unique recommandation de la conférence de Stockholm concernant la relation entre commerce et environnement, la recommandation 103, reprend la doctrine du GATT : elle demande que « tous les pays [...] acceptent de ne pas invoquer leur souci de protéger l'environnement comme prétexte pour appliquer une politique discriminatoire ou réduire l'accès à leur marché ». En même temps que le libre échange,

---

1. Entretien avec l'auteur, octobre 2010.

les pays du Sud réclament des transferts financiers nouveaux pour protéger l'environnement. Ces financements, eux, ne seront jamais débloqués. Ce schéma qui se construit en 1971 est toujours celui qui prévaut quarante ans plus tard, lorsque les négociations sur le climat achoppent sur l'aide internationale et occultent la question du commerce et de sa régulation. C'est toujours l'interdit de porter atteinte au libre échange qui se manifeste. Un an avant le sommet de Stockholm, le piège du libre échange s'est déjà refermé sur les politiques environnementales.

Quand l'OMC découvre le business « vert »

Le 15 avril 1994, la signature des Accords de Marrakech par 125 pays conclut un nouveau cycle de négociations commerciales multilatérales baptisé cycle d'Uruguay (*Uruguay Round*). Alors que les précédents cycles menés dans l'enceinte du GATT avaient principalement visé la réduction des barrières douanières et techniques sur les produits industriels, le cycle d'Uruguay a élargi la discussion à d'autres secteurs, notamment l'agriculture, les services et les droits de la propriété intellectuelle. Les Accords de Marrakech instituent l'Organisation mondiale du commerce (OMC), qui voit le jour moins de huit mois plus tard, le 1ᵉʳ janvier 1995. Celle-ci incorpore la jurisprudence héritée du GATT et entend aller plus loin et plus vite dans la stratégie du libre échange.

Dans cet héritage d'un demi-siècle de négociations commerciales, la question de l'environnement figure à une place très modeste. La doctrine est restée inchangée, c'est toujours celle qui a été élaborée dans l'urgence en 1971, à la veille du sommet de Stockholm : la pauvreté est le principal facteur responsable de la dégradation de l'environnement, et pour lutter contre la pauvreté, il faut développer le commerce international en imposant le libre échange. Cette approche se justifie d'autant mieux qu'elle est reprise mot pour mot en 1987 dans le rapport Brundtland de la Commission mondiale des Nations unies pour l'environnement et le développement. Dans ce document, le fait de soumettre les politiques environnementales aux règles de la mondialisation prend un nom : le « développement durable ». Rien de plus normal donc que le GATT puis l'OMC se préoccupent de ce « développement durable » et l'intègrent dans leurs objectifs, en citant le rapport Brundtland : « une croissance économique plus forte, alimentée en partie par une intensification du commerce international, peut générer des ressources nécessaires à la lutte de ce que l'on appelle désormais la "pollution de la pauvreté"[1]. » En 1991, un an

---

1. Organisation mondiale du commerce, « Le commerce et l'environnement à l'OMC », avril 2004.

avant le Sommet pour la Terre, afin de peser sur les négociations internationales, le GATT active enfin son Groupe sur les mesures relatives à l'environnement et le commerce international créé vingt ans plus tôt. Il persiste dans ses recommandations, estimant que le développement du commerce international est un moyen incontournable d'atteindre les objectifs de développement durable. Son postulat libre-échangiste est inscrit tel quel dans le plan d'action adopté par la conférence de Rio sous le nom d'Action 21.

En 1994, le cycle d'Uruguay prévoit l'établissement d'un Comité du commerce et de l'environnement (CCE) au sein de l'OMC pour poursuivre ce travail d'influence. La stratégie des ultralibéraux est d'infiltrer les Accords multilatéraux sur l'environnement et de faire en sorte que les règles du libre échange ne soient jamais remises en question. Ces règles ont pour nom le « principe de la nation la plus favorisée », qui impose de traiter de la même manière deux États exportateurs, et le « traitement national », qui interdit de privilégier les entreprises résidentes par rapport aux entreprises étrangères. Mais surtout, la règle la plus sournoise du GATT et de l'OMC est de ne s'intéresser qu'au commerce et d'occulter les moyens et les conditions de la production : la situation sociale des travailleurs et les standards environnementaux de la production n'entrent pas dans leur champ de compétence.

*L'éco-produit, ou l'alibi écologique
de la mondialisation*

En 1991, l'Organe de règlement de différends commerciaux du GATT statue sur un litige entre les États-Unis et le Mexique. Les premiers bloquent les importations de thon mexicain au motif que les méthodes de pêche employées provoquent la mort de dauphins. Face à ce faux prétexte écologique – les véritables raisons sont évidemment commerciales –, le GATT statue en faveur du Mexique. Le groupe d'experts qui examine l'affaire considère que l'arrêt des importations masque en fait une restriction quantitative interdite par l'Accord général. Les exceptions prévues par le GATT ne s'appliquent pas à ce cas précis, car la méthode de pêche n'a pas d'incidence sur le produit.

Les « Procédés et méthodes de production » (PMP), qui ne doivent théoriquement pas entrer en ligne de compte dans la jurisprudence du GATT, sont divisés en deux sous-catégories : les PMP « incorporés » et les PMP « non incorporés ». Les premiers sont des procédés qui laissent des traces dans le produit commercialisé, les autres sont ceux qui n'en laissent pas. Dans le cas du litige sur le thon, la méthode de pêche n'a aucune incidence sur le produit commercialisé, il est donc impossible d'établir une discrimination commerciale sur ce critère. Dans le cas d'un produit fini (c'est le cas par exemple de l'amiante) qui pose des problèmes sanitaires et environnementaux lors de son utilisation par les consommateurs, une discrimination est possible à la condition toutefois que la preuve scientifique d'un danger grave et imminent soit donnée. Alors le GATT et l'OMC autorisent des restrictions au commerce et font mine de se soucier d'environnement et de santé tout en restant arc-boutés sur une vision intégriste du libre échange. Car d'une part, les productions les plus polluantes peuvent continuer dans les pays sans réglementation contraignante, et d'autre part, il est très rare qu'une preuve scientifique indiscutable fasse état d'un danger grave et imminent. Ainsi, dans l'affaire des aliments et des plantes transgéniques, jamais l'OMC n'a admis que l'on puisse en limiter le commerce pour des raisons environnementales ou sanitaires.

Plutôt qu'interdire les « mauvais » produits, l'OMC considère qu'il faut promouvoir les « bons » à l'aide de labels, c'est-à-dire de démarches volontaires et de marché. Les conditions de production sont généralement occultées, sauf pour les produits alimentaires, avec l'agriculture biologique, et l'exploitation forestière, avec les certifications de gestion durable des forêts. Outre la pertinence parfois contestable des critères d'attribution de ces labels, les pratiques détruisant l'environnement ne sont pas interdites, les produits commercialisés ne sont pas taxés ou refoulés aux frontières, mais les productions respectant des règles sont reconnues. Au lieu de sanctionner la personne qui grille un feu rouge, on récompense celle qui s'y arrête ! L'acheteur public, l'entreprise ou le particulier a donc, en application des préceptes ultralibéraux, le choix entre des produits plus chers mais respectueux de l'environnement et des produits meilleur marché, autorisés par les pouvoirs publics, mais bien moins « durables ».

Pour ne pas « fausser la concurrence » entre les méthodes de production, on affiche la consommation d'énergie du four ou du réfrigérateur lors de son utilisation, mais pas celle qui est nécessaire pour sa fabrication. On reconnaît la moindre toxicité d'un solvant ou d'une peinture lors de son usage, mais pas sur l'ensemble du processus, depuis la fabrication jusqu'au recyclage. Alors que les connaissances scientifiques permettraient d'établir une « analyse du cycle de vie » d'un produit et de prendre en compte l'ensemble de ses impacts, les libres-échangistes le refusent absolument. Pure émanation du développement durable, les éco-produits sont l'arbre qui cache la forêt de la mondialisation : on observe les caractéristiques du produit mais on maintient le secret sur les conditions sociales et environnementales de sa production. Ces règles érigées par le GATT et l'OMC s'imposent au quotidien, à tous les niveaux de la société. Ainsi le code des marchés publics auquel doit se soumettre chaque collectivité en France s'appuie-t-il sur des directives européennes qui sont elles-mêmes les fidèles traductions des principes de libre échange. Une collectivité peut réclamer un produit écolabellisé, mais ne peut en aucun cas choisir le produit qui génère le moins d'impact sur l'environnement en tenant compte de son cycle de vie. Un tel raisonnement reviendrait à faire voler en éclats les bases du libre échange et les fondements de la mondialisation à la construction desquels les grandes puissances économiques ont consacré tant d'énergie depuis plusieurs décennies. Il n'en est évidemment pas question.

Le brevet, ou la face cachée du libre échange

Le renforcement de la propriété intellectuelle est une exigence des multinationales au même titre que la dérégulation des échanges commerciaux et des flux de capitaux. Cette double approche est logique : les délocalisations et les investissements dans les pays à bas coût de main-d'œuvre placent les multinationales face au risque de contrefaçon, d'espionnage industriel, de captation de technologies : elles réclament les moyens juridiques de se protéger. Lors du « miracle économique » des années 1950 et 1960, les industriels japonais se sont particulièrement illustrés dans l'imitation technologique, ce qui a échaudé les multinationales occidentales. Les revendications des firmes en matière de protection des brevets, des marques, du droit d'auteur se durcissent dans les années 1990 et 2000, avec la « révolution informatique » et l'essor des biotechnologies. Ce domaine revêt une importance stratégique pour les États occidentaux, et pas seulement pour leurs grandes entreprises. Afin de compenser leur désindustrialisation, ces pays ont largement investi dans l'« économie de la connaissance » ; la Stratégie de Lisbonne adoptée par l'Union européenne en l'an 2000 affiche clairement l'objectif d'être le leader, même si les États-Unis ont une longueur d'avance et que les pays émergents gagnent chaque jour en compétitivité.

Ce repli sur l'économie de la connaissance traduit bien la réorganisation mondiale de la production voulue par les tenants de la mondialisation : à partir du milieu des années 1970, en Europe et aux États-Unis, les investissements immatériels augmentent fortement alors que les investissements matériels, tout en restant prédominants, baissent. Au début des années 1990, leurs valeurs sont égales. Puis les investissements matériels s'effondrent dans les années 2000, lorsque la Chine et l'Inde font leur percée sur la scène du commerce international. Les pays riches acceptent de voir la production industrielle partir dans les pays à bas coût de main-d'œuvre, mais entendent conserver jalousement les bénéfices de la recherche et développement.

Cette réorientation économique des pays du Nord vers l'immatériel a conduit à une explosion du nombre de brevets déposés, a augmenté entre 1990 et 2007 de 160 % aux États-Unis et de 110 % en Europe[1]. Cette croissance n'est cependant pas adossée au rythme de la recherche. Quand la recherche et développement croît sur cette même période de 70 % dans les pays de l'OCDE, le nombre de brevets déposés augmente lui de 110 %. Il existe une raison à ce décrochage : la forte augmentation de brevets de qualité douteuse et de brevets non utilisés. Dans cette dernière catégorie, on distingue les brevets « dormants », qui pourraient être utilisés à l'avenir par son détenteur, et les brevets « bloquants », qui visent à freiner ou à paralyser la concurrence. Les brevets dormants atteignent 17,5 % du nombre total de brevets ; les brevets bloquants approchent les 19 %. Ces chiffres sont encore plus élevés pour les entreprises de grande taille, puisque les brevets bloquants représentent chez elles 21,7 % des dépôts. Dans la jungle de la « libre concurrence », la privatisation des connaissances est donc une arme largement utilisée. Ces chiffres brisent le mythe d'une concurrence qui favorise l'innovation. Ils montrent au contraire que la recherche privée,

---

1. Conseil d'analyse économique, « Les marchés de brevets dans l'économie de la connaissance », Paris, juillet 2010.

en servant des intérêts purement commerciaux, bride les avancées de la connaissance. Lorsqu'ils ne bloquent pas la recherche, les brevets utilisés peuvent l'handicaper en ajoutant un coût supplémentaire qui constitue une rente pour les grandes firmes : le géant de l'informatique IBM a gagné en 2003 un milliard de dollars grâce à ses licences sur brevets.

En 2010, sur le marché américain, les brevets deviennent des actifs financiers, au même titre que les actions, les obligations ou les droits à polluer. Aux États-Unis, environ 10 % des brevets font l'objet d'une transaction au moins une fois dans leur vie. Le marché, encore balbutiant, est estimé à 500 millions de dollars par an, et les grosses opérations se multiplient : Hewlett Packard aurait vendu en 2010 un portefeuille de 900 brevets ; Phillips aurait gagné la même année 173 millions de dollars pour la vente de 65 brevets. Mais ce n'est pas tout. En 2000, un ancien responsable de Microsoft fonde Intellectual Ventures, le principal fonds de brevets de la planète. Dotée de 5 milliards de dollars, sa société a pour unique activité le commerce de brevets : elle en détiendrait la bagatelle de 30 000. Depuis 2006, la société Ocean Tomo a organisé une dizaine de ventes aux enchères de brevets pour un chiffre de vente de l'ordre de 100 millions de dollars. Enfin, la « titrisation » des brevets est récemment apparue pour faciliter la levée de fonds. Comme on « titrise » des

182 ÉCOLOGIE ET MONDIALISATION

emprunts immobiliers pour les transformer en actifs financiers, comme on « titrise » les droits à polluer pour les échanger sur le marché du carbone, on « titrise » désormais les brevets. De cette manière, le titulaire du brevet vend ses futurs flux de revenus à des actionnaires, qui spéculent sur la rentabilité de telle ou telle invention. Les produits dérivés des brevets sont devenus tellement complexes que des systèmes de notation spécifiques sont apparus pour guider des acheteurs incapables de savoir dans quoi ils investissent... Inévitablement les brevets les plus « médiatisés » sont les plus recherchés sur le marché, quand bien même leur pertinence technique et commerciale n'est pas démontrée.

Compte tenu de l'enjeu que représentent les droits de la propriété intellectuelle, l'OMC s'intéresse à ce domaine dès sa création : l'Accord sur les aspects des droits de propriété intellectuelle qui touchent au commerce (ADPIC) vise avant tout à protéger les intérêts des multinationales, dont la stratégie est claire : réaliser la production intensive en travail dans les pays à bas coût de main-d'œuvre, mais conserver autant que possible les profits dans les pays riches. Entré en vigueur à la création de l'OMC le 1er janvier 1995, l'ADPIC tend à généraliser l'approche américaine de la propriété intellectuelle et notamment la conception très particulière du brevet : d'une grande souplesse sur les conditions d'attribution et d'une grande rigidité sur les conditions de protection. Au début des années 1990, lors de l'Uruguay Round, un des enjeux prioritaires pour les multinationales est de pouvoir exploiter la biodiversité en toute sécurité économique, en déposant des brevets sur des molécules d'intérêt pharmaceutique ou sur des constructions génétiques nouvelles issues de transgénèse. Pour faire accepter leur brevetage et donc cette appropriation du vivant, l'ADPIC prévoit un partage équitable des bénéfices issus de la biodiversité, qui n'a d'équitable que le nom. Dans les faits, il favorise les monopoles industriels et profite outrageusement aux pays riches. C'est l'une des raisons invoquées par les pays du Sud à la conférence de l'OMC de Cancun en 2003 pour stopper les négociations. Mais au-delà de la biodiversité et des ressources génétiques, un nouvel enjeu se dessine dans les débats sur l'ADPIC : celui des technologies « vertes » et des énormes profits qu'elles sont en mesure de générer.

Libéraliser les marchés « verts »

En décembre 1997, les principaux États de la planète signent le protocole de Kyoto visant à réduire les émissions de gaz à effet de serre et concluent une première phase de négociations sur le changement climatique démarrée lors du Sommet pour la Terre de Rio cinq ans plus tôt. La plus grande partie de ces gaz provient de la combustion d'énergies fossiles, ils sont émis lors de la production de biens et de services, des usages domestiques et des transports. Réduire ces émissions suppose soit de réduire les quantités produites, les consommations de chauffage et les kilomètres parcourus, soit de changer de technologies. C'est évidemment cette seconde option qui a la préférence des grandes puissances économiques, pour la simple et bonne raison qu'elle promet de nouveaux profits, lorsqu'il s'agira de s'adapter aux énergies « décarbonées ».

Aux engagements des États pour réduire les gaz à effet de serre vient s'ajouter au début des années 2000 un paramètre bien plus décisif pour l'économie capitaliste : la remontée des prix des énergies fossiles. En dollars constants, le prix du pétrole passe de moins de 20 dollars le baril à la fin des années 1990 à près de 100 dollars en 2008. Dès lors, il devient urgent d'engager une mutation des modes de production afin que le capitalisme néolibéral s'affranchisse le plus possible de sa dépendance vis-à-vis des pays producteurs.

Comme les multinationales, le GATT et l'OMC doivent eux aussi s'adapter à ce nouveau contexte. Dans sa contribution au sommet de Rio écrite en 1991, le GATT estime qu'il doit y avoir un « soutien mutuel » entre les politiques de libéralisation du commerce et les politiques de protection de l'environnement, ce qui signifie que l'une et l'autre doivent se renforcer. Peu à peu, ce « soutien mutuel » devient un véritable dogme, et le Français Pascal Lamy, qui débute son mandat de directeur général de l'OMC en 2005, en fait une grande stratégie de communication. La notion de « soutien mutuel » sous-entend deux choses : le libre échange est *par nature* bénéfique pour l'environnement sur le long terme, et, puisqu'il est bénéfique, aucun accord environnemental ne doit le limiter. Mais derrière l'expression se cache un tournant stratégique réel : en l'espace de quelques années, les libres-échangistes du GATT et de l'OMC sont passés d'une position de blocage des négociations environnementales à une stratégie de prise en main. Avant 1992 et le sommet de Rio, le GATT se contente de s'assurer que l'écologie ne vient pas « polluer » la libéralisation des échanges. Entre 1992 et le début des années 2000, le GATT puis l'OMC commencent à profiter des opportunités de la crise environnementale pour consolider la justification idéologique du libre échange. Depuis la mise en œuvre du protocole de Kyoto, l'OMC passe la vitesse supérieure pour déréguler des marchés « verts » en croissance exponentielle.

Concrètement, l'OMC s'est d'abord employée à libéraliser les « biens et services environnementaux ». Qu'un four micro-ondes ou un lave-vaisselle consomme un peu moins d'énergie que la moyenne, et il est aussitôt inscrit dans la liste des « biens environnementaux » qui doivent voir leurs droits de douane baisser[1]. Chaque multinationale y va de sa demande d'ajout à la liste des « biens environnementaux », à l'image des firmes françaises Veolia et Bouygues qui ont fait inscrire leurs compteurs d'eau pour mieux pénétrer les marchés de distribution d'eau potable des pays émergents. Ensuite, l'OMC utilise l'argument environnemental pour réduire les subventions étatiques, en s'attaquant notamment aux aides nationales sur les énergies fossiles. Pour elle, il s'agit tout bonnement de poursuivre les politiques historiques du GATT en profitant de l'aubaine du changement climatique pour les justifier et en accélérer l'acceptation. Cette manière de libéraliser les marchés « verts » conduit parfois à des situations qui frisent le ridicule, comme dans le domaine des énergies renouvelables, où l'OMC autorise les subventions nationales au motif que la production éolienne et solaire ne risque pas de concurrencer les énergies fossiles ! Tant que cette concurrence n'existe pas, l'énergie renouvelable et l'énergie non renouvelable ne sont pas considérées par l'OMC comme des produits « similaires ». S'agissant de deux marchés « distincts », l'un peut être subventionné sans distorsion de concurrence. Mais le jour où le développement

1. Raphaël Kempf, *L'OMC face au changement climatique*, Pedone, 2009.

de l'éolien ou du solaire provoquera une baisse de la demande de charbon, de gaz ou de pétrole, les subventions seront interdites ! Dans le même temps, les dépôts de brevets protégeant les technologies « vertes » se multiplient depuis les années 2000, ce qui renforce l'importance de l'accord ADPIC. En 2009, en pleine crise économique, la plus forte hausse des demandes de brevets à l'Office européen des brevets (OEB) concerne les énergies renouvelables, avec une augmentation de 27 %. L'énergie éolienne progresse de 51 % et l'énergie solaire thermique de 38 %. La croissance des dépôts de brevets sur l'éolien est exponentielle, le décollage datant de 1999. Celle des brevets sur le solaire, plus chaotique, marque malgré tout une progression continue.

Dans son document de recommandations en vue d'un accord post-2012 sur le climat, la Chambre internationale du commerce exige que l'on évite « toute mesure qui pourrait menacer les droits de propriété intellectuels [...], comme les mesures qui pourraient compromettre le rôle essentiel des brevets dans l'innovation, le développement technologique et le déploiement des solutions les plus avancées[1] ». Ce discours, repris mot à mot par l'OMC, est doublement mensonger. Non seulement les brevets bloquent la

---

1. Chambre internationale du commerce, *op. cit.*, novembre 2009.

recherche plutôt qu'ils ne la stimulent, mais ils empêchent également la maîtrise de la technologie dans les pays en développement puisqu'ils ajoutent le coût des licences à celui de la technique. Le « transfert de technologies » n'en est pas un. Il s'agit en fait d'un déploiement des technologies indispensables à la production délocalisée dans les pays qui bénéficient de la désindustrialisation, à savoir les pays à bas coût de main-d'œuvre. La cartographie du « transfert de technologies » pour l'éolien réalisée par l'OCDE montre un déploiement dans les pays émergents de solutions brevetées en Europe et aux États-Unis. L'Afrique centrale et saharienne ou les pays pauvres d'Amérique latine ne sont jamais concernés.

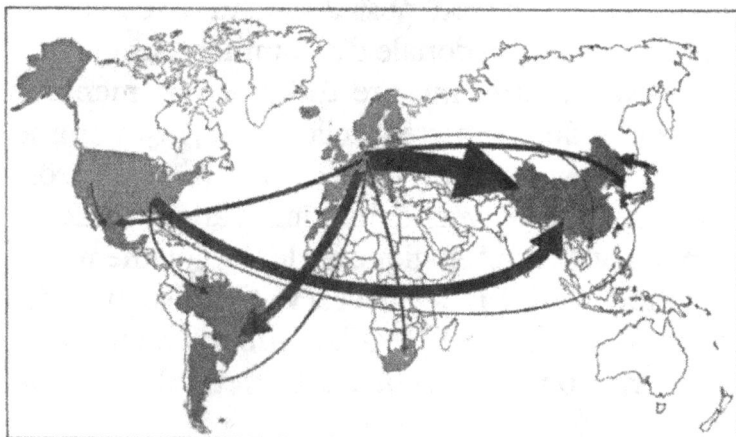

Transfert des technologies éoliennes (1988-2007).
Source : OCDE.

Enfin, en 2005, le développement des technologies « décarbonées » fait apparaître à l'OMC un nouvel enjeu prétendument environnemental : celui de la libéralisation des exportations. Les énergies renouvelables ou les véhicules électriques nécessitent de faibles quantités, mais des quantités indispensables de métaux qu'on appelle les terres rares. Depuis les années 2000, la Chine casse les prix de leur extraction minière, provoquant la fermeture de sites de production dans presque tous les autres pays disposant de ressources, notamment aux États-Unis et en Australie. Avec seulement 50 % des réserves mondiales prouvées, elle assure 95 % de l'offre mondiale en 2010. Le 1er septembre 2009, le gouvernement chinois a annoncé la mise en place de quotas d'exportation dès l'année suivante : sur une production de 110 000 tonnes de terres rares, seulement 35 000 tonnes seront commercialisées à l'étranger. L'alibi environnemental donné par la Chine ne trompe personne, et toutes les grandes puissances comprennent qu'il s'agit d'un coup de semonce commercial. Pour continuer à accéder à ces métaux stratégiques, les firmes multinationales doivent venir produire en Chine, en créant des entreprises conjointes avec des groupes chinois. Cette forme nouvelle de protectionnisme inquiète l'OMC. Saisie par les États-Unis, le Mexique et l'Union européenne, elle a rendu le 5 juillet 2011 un premier jugement condamnant la décision chinoise et concluant que « la restriction des seules exportations, sans mesures sur le marché domestique, ne permet pas de protéger l'environnement de manière efficace[1] ». Après les crises alimentaires de 2008, qui avaient conduit plusieurs États à restreindre leurs exportations de produits agricoles, cette nouvelle affaire fait dire à Pascal Lamy que l'OMC a sous-estimé la question des quotas aux exportations. Nul doute que les intégristes du libre échange s'emploieront à corriger le tir.

Produire « vert », mais en Chine...

Le phénomène des délocalisations fait couler beaucoup d'encre dans les pays industrialisés, et notamment en France. En 1997, l'économiste néoclassique Daniel Cohen publie *Richesse du monde, pauvreté des nations*, dans lequel il estime que le problème est très exagéré, et que la concurrence de la main-d'œuvre avec les travailleurs des pays pauvres ne concerne que 2 à 3 % de la population des pays riches[2]. Quatorze ans plus tard, le journaliste Éric Laurent est nettement plus alarmiste dans son ouvrage,

---

1. Publication des rapports du Groupe spécial sur les mesures de la Chine relatives à l'exportation de diverses matières premières, www.wto.org, 5 juillet 2011.
2. David Cohen, *Richesse du monde, pauvreté des nations*, Flammarion, 1997.

Le Scandale des délocalisations[1]. Entre-temps, l'explosion de la bulle de l'Internet a mis fin au mirage de l'économie « immatérielle ». Le chômage a progressé, et le déclin industriel est devenu un triste feuilleton que les médias traîtent au rythme des fermetures d'usines : le dernier site français de fabrication de jeans appartenant à Levi Strauss en mars 1999, trois sites du coréen Daewoo entre septembre 2002 et janvier 2003, la fonderie Metaleurop Nord en mars 2003, l'usine de semi-conducteurs du franco-italien ST Microelectronics en novembre 2003, l'aciérie de Gandrange en 2009. À la faveur de la crise de 2008-2009, c'est l'automobile qui se « restructure » encore un peu plus en quittant le territoire français, avec notamment la fermeture des sous-traitants New Fabris et Nortel en 2009.

Le 29 novembre 2006, la Commission des affaires économiques, de l'environnement et du territoire déposait un rapport à l'Assemblée nationale, présenté par la députée UMP Chantal Brunel[2]. Très bien documenté, ce travail analyse le phénomène sans pudeur, à tel point que certains passages ressembleraient presque à des écrits altermondialistes. Sans aller jusqu'à

1. Éric Laurent, *Le Scandale des délocalisations*, Plon, 2011.
2. Rapport d'information déposé par la Commission des affaires économiques, de l'environnement et du territoire sur les délocalisations, *op. cit.*

nommer le capitalisme néolibéral, ce document rappelle les causes des délocalisations : « l'abaissement des coûts de transport et des nouvelles technologies de l'information, accompagné par la libre circulation des marchandises et des capitaux » et « la montée en puissance des actionnaires ». Il montre également que les indicateurs utilisés par les États ne permettent pas de mesurer le phénomène. Selon une définition restrictive mais officielle, la délocalisation est « la fermeture d'une unité de production implantée en France, suivie de sa réouverture à l'étranger, en vue de réimporter sur le territoire national les biens produits à moindre coût ». Pourtant, la réorganisation de la production au niveau international prend des formes bien plus complexes, fait appel à la sous-traitance, à des holdings, à des sous-holdings qui permettent de passer au travers de la comptabilité des délocalisations.

Une chose est sûre, la désindustrialisation des pays occidentaux est très avancée et va s'accélérer dans les années qui viennent. Le poids de l'emploi industriel en France est passé de 26 % en 1981 à 16 % en 2005, tandis que le poids de l'industrie dans la valeur ajoutée a chuté de 28 à 21 %. Entre 1997 et 2002, dans les 32 grands groupes français non financiers du CAC 40, la part des effectifs sur le territoire national est tombé de 50 à 32 % de leurs effectifs totaux alors que leurs profits augmentaient considérablement dans le même temps. Enfin, il faut ajouter à la désindustrialisation les « non-localisations », c'est-à-dire des ouvertures à l'étranger d'activités qui ne sont pas destinées au marché local mais qui auraient pu être implantées en France. Les rapporteurs expliquent également combien la concurrence internationale pèse sur les acquis sociaux et les salaires, poussant les employés à accepter une dégradation de leurs conditions de travail ou de leurs revenus pour éviter la fermeture de leur usine. Ainsi, la proportion de salariés rémunérés au niveau du salaire minimum atteint le niveau de 15,6 % en 2004 contre 8,2 % en 1995.

Le constat est donc sans appel : les délocalisations, telles qu'elles sont aujourd'hui définies, ne sont que la partie émergée de l'iceberg de la désindustrialisation occidentale, dont les conséquences sociales sont déjà dramatiques et le seront plus encore demain. Pourtant, en bons libéraux qu'ils sont, les rapporteurs ne proposent qu'une stratégie : améliorer la compétitivité de la France sur la scène internationale en investissant dans l'innovation et en limitant les avantages sociaux.

Face au libre échange, la réaction de la droite, en France comme ailleurs, est totalement hypocrite et s'inscrit dans une continuité établie depuis plus de deux décennies. Le Parti populaire européen (PPE), dans un manifeste adopté à Athènes en novembre 1992, promeut les grands principes de la liberté, de l'égalité et de la solidarité, mais reste très flou sur les questions commerciales : « La Communauté européenne, la plus grande puissance commerciale, va contribuer au développement et à la régulation du commerce mondial de biens et de services sur une base de réciprocité, en assurant en même temps la défense de ses intérêts légitimes[1]. » Vingt ans après, alors que les effets de ces politiques s'avèrent désastreux, le même parti, qui est à la fois celui du président français Nicolas Sarkozy, de la chancelière allemande Angela Merkel et du président de la Commission européenne José-Manuel Barroso, parle de réguler le commerce, mais fait exactement l'inverse dans la pratique : il dérégule à tour de bras.

En matière d'écologie, les choses sont plus claires : la protection de l'environnement est conditionnée à la croissance économique : « Nous voulons utiliser la dynamique de la croissance qualitative pour aider à protéger l'environnement » ; et les mesures à prendre doivent convenir aux marchés : « Nous voulons incorporer la protection et la restauration de l'environnement dans l'économie de marché, à l'inverse de ceux qui parlent de conflit insoluble entre les intérêts de l'économie et ceux de l'environnement ». Dans le programme d'action 2004-2009

---

1. « EPP Basic Programme », novembre 1992, http://www.epp.eu.

élaboré par le PPE, rien n'a changé : « L'Histoire et l'expérience ont montré que l'initiative privée, la libre entreprise, la concurrence, la discipline de marché, l'ouverture et le libre échange sont les véritables forces motrices du progrès économique[1]. » Malgré les banalités d'usage sur une nécessité de réguler le commerce – lequel ? comment ? pourquoi ? le PPE ne le dit jamais –, le libre échange reste donc le pilier de toute politique européenne.

Sur cette question comme sur d'autres, les réflexions du Parti socialiste européen (PSE) ne consoleront personne. Dans la « Déclaration des Premiers ministres et des leaders du PSE » adoptée le 16 juin 2010 et intitulée « Remettons l'Europe au travail », longue de 33 pages, on ne trouve pas une seule fois le mot « libre échange » ni le mot « délocalisation ». Le mot « commerce » est écrit une fois, pour dire que la croissance verte, en permettant des économies d'énergie, aura pour effet de « réduire la dépendance énergétique de l'UE et les déficits du commerce extérieur qui y sont liés[2] ». Le PSE propose une intervention dans l'économie à peine plus prononcée que celle qui est annoncée par la droite : « Les investissements publics dans les secteurs à

---

1. « Programme d'action 2004-2009 », février 2004, http://www.epp.eu.
2. « Remettons l'Europe au travail », juin 2010, http://www.pes.org

forte intensité de main-d'œuvre sont nécessaires et il faut inciter la redirection des investissements privés des marchés financiers vers l'économie réelle.» Et bien sûr, dans l'imaginaire socialiste, la conversion à l'écologie aura des effets magiques : «La croissance et les emplois verts joueront un rôle essentiel pour sortir de la crise. Il est nécessaire d'élaborer une stratégie globale européenne afin de promouvoir des investissements publics supplémentaires dans les énergies renouvelables et dans d'autres secteurs technologiques "verts", afin d'améliorer les conditions-cadre pour l'investissement privé, par exemple en augmentant le prix du carbone, afin d'offrir des incitants pour transformer la production et la consommation et de réduire l'intensité en carbone du secteur du transport.»

Touché par la grâce du capitalisme «vert», le secteur privé se mettra à produire propre et local, oubliant tous les déterminants de la mondialisation néolibérale... Les rares textes publics du PSE se rapportant au commerce international sont emplis de vœux pieux et contradictoires. En décembre 2005, un article publié par le journal *Le Monde* et co-écrit par le président du PSE plaide pour une intégration des règles de l'Organisation internationale du travail (OIT) dans le droit de l'OMC. L'objectif est de «moraliser» le capitalisme sans remettre en question la mondialisation : «La question essentielle que les pays engagés dans des négociations à l'OMC doivent résoudre est de trouver comment acquérir le soutien de la population pour mettre en place un système commercial globalisé "juste". » Pourtant, en avril 2009, un communiqué de presse officiel du PSE se réjouit de l'engagement du G20 de conclure le cycle de Doha à l'OMC, alors que, bien évidemment, aucun progrès n'a été accompli en matière de droit du travail.

Malgré tout, quelques débats sur le libre échange ont lieu chez les socialistes depuis la crise financière de 2008. Ainsi, l'intervention du député européen français Henri Weber au Conseil du PSE de Varsovie, le 2 décembre 2010, s'intitule « Pour le juste échange ». Là encore, la question de l'environnement est prise en exemple : il faudrait « prélever une "contribution énergie-climat" aux frontières de l'Union, une "écluse carbone", à l'encontre des grands pays qui ne consentiraient pas le même effort [de réduction des gaz à effet de serre que l'Union européenne] ». Cette idée d'« écluses » sociales ou environnementales est reprise dans la campagne de 2011 pour les primaires socialistes par le candidat Arnaud Montebourg, mais honnie par le candidat François Hollande. Chez les socialistes, les partisans d'un retour à une forme de protectionnisme sont certes plus nombreux que par le passé, mais tous s'accordent pour n'envisager le protectionnisme que lorsqu'il n'a aucune chance de voir le jour. Ainsi, ils le réclament au niveau européen, ce qui est une idée totalement aberrante pour deux raisons : d'une part, le Traité européen l'interdit et aucune unanimité des États membres ne peut être trouvée pour modifier cette disposition ; d'autre part, un protectionnisme aux frontières de l'Union européenne ne changerait strictement rien au dumping social exercé par l'Allemagne sur les autres États membres. En délocalisant une partie de sa production dans les pays de l'Est et en commercialisant les produits finis assemblés en Allemagne dans les autres pays européens, elle agit au sein de l'Union européenne comme la Chine agit au niveau international : en pratiquant une concurrence parfaitement déloyale.

De leur côté, les écologistes font assez peu de cas des questions commerciales. En octobre 2010, le 13e Conseil du Parti vert européen a adopté un document programmatique intitulé « Le cadre macro-économique et financier du Green New Deal ». À propos du commerce international, il y est écrit : « Une économie durable optimisera la localisation de la production là où cela permet de réduire au maximum l'empreinte écologique. L'organisation du commerce international devra s'adapter pour tenir compte de ce nouvel objectif. Il n'existe pas de solution unique : ni la mondialisation complète ni la localisation intégrale ne sont compatibles avec nos objectifs généraux consistant à réduire notre incidence environnementale et à accroître la justice sociale. L'activité économique locale doit être privilégiée lorsqu'elle présente le plus d'intérêt écologique et social. Il est par conséquent nécessaire d'inclure les coûts réels de toutes les externalités (transport, énergie) afin que les prix en reflètent l'incidence réelle. » [...] « L'implantation des secteurs économiques et les choix opérés doivent également tenir compte des facteurs sociaux et avoir pour objectif la satisfaction des besoins fondamentaux de la population locale, un aspect qui est important dans les zones rurales des pays industrialisés, mais surtout des pays en développement, où les cultures de rente remplacent la production alimentaire et entraînent la poursuite de l'appauvrissement et une crise alimentaire. Pour réaliser cet objectif, une réelle politique de taxation du carbone doit être mise en œuvre, ce qui pourrait être réalisé grâce à des systèmes comme le système de taxe et de bonus carbone. »

En la matière, il est difficile d'imaginer un constat aussi léger et une proposition aussi incantatoire. Ces écrits prouvent s'il en était besoin que les écologistes renoncent à refonder les bases du commerce international et n'envisagent que de lui ajouter un nouveau mécanisme de marché appuyé sur une comptabilité carbone. Le Manifeste pour les élections européennes de 2009 est encore plus pauvre[1]. La

---

1. « A Green New Deal for Europe – Manifesto for the European election campaign 2009 », European Green Party, http://europeangreens.eu

scule proposition faite en matière de commerce international est que « l'OMC transforme son agenda pour le libre échange en un agenda pour un échange juste et durable, ayant pour priorité la protection des biens communs et la réduction de la pauvreté ». Mais comment les États qui défendent à l'OMC les intérêts de leurs classes dirigeantes deviendraient-ils subitement altruistes ? Comment imaginer que l'on puisse éviter un puissant rapport de force ?

Sur la question de l'emploi, les écologistes – comme d'ailleurs la droite ou les socialistes – se limitent à croire ou faire croire que le développement des énergies renouvelables, de l'efficacité énergétique et des transports propres créera « des millions d'emplois en Europe et des dizaines de millions d'emplois dans le reste du monde[1] ». Cette naïveté est terrifiante alors qu'en parallèle, le capitalisme « vert » s'organise pour bénéficier de l'opportunité environnementale sans rien changer aux lois du libre échange et à sa manière de produire avec un minimum de contraintes.

En février 2009, l'association américaine Good Jobs First publiait un rapport intitulé « La qualité des emplois dans la nouvelle économie verte ». On y apprend que les salaires moyens pratiqués aux États-Unis dans les usines de biens d'équipement destinés aux énergies renouvelables sont

---

1. « A Green New Deal for Europe », *op. cit.*

inférieurs à ceux versés dans les usines d'autres biens durables. Dans certaines entreprises « vertes », le niveau des salaires est même inférieur à celui qui permet à un adulte seul avec un enfant de vivre décemment. Ce constat est d'autant plus scandaleux que ces entreprises sont aidées dans des proportions non négligeables avec de l'argent public. Dans une des centrales photovoltaïques étudiée, le montant des aides publiques s'élève à 326 000 dollars par emploi créé ! On ne voit effectivement pas pourquoi le moins-disant social ne fonctionnerait pas aussi pour les produits « verts ». En 2007, la Chine est devenue le premier producteur mondial de modules photovoltaïques. Elle a fabriqué cette année-là 56 % des composants pour éoliennes vendus sur la planète. Ces productions se font souvent dans des conditions sociales et environnementales globalement déplorables. Dans un article daté du printemps 2010, l'hebdomadaire français *La Vie* décrit le fonctionnement de l'une des rares usines chinoises de panneaux solaires qui accepte d'ouvrir ses portes aux journalistes : des migrants logés en chambres de six, payés l'équivalent de 100 euros par mois, soudent les cellules et assemblent les panneaux tandis que le terrain vague qui touche l'usine sert de décharge pour les produits toxiques[1]. Tirant profit du libre échange

---

1. « Le côté sombre du solaire », *La Vie*, 29 avril 2010.

et de sa production à bas coût, la Chine détruit la filière qui s'était structurée en Allemagne et anéantit les ambitions de l'Union européenne en matière d'économie verte.

On aimerait également croire les écologistes européens qui estiment que les emplois dans les transports « propres » et l'isolation des bâtiments sont « non délocalisables » Mais c'est oublier un peu vite l'Accord général sur le commerce des services (AGCS) de l'OMC qui étend le libre échange aux activités non industrielles. L'AGCS, comme la directive « services » de l'Union européenne qui le traduit en droit communautaire, a pour objectif assumé la « libre circulation des services » entre les États. Autant dire la concurrence acharnée. Lorsque cette directive sera pleinement appliquée, le dumping social s'exercera aussi dans ces secteurs, grâce à une main-d'œuvre bon marché en provenance d'Europe de l'Est ou, pourquoi pas, de pays émergents hors de l'Union européenne. La délocalisation des services informatiques en Inde ou l'utilisation par la firme de téléphonie Orange de main-d'œuvre marocaine pour son service après-vente donnent déjà un avant-goût de ce que signifie cette « libre circulation des services ».

Enfin, il reste dans l'argumentaire écologiste la question d'une taxe carbone mondiale, qui pose deux problèmes insurmontables. Le premier est un problème de faisabilité juridique. Le juriste

Raphaël Kempf démontre que le droit international au libre échange institué par l'OMC prime sur toutes les considérations environnementales, qui ne peuvent être que des exceptions au libre échange[1]. Dans le cas de l'amiante, l'exception est valable car l'interdire pour des motifs sanitaires et environnementaux ne bouleverse pas l'ordre juridique commercial. À l'inverse, instaurer une taxe carbone reviendrait à enfreindre le droit fondamental au libre échange en le soumettant à l'impératif de réduire les gaz à effet de serre. Pour les ultralibéraux, il n'en est évidemment pas question. Si une taxe carbone était appliquée, cela impliquerait de taxer différemment deux types de ciment au motif que l'un des deux émet moins de gaz à effet de serre lors de sa fabrication. Cette discrimination entre des produits strictement similaires au sens où l'entend l'OMC est totalement illégale. De plus, les accords multilatéraux sur l'environnement admettent la notion de responsabilité « commune mais différenciée », ce qui signifie que les pays du Sud n'ont pas à produire autant d'efforts que les pays du Nord pour réduire leurs émissions. Selon ce principe, une taxe carbone devrait être plus sévère pour les pays du Nord que pour ceux du Sud : elle contredirait alors la clause de la « nation la plus favorisée » qui a cours à l'OMC et qui veut que deux exportateurs soient traités de façon égale.

---

1. Raphaël Kempf, *op. cit.*

Contrairement à ce que semblent dire les partis verts, il est impossible de répondre à la crise environnementale et sociale sans défaire le libre échange. Les mesures de marché que les libres-échangistes pourraient très bien tolérer sans avoir à remettre en cause leurs fondamentaux, toutes ces « exceptions » aussi vertes soient-elles, ne font que maintenir l'ordre économique mondial en place. Il faut passer à un autre stade : faire plier le marché devant le politique, devant le choix citoyen, le soumettre à un droit élaboré par le peuple et non par les puissances dirigeantes.

Briser le libre échange

L'impact le plus grave du libre échange sur l'environnement n'est pas le dioxyde de carbone émis par le transport, ni même la pollution qu'autorisent les pays à bas coût de main-d'œuvre. Il s'agit de la perte de souveraineté nationale et populaire sur les choix et méthodes de production. Non seulement les États ne peuvent pas choisir ce qui est produit sur leur territoire, mais ils ne peuvent même pas choisir la façon dont les biens qu'ils consomment sont produits. Alors que les citoyens devraient pouvoir décider démocratiquement s'il vaut mieux fabriquer du ciment (un matériau très énergivore) ou du bois d'œuvre (qui capte le dioxyde de carbone lorsqu'il est

cultivé durablement) pour construire les bâtiments, les principes du libre échange, mis en
application par les multinationales, décident à
leur place, selon un seul critère : le coût. La
concurrence de tous contre tous provoque l'ali-
gnement par le bas des normes de protection
des travailleurs et des écosystèmes. Le chantage aux délocalisations condamne les États,
et donc les peuples, à l'impuissance : lorsque
Arcelor-Mittal estime ne pas avoir obtenu suffisamment de quotas d'émission de gaz à effet de serre de la part du gouvernement belge,
il lui suffit de menacer de délocaliser pour obtenir des passe-droits[1]. Et, comble de l'hypocrisie, c'est la souveraineté nationale qui est
instrumentalisée par les ultra-libéraux pour
justifier le libre échange ! Douglas A. Kysar,
professeur de droit à la prestigieuse université
américaine de Yale, écrit : « Quelle est cette
politique qui permet aux consommateurs dans
une partie du monde de déterminer la manière
de produire dans une autre partie du monde ? »
et conclut que « les consommateurs dans le
monde développé ne peuvent pas avoir un veto
sur les procédés de production utilisés dans le
tiers-monde[2] ». La souveraineté est donc ad-
mise lorsqu'elle permet de consolider l'ordre

---

1. « Arcelor-Mittal gagne un duel face à la Belgique »,
Libération, 2 février 2008.
2. Cité par Raphaël Kempf, *op. cit.*

économique mondial, mais pas lorsqu'elle vise à s'en affranchir.

Pourtant, jamais une véritable politique sociale et environnementale ne pourra voir le jour sans souveraineté populaire sur la production agricole, industrielle et de services, dans les pays du Nord comme dans ceux du Sud. Cette (re)conquête passe par la réhabilitation du protectionnisme pour casser le chantage aux délocalisations au Nord et les pratiques d'exploitation des multinationales au Sud. Réhabiliter le protectionnisme, c'est oser dire que des mesures intelligentes de régulation, qu'il s'agisse de quotas, de normes ou de taxes, sont parfaitement légitimes. Les pays en développement qui avaient arraché aux États-Unis un incroyable compromis lorsque se négociait la Charte de La Havane, il y a près de soixante-dix ans, cherchaient alors à établir des relations commerciales équilibrées, sans dumping social, et ils utilisaient le protectionnisme comme un outil pour y parvenir. Ils savaient que leur avenir passerait non pas par la concurrence acharnée sur les marchés d'exportation, mais par le développement de leur marché intérieur et par des échanges justes. Pourquoi cette conception, qui est d'ailleurs réaffirmée aujourd'hui par certains pays d'Amérique latine, notamment l'Argentine, serait-elle devenue obsolète ?

À l'inverse de ce que martèle l'idéologie libérale, il faut aussi rappeler qu'un protectionnisme intelligent peut favoriser l'innovation. Dans les années 1950, le groupe français Péchiney, qui fabriquait de l'aluminium, cherchait à conquérir le marché américain. Or, pour conserver leur avance technologique et protéger leur industrie de la concurrence, les États-Unis exigeaient le respect de leurs normes nationales sévères en matière de rejet de fluor. Afin de pouvoir vendre ses usines aux États-Unis, Péchiney améliora ses procédés et se plia aux contraintes. Dans le même temps, le groupe s'implantait en Grèce, pays sous le régime d'une dictature, où la réglementation était totalement laxiste et la main-d'œuvre peu chère. Là, Péchiney construisit ses usines sans aucune considération pour l'environnement, choisissant simplement les zones les moins peuplées pour limiter les nuisances[1]. Cet exemple, qui n'est pas un cas isolé, prouve que la norme favorise une innovation utile là où la concurrence « libre et non faussée » ne favorise qu'une innovation au service du productivisme, pour consommer toujours plus.

Malheureusement, le protectionnisme est nécessaire mais pas suffisant. L'histoire montre que, lorsque des barrières douanières sont restaurées, les investissements directs à l'étranger se multiplient pour les contourner et créer des

---

1. Andrée Corvol-Dessert (sous la direction de), *Les Sources de l'histoire de l'environnement, Le XXᵉ siècle, tome 3*, L'Harmattan, 2003.

filiales commerciales dans les pays qui tentent de se protéger. C'est le cas des États-Unis qui, à partir de 1958, financent massivement l'installation de succursales en Europe occidentale pour contourner les droits de douane de la Communauté économique européenne : leurs investissements directs passent de 32,7 milliards de dollars en 1960 à près de 80 milliards dix ans plus tard[1]. De la même manière, les entreprises étrangères du secteur pharmaceutique multiplient leurs investissements aux États-Unis dans les années 1970 pour contourner les normes drastiques à la production imposées par la Food and Drug Administration[2]. En permettant une production locale, cette augmentation des investissements directs crée ou maintient l'emploi sur le territoire national. Mais pour être en capacité de maîtriser démocratiquement la production, il faut contrôler les mouvements de capitaux et nationaliser certaines activités stratégiques. À partir de là, et à partir de là seulement, il devient possible d'élever les normes sociales et environnementales. Pour baisser concrètement et significativement l'empreinte écologique, on peut par exemple introduire une réglementation

---

1. Laurent Cesari, « L'unilatéralisme libéral de Nixon à Carter », in *Histoire, économie et société*, 2003, 22ᵉ année, n° 1. La politique économique extérieure des États-Unis au xxᵉ siècle. pp. 71-86.
2. Alain Richemond et Colette Herzog, *op. cit.*

sur la durée de vie des biens commercialisés, ou encore réduire la production de certains secteurs nuisibles (armement, produits de luxe, voitures de grosses cylindrées[1]). Il devient possible de choisir quel emploi il doit être fait des matières premières en fonction de leur impact écologique : pourquoi utiliser de l'aluminium, dont le bilan environnemental est très lourd, pour fabriquer des portes et des fenêtres, alors que celles-ci peuvent être construites en bois ? Les objecteurs de croissance proposent à juste titre de distinguer l'usage du « mésusage », avec par exemple un tarification de l'eau différenciée selon qu'on l'utilise pour boire ou pour remplir une piscine[2]. Distinguer l'usage du « mésusage » est indispensable au niveau domestique, mais aussi et surtout au niveau industriel si nous voulons opérer une véritable mutation écologique de la production.

Même si le protectionnisme et le contrôle des mouvements de capitaux sont des sujets tabous, énoncer les grands principes qui les mettaient à bas est assez aisé. Mais passer à l'acte sera une autre paire de manches. Il est bien évident qu'il ne faudra compter ni sur l'OMC ni sur l'Union européenne. Il faut donc envisager

---

1. Aurélien Bernier et Michel Marchand, *op. cit.*
2. Paul Ariès, *La Simplicité volontaire contre le mythe de l'abondance*, Les Empêcheurs de penser en rond/La Découverte, 2010.

des mesures unilatérales, qui seraient prises par un État courageux. Placées dans une perspective progressiste, de gauche, internationaliste, elles poseraient les bases d'un nouvel ordre international qui s'inspirerait de la Charte de La Havane et lui ajouterait un paramètre nouveau : une gestion réellement durable des ressources et une réparation de l'environnement. Il s'agit de passer du libre échange à une logique de coopération, dans laquelle le commerce n'est qu'un instrument au service du politique.

Les multinationales,
entre « développement durable »
et capitalisme « vert »

« Nous savons que le plus important pour réduire notre impact sur l'environnement est d'améliorer nos produits. C'est pourquoi nous les concevons de façon à réduire les besoins en matériaux, les emballages, les substances toxiques et à être aussi économes en énergie et aussi recyclables que possible. Pour chaque nouveau produit, nous continuons à progresser dans la réduction de notre empreinte écologique. »

Voilà ce qu'écrit le géant informatique Apple dans la rubrique de son site « Apple et l'environnement »[1]. On trouve sur la même page de nombreux exemples de ses progrès environnementaux : 50 % de réduction des gaz à effet de serre pour la production de l'iPod entre 2001 et 2010 ; 53 % de réduction des emballages pour le MacBook entre 2006 et 2010 ; un taux de recyclabilité de l'ensemble des produits qui

---

1. http://www.apple.com/investor/

passe de 6 % en 2005 à 66 % en 2009. Comme c'est le cas pour la plupart des grandes multinationales, on jurerait à la lecture de ces rapports d'activité et de ces pages Internet que la révolution « verte » a touché le fabriquant d'ordinateurs et de téléphones portables.

Pourtant, il est des sujets sur lesquels la firme est plus discrète, comme celui de l'obsolescence programmée. Cette notion recouvre l'une des stratégies des producteurs pour augmenter la consommation en réduisant artificiellement la durée de vie de leurs produits. L'idée de fixer la durée d'utilisation d'un produit dès sa conception remonte aux années 1920, lorsque les principaux fabricants d'ampoules électriques de la planète, réunis dans un groupe nommé le « cartel de Phoebus », décida de manière concertée de limiter drastiquement la durée de fonctionnement de leurs produits. De 2 500 heures en moyenne, les ampoules passent à une espérance de vie de 1 000 heures. Cet accord est contractuel, et les fabricants qui mettraient sur le marché des ampoules dont la durée de fonctionnement excéderait les 1 000 heures seraient sanctionnés. Durant les Trente Glorieuses, l'obsolescence programmée se répand dans l'industrie. Le chimiste DuPont, qui fabrique des bas en nylon quasi indestructibles, fait travailler ses ingénieurs pour fragiliser la fibre afin d'augmenter ses ventes. Les industries de l'informatique ou de l'électroménager conçoivent des produits pour qu'ils durent quelques années seulement. Jadis un frigo pouvait fonctionner plus de vingt ans. Aujourd'hui rares sont ceux qui ne sont pas renouvelés après dix années... Cette obsolescence est d'abord technique, mais elle est aussi psychologique : en créant des effets de mode, en renouvelant sans cesse les gammes, les versions, les fabricants cherchent à remplacer de plus en plus vite les produits utilisés par les ménages[1].

Comme le souligne l'association Les Amis de la Terre, la firme Apple est devenue experte en la matière : « L'iPad, comme l'iPhone avant lui, est doté d'accumulateurs dont la durée de vie varie entre deux et quatre ans, et qui sont directement moulés dans le plastique[2]. » Ainsi, sur ces produits, il est impossible de changer la batterie. Lorsqu'elle rend l'âme, l'utilisateur n'a d'autre choix que de racheter un appareil.

Apple a vendu 13,7 millions d'iPhone dans le monde entre juin 2007 et mars 2009. L'iPad, lancé le 30 avril 2010, se vendrait lui au rythme d'une pièce toutes les trois secondes. Le 30 juillet

---

1. « Prêt à jeter », documentaire de Cosima Dannoritzer diffusé sur Arte le 19 mars 2011.
2. « L'obsolescence programmée, symbole de la société du gaspillage. Le cas des produits électriques et électroniques », Les Amis de la Terre, septembre 2010.

2011, la société californienne publie ses résultats du deuxième trimestre : son bénéfice est en hausse de 125 % et ses revenus de 82 %. Avec 362 milliards de dollars de capitalisation boursière, elle est la deuxième entreprise la plus riche de la planète, derrière le pétrolier Exxon Mobil (395 milliards). Enfin, sa trésorerie disponible – près de 76 milliards de dollars – dépasse de 3 milliards celle des États-Unis[1]. À titre de comparaison, le programme des Nations unies pour l'environnement (le PNUE) dispose d'un budget annuel de moins de 60 millions de dollars, constitué de dons des États. C'est 1 266 fois moins que la seule trésorerie de la marque à la pomme et 6 000 fois moins que sa valeur en Bourse.

Cette exemple – un parmi tant d'autres – prouve la totale hypocrisie des grandes firmes multinationales en matière d'écologie. Apple communique sur ses bonnes pratiques de tri des déchets ou d'efficacité énergétique, mais se tait sur sa stratégie d'obsolescence programmée, qui confirme à quel point le capitalisme néolibéral a besoin du productivisme et de la surconsommation pour prospérer. Apple ne se soucie ni des volumes de déchets qu'elle génère, les vieux appareils terminant le plus souvent dans d'immenses décharges du tiers-monde, ni

---

1. « Apple a plus de liquidités que les États-Unis », *Le Figaro*, 30 juillet 2011.

des prélèvements gigantesques que demande la surconsommation de ses produits électroniques. Mettre sur le marché un ordinateur portable de 2,8 kilogrammes nécessite de prélever 434 kilogrammes de matières premières, entrant à un moment ou à un autre dans le processus de fabrication. Les flux de matières « cachés », car invisibles pour le consommateur final, font pourtant partie du bilan environnemental de la production. À travers les biens et les services qu'il consomme, un Français utilise 14 tonnes de matières premières « visibles » par an, mais l'économie française absorbe 46 tonnes de matières visibles et invisibles par an et par personne au total. La consommation matérielle est la somme de deux valeurs : les produits consommés et leurs déchets « cachés », dont le poids est deux à trois fois supérieur.

Les discours convenus sur la « dématérialisation de l'économie » nous font un peu trop facilement oublier que l'hyperconsommation est au cœur de la logique capitaliste. Même si l'expansion de la finance a généré des profits « virtuels », l'accumulation des richesses ne provient finalement que de la vente de marchandises. On peut certes spéculer sur le marché du pétrole, où le volume des transactions pèse environ dix fois la production réelle, mais pour que cette spéculation existe, il faut bel et bien que l'on produise et vende du pétrole. Produire et vendre toujours plus reste l'objectif majeur des grandes puissances économiques.

C'est donc avec une inquiétude légitime que ces puissances voient émerger, dans les années 1960 et 1970, une demande sociale de protection de l'environnement, qui risque tôt ou tard de menacer le productivisme et le libre échange. Dès lors, les firmes ou les courants de pensée ultralibéraux mettent au point des stratégies pour éviter une remise en cause du système. Parfois contradictoires, ces stratégies empruntent différents moyens : la délocalisation des activités polluantes dans les pays à bas coût de main-d'œuvre, la manipulation du droit pour épargner la responsabilité des multinationales, la négation des crises écologiques ou de leurs causes, le lobbying sur les institutions... Certains courants libéraux tentent même de favoriser une baisse de la population mondiale pour diminuer la pression sur les ressources. À partir de la fin des années 1980, le « développement durable » donne un cadre conceptuel à la contre-offensive des pouvoirs économiques pour préserver la croissance et les profits. On passe d'actions dispersées, au coup par coup, à une récupération systématique de l'écologie par les firmes. Puis, au début des années 2000, le capitalisme « vert » prend le relais pour tirer tous les bénéfices possibles du changement climatique. L'environnement n'est plus seulement un mot-clé dans une stratégie marketing. Il devient une nouvelle et gigantesque perspective de profit.

Réduire la population

En 1972 paraît « The Limits to Growth » (« Les limites de la croissance »), un rapport rédigé par Dennis et Donella Meadows, du Massachusetts Institute of Technology (MIT). Ce document présente plusieurs simulations scientifiques qui font varier différents paramètres comme la population mondiale, le taux d'utilisation des matières premières ou la production alimentaire. Toutes aboutissent à la même conclusion : le système économique mondial court à sa perte si la croissance rapide de ces différents paramètres se poursuit. Critiqué par des économistes ultralibéraux comme Friedrich Hayek, le rapport Meadows est interprété par de nombreux écologistes comme un appel à la décroissance. Il est souvent cité comme texte de référence en matière d'écologie politique, ce qui est une incroyable contre-vérité. Car le travail scientifique des membres du MIT, dont l'honnêteté n'est pas à mettre en doute a priori, ne peut pas être isolé des motivations politiques de ses commanditaires.

Le cahier des charges de l'étude qui aboutit au rapport Meadows est rédigé par le Club de Rome, un cercle de réflexion fondé en 1968 par l'Italien Aurelio Peccei (1908-1984) et le Britannique Alexander King (1909-2007) pour « concevoir, imaginer, observer le monde (...) sous tous

ses aspects, à tous les niveaux : naturels, économiques, humains, sociaux et philosophiques. »

Le premier est un puissant homme d'affaires, membre du Conseil d'administration de
Fabbrica Italiana Automobili Torino (FIAT).
Quand FIAT devient dès les années 1930 un
empire industriel international, Aurelio Peccei est chargé de développer les activités de la
firme en Amérique latine et en Chine. De retour
en Italie à la veille de la Seconde Guerre mondiale, il s'engage dans les réseaux antifascistes,
ce qui lui vaut d'être emprisonné par le régime
de Benito Mussolini. Après-guerre, il participe
à la reconstruction du groupe FIAT, d'abord en
Italie. À partir de 1949, il s'installe en Argentine
pour relancer l'activité de la multinationale en
Amérique latine. Malgré les dérives autoritaires
du président national-populaire Juan Perón
et un coup d'État de l'armée en 1955, Aurelio Peccei y vit près de dix ans. Il crée l'Atlan-
tic Community Development Group for Latin
America (ADELA) pour défendre les intérêts
des industriels américains et européens dans
le sous-continent. Dans les années 1960, il revient en Europe et prend la direction d'Olivetti,
firme qui commercialise du matériel de bureau, connue pour ses politiques sociales avant-
gardistes. Entre 1945 et 1960, Adriano Olivetti
(1901-1960) cherche à appliquer sa vision progressiste de la société dans l'entreprise familiale
qu'il dirige. Mais sa réflexion politique va plus

loin. Pour lui, l'organisation politique idéale est celle de l'État fédéral s'appuyant sur les petites communautés. En 1948, Olivetti avait créé *Movimento Comunità* (Mouvement Communauté), un groupe politique rassemblant des socialistes et des libéraux qui gagna en influence dans les années 1950 au point de le faire élire à l'Assemblée nationale italienne.

Peccei, qui se dit « socialiste et libéral », se retrouve pleinement dans ce courant de pensée. Marqué par la guerre et le fascisme, il est favorable à des politiques sociales, porté sur la spiritualité et la culture, mais reste un grand promoteur du libre échange et du commerce mondial, qu'il considère comme des vecteurs de paix et de développement. Il s'oppose violemment à l'État-nation et aux idéologies, marxisme en tête. Surtout, il est terrifié par la situation démographique dans les pays du Sud. Auteur de plusieurs livres, il décrit la croissance de la population mondiale comme une « métastase cancéreuse » et se réfère volontiers au biologiste américain Paul Ehrlich. Dans un ouvrage publié à la fin de sa vie, il écrit : « Excepté les insectes, rares sont les espèces qui se multiplient aussi farouchement et aveuglément que la nôtre. En outre, elle s'est démontrée vorace et insatiable bien au-delà des limites physiologiques[1]. »

1. Aurelio Peccei, *Cent pages pour l'avenir – Réflexions du président du Club de Rome*, Economica, 1981.

Alexander King, fondateur avec Peccei du Club de Rome, est un haut fonctionnaire. Il a débuté sa carrière comme attaché scientifique à l'ambassade britannique de Washington (1943-1947), puis a rejoint le département de la recherche scientifique et industrielle en Grande-Bretagne (1950-1956). En 1957, il dirige l'Agence européenne de la productivité, une structure créée pour faciliter le transfert des technologies américaines en Europe de l'Ouest dans le cadre du plan Marshall. En 1961, cette agence fusionne avec l'Organisation européenne de coopération économique (OECE) pour donner l'Organisation de coopération et de développement économiques (OCDE), qui devient le cercle de réflexion économique des États les plus riches de la planète. Alexander King prend la direction scientifique de l'OCDE à sa création et occupe cette fonction jusqu'en 1968. De 1968 à 1974, il est directeur général de cette structure totalement acquise au libre échange.

Peu de temps après la création du Club de Rome, en septembre 1969, Aurelio Peccei rencontre un scientifique américain d'origine turque, Hasan Özbekhan. De 1963 à 1969, Özbekhan a été responsable scientifique de la System Development Corporation (SDC), une compagnie américaine qui crée des logiciels pour le compte de l'armée. Il a aussi exercé en tant que consultant pour de grandes multinationales. En 1970, il rejoint l'Université de

Pennsylvanie et développe une réflexion sur le risque de voir le monde confronté à une pénurie de ressources. Lors d'un congrès qui se déroule à Berne en juin 1970, il présente un manifeste intitulé « The Predicament of Manking » (« Les dilemmes de l'humanité »), qui servira de point de départ aux travaux du Club de Rome, qu'il intègre évidemment.

Les créateurs de ce cercle de réflexion trouvent dans leur entourage proche de généreux financeurs : la famille Agnelli, propriétaire du groupe FIAT qui a employé Peccei, la fondation Rockfeller ou celle d'un autre constructeur automobile, l'allemand Volkswagen.

Pour les membres du Club de Rome et leurs mécènes, les conclusions alarmistes du rapport Meadows confirment leur crainte : celle de voir l'augmentation de la population mondiale générer de la pauvreté, et que cette pauvreté précipite les populations dans les bras du communisme. Pour sauvegarder le capitalisme, ils estiment qu'il doivent choisir entre deux options : soit il faut se préparer à de nouveaux compromis en matière de répartition des richesses, soit il faut imposer un contrôle de la croissance démographique. C'est évidemment la seconde solution qui obtient les faveurs des commanditaires, qualifiés de « néo-malthusiens ». Lors du sommet international sur l'environnement organisé à Stockholm en 1972, la question démographique est au cœur des discussions : faut-il réduire la population mondiale pour sauver la planète ? Relayée par les écologistes, elle restera très présente dans l'actualité tout au long des années 1970.

Dès 1966, alors qu'il officiait à l'ADELA, Aurelio Peccei avait proposé au Département d'État américain d'entreprendre des recherches sur une possible pénurie de ressources. Mais à l'époque sa suggestion ne fut pas suivie. *The Limits to Growth* lui donne enfin raison. Suite à la publication du rapport, le conseiller des États-Unis à la sécurité nationale Henry Kissinger commande un rapport sur le sujet[1]. Le document remis en décembre 1974 confirme l'importance stratégique de la maîtrise de la démographie, et l'État fédéral présidé par le républicain Gerald Rudolph Ford (1907-2006) commence à conditionner son aide au développement à l'adoption de programmes de contrôle des naissances. Cette stratégie donne des résultats limités : la population mondiale passe de 4 milliards d'habitants en 1975 à 6,8 milliards en 2010, mais le rythme de l'augmentation diminue à partir des années 1980, particulièrement en Asie et en Amérique latine.

---

1. National Security Study Memorandum 200, *Implications of Worldwide Population Growth For U.S. Security and Overseas Interests*, dit « Rapport Kissinger », 10 décembre 1974.

Détruire la souveraineté populaire

Jusqu'à la fin de sa vie en 1984, Aurelio Peccei continue à faire du contrôle des naissances un combat prioritaire. Sur la question de la production et de la consommation matérielle, il n'envisage pas de changement révolutionnaire. Invité à s'exprimer sur les ondes françaises le 21 mars 1975, Peccei ne laisse planer aucun doute[1]. Lorsque l'animateur l'interroge sur sa double personnalité – « Vous êtes un dirigeant industriel et même l'un des plus grands. Vous connaissez ce qu'est exactement le mot production. Vous êtes à la tête de FIAT, d'Olivetti, vous êtes un homme qui compte dans cette industrie. Puis tout d'un coup, vous vous dites que cette production n'est plus possible et on a l'impression que vous faites le contraire de ce pourquoi vous avez été inventé. » – ; l'Italien répond : « Non, je ne dis pas comme ça. La production sera toujours nécessaire. Et dans un monde qui croît en nombre de personnes et en aspiration de ces personnes, la production sera toujours plus grande. Il faut assurer la production. Mais elle ne doit pas être la fin ultime, le but final de l'homme. Elle doit satisfaire des nécessités matérielles. » Loin de réclamer

---

1. Jacques Chancel, « Radioscopie », France Inter, 21 mars 1975.

la décroissance ou même l'arrêt de la croissance, Peccei propose de réduire la population mondiale pour mieux répondre aux besoins humains... sans prélever sur les profits des plus riches qui seront garantis par une croissance « raisonnable » de la production. L'homme d'affaires ne s'arrête pas là. Son projet pour l'avenir est un curieux mélange fait de spiritualité, de coopération Nord-Sud et Est-Ouest, de contrôle des naissances, de désarmement et de libéralisme économique. Au cœur de sa théorie figure le démantèlement des États, car « les principes de la souveraineté nationale sont un des obstacles majeurs sur la voie du salut collectif de l'humanité[1] ». Mère de tous les vices, la souveraineté nationale servirait « surtout les intérêts des classes dirigeantes » et produirait des comportements aberrants : « Subvention aux industries établies sur des bases nationales non compétitives, protectionnisme, autarcie économique et intellectuelle, éducation teintée de nationalisme et non ouverte sur le monde. » Il souhaite organiser « un déclassement conceptuel du caractère souverain de l'État national » en créant la « conscience de l'impératif d'une solidarité globale ». Comme le Club de Rome qu'il préside, Peccei reste flou sur le type d'organisation qui pourrait progressivement remplacer celui des États-nation. En cercle restreint, il vante volontiers l'efficacité, la

---

1. Aurelio Peccei, *Op. Cit.*, 1981.

rationalité et la souplesse des multinationales, qui devraient servir de modèle. En avril 1971, il participe à un colloque intitulé « Les hommes d'affaires uniront-ils le monde ? » au cours duquel il déclare : « [La firme multinationale est] l'agent le plus capable d'opérer cette internationalisation de la société humaine que nous estimons indispensable. [...] Sa rationalisation mondialiste de tout le cycle recherche-production-distribution, grâce à un recours optimal, par-delà les frontières, à tous les facteurs en présence, est si fondamentalement juste qu'elle devra être appliquée largement au-delà de la sphère limitée de la grande entreprise[1]. »

Le fondateur italien du Club de Rome apparaît finalement comme le véritable père spirituel du « développement durable ». Apôtre de la mondialisation heureuse – avant la lettre – et de la libre entreprise (« Tout en laissant la plus grande liberté aux entreprises, qui sont son bras séculaire, [la société] ne pourra pas admettre que celles-ci donnent la priorité à des intérêts différents de son intérêt général »), il estime la lutte des classes dangereuse et dépassée par les questions environnementales : « Les luttes de classes se révèlent toujours plus coûteuses et stériles. Même les déshérités découvrent qu'au-delà des

---

1. « Will businessmen unit the world ? », Santa-Barbara, avril 1971. Cité par Philippe Braillard, *L'Imposture du Club de Rome*, PUF, 1982.

injustices sociales et économiques dont ils souffrent, il y a peut-être une apocalypse encore pire qui pèse sur le monde entier, et dont ils seraient les premiers à être les victimes. » Enfin, il incrimine non pas le capitalisme mais la nature humaine : « La nature même de l'homme jouera contre lui. » Le seul point fondamental qui le distingue des rédacteurs du rapport Brundtland de 1987 est la question scientifique, qu'il considère avec méfiance, refusant par exemple les manipulations génétiques et la place démesurée accordée à la technique par la société des Trente Glorieuses.

De 1968 à sa mort, seize ans plus tard, Peccei a beaucoup œuvré pour convaincre et convertir les chefs d'État à ses thèses : en février 1974, à Salzbourg (Autriche), il réunit des dirigeants nationaux – le président sénégalais Leopold Senghor, le président mexicain Luis Echeverria, le président des Pays-Bas Joop den Uly, le président suédois Olof Palme et le Premier ministre canadien Pierre Trudeau – pour une rencontre informelle portant sur les relations Nord-Sud. Les débats en resteront secrets.

Les neuf rapports au Club de Rome qui suivent *The Limits to Growth* jusqu'en 1980 ne sont qu'un approfondissement et une actualisation des idées de Peccei. Le second rapport assure, par exemple, que « l'histoire future ne sera plus celle des personnalités et des classes sociales, comme par le passé, mais celle de l'utilisation des

ressources et de la survie de l'espèce humaine[1] ».
Celui de 1977, coordonné par le philosophe
hongrois Ervin László, veut « donner la priorité
à la conscience de l'espèce sur la conscience nationale et la conscience de classe[2] ». À partir du
troisième rapport, l'économiste néerlandais Jan
Tinbergen vient mettre une touche productiviste aux travaux du cercle de réflexion, tout
en restant dans une approche social-libérale. En
proclamant la fin des idéologies pour occulter
leur propre orientation idéologique mondialiste
et libre-échangiste, et en réduisant les problèmes
du monde à leur dimension économique dans
une conception mécaniste, Peccei et le Club de
Rome adoptent un positionnement purement
technocratique. Ils se coulent dans le courant
de pensée dit fonctionnaliste, en vogue depuis la
fin de la Seconde Guerre mondiale, qui veut que
la coopération internationale se situe d'abord
au plan des tâches fonctionnelles, hors de l'emprise des conflits idéologiques. La « méthode
Monnet » d'intégration européenne par l'économie est directement issue de cette théorie.
En utilisant la crise environnementale, symbole
de la « communauté de destin » des peuples, les

1. Mihaljo Mesarovic, Eduard Pestel, *Mankind at
the Turning Point*, 1974.
2. Ervin Laszlo, *Goals for Mankind, A Report to the
Club of Rome on the New Horizons of the Global Community*, 1977.

membres du Club de Rome cherchent à appliquer la même pensée au niveau des relations internationales, prolongeant ainsi l'œuvre libérale
de Robert Schumann et de Jean Monet[1].

Malgré ses accents mystiques, l'approche
d'Aurelio Peccei marque à la fois les classes
dirigeantes de droite comme de gauche et le
mouvement écologiste des années 1970. Le
mondialisme et le déclassement de l'État, la
dépolitisation de la question environnementale
et la justification idéologique du libre échange
lui doivent énormément.

Délocaliser la pollution

Les Trente Glorieuses sont jalonnées de catastrophes environnementales, qui se produisent
dans la plupart des pays développés. Dans les
années 1950, le smog londonien dû aux pollutions industrielles provoque la mort de milliers
de personnes. Pour augmenter leurs profits, les
producteurs britanniques de charbon réservaient
leurs combustibles de bonne qualité à l'exportation et brûlaient dans les usines britanniques celui de mauvaise qualité, générant des émissions
de polluants considérables. Ce scandale écologique et sanitaire amène la Grande-Bretagne à
voter des lois sur l'air en 1956 et en 1968.

---

1. Aurélien Bernier, *Désobéissons à l'Union européenne*, Mille et une nuits, 2011.

À la fin des années 1950, c'est le Japon qui fait la « une » de l'actualité avec un autre pollution industrielle. Entre 1932 et 1966, la compagnie pétrochimique Chisso a déversé 400 tonnes de mercure dans la baie de Minamata. À partir de 1959, il ne fait plus de doute pour les médecins qu'il existe un lien direct entre les terribles maladies nerveuses observées chez les riverains de l'usine et la pollution industrielle de l'eau. La firme, érigée en modèle de réussite économique, continue pourtant à déverser ses métaux lourds dans l'eau et ne se décide à traiter les boues contaminées qu'à partir de 1977. Chisso devient l'un des premiers symboles modernes d'entreprise qui préfère détruire l'environnement et briser des vies plutôt que de renoncer à une partie de ses profits. Dans l'Amérique des années 1960, les écrits de Rachel Carson, de Barry Commoner ou de Ralph Nader s'en prennent à l'avidité des firmes, et la catastrophe latente provoquée par les pesticides et les pollutions industrielles sont au cœur des débats.

Bien sûr, les accidents et les pollutions des industries ne sont pas une nouveauté en cette deuxième moitié du XXe siècle. Le secteur de l'aluminium, par exemple, a généré de nombreux dégâts en Europe et a dû faire face à l'opposition souvent virulente des populations locales. En 1905, la firme Péchiney, qui dominait la production de ce métal en France,

indemnisait déjà des paysans riverains de ses
usines dont les vaches étaient atteintes de fluo-
rose, une maladie provoquée par l'intoxication
au fluor rejeté lors du procédé de fabrication.
En 1932, un four explosait sur son site de Gar-
danne, faisant sept morts parmi les ouvriers,
ajoutant un drame humain aux problèmes environnementaux. À l'époque, la firme indemnisa
les victimes de façon systématique pour continuer à produire et à polluer[1]. Le choix de l'indemnisation est d'autant plus avantageux pour
les industriels que seules les pertes économiques
sont indemnisées, et jamais la restauration complète des écosystèmes.

Après 1945, deux nouveaux paramètres modi-
fient la nature des accidents environnementaux
ou leur perception par les populations. D'une
part, la couverture médiatique des catastrophes
se renforce. La vitesse de circulation de l'information augmente et l'arrivée des téléviseurs dans
les foyers rend la pollution, même lointaine,
bien plus concrète. D'autre part, la mondialisation de l'économie provoque une mondialisation des dommages sur l'environnement. Une
partie de plus en plus importante des pollutions
est provoquée par des activités à l'étranger (on
parle de pollutions « transfrontalières ») ou par

---

1. Sous la direction d'Andrée Corvol, *Les Sources
de l'histoire de l'environnement, le XXᵉ siècle*, tome III :
L'Harmattant, 2003.

des productions locales qui sont dédiées à l'exportation. Ces dégâts environnementaux sont d'autant moins acceptables par les populations des pays riches qu'ils ne sont plus seulement le revers de la médaille d'un développement économique local : ils tendent à devenir les conséquences imprévisibles d'un système mondialisé.

Le 10 juillet 1976, un nuage de dioxine s'échappe d'un réacteur de l'usine chimique italienne Icmesa, située dans la commune de Meda, près de Seveso, à une quinzaine de kilomètres au nord de Milan, et contamine les habitants des quatre villages alentour. Le site appartient au leader mondial de la parfumerie et des arômes, la société Givaudan, elle-même détenue par l'un des premiers groupes du secteur pharmaceutique, le suisse Hoffmann-La Roche S.A. Au moment de l'explosion, la production réalisée à Seveso est entièrement exportée aux États-Unis. Pour rester compétitif sur le marché mondial, on tire à la baisse les coûts de production, et le moyen le plus rapide est de rogner sur la sécurité.

L'accident de Seveso marque les esprits dans les pays développés. Si aucun cas mortel n'est identifié, environ 37 000 personnes sont touchées par le nuage chimique. L'armée doit intervenir pour évacuer les habitations, et près de 80 000 animaux de ferme sont abattus pour éviter la contamination de la chaîne alimentaire par la dioxine. Durant les années qui suivent,

les médecins constatent des problèmes neurolo-
giques et une baisse des défenses immunitaires
chez les riverains. Les femmes donnent naissance à une proportion inhabituellement élevée de filles : 62 % au lieu de 50 % en temps
normal. Avec la forte croissance des activités
chimiques, et notamment la surconsommation
de pesticides en agriculture, les pays riches se
sentent désormais menacés par une catastrophe
écologique et sanitaire majeure. En France, le
magazine *Ça m'intéresse* de décembre 1983 titre :
« À quand un Seveso français ?[1] »

Alors que les pollutions d'un groupe comme
Péchiney au début du XXᵉ siècle n'étaient connues
que des riverains et de certains spécialistes, les
images d'usines accidentées comme celles de
Seveso font le tour du monde. L'augmentation
de la production mondiale qui pousse au gigantisme industriel génère, en cas d'accident, des
catastrophes de plus en plus graves. La stratégie qui consistait à indemniser les victimes pour
continuer à polluer l'environnement a vécu :
non seulement le coût des dommages s'alour-
dit, mais la réputation même des firmes est fortement entamée auprès de l'opinion publique.

Heureusement, la mondialisation en cours
offre une nouvelle possibilité : délocaliser le
risque. Le 3 décembre 1984, ce n'est plus l'Europe mais l'Inde qui subit une catastrophe dans

---

1. *Ça m'intéresse*, n° 34, décembre 1983.

une usine chimique, celle que la firme américaine Union Carbide, filiale du géant Dow Chemical, possède à Bhopal. Construit en 1978, ce site permet d'alimenter en pesticides le gigantesque marché asiatique converti à la « révolution verte » de l'agriculture intensive. Dès 1982, dix déficiences importantes dans le système de sécurité avaient été détectées, sans suite. Pour préserver leur compétitivité économique, les dirigeants choisissent de réduire le personnel qualifié. Les cuves de produits toxiques sont enterrées dans les faubourgs de Bhopal, dont la population est passée de 385 000 habitants en 1971 à près de 800 000 en 1984. Le nombre de bidonvilles n'a cessé d'augmenter avec le développement de l'activité d'Union Carbide. Dans la nuit du 2 au 3 décembre 1984, quarante tonnes de gaz s'échappent d'une cuve d'isocyanate de méthyle, un produit extrêmement toxique. Le nuage couvre vingt-cinq kilomètres carrés et tue immédiatement près de 4 000 personnes. Selon les associations de victimes, le nombre total des décès dus à l'accident s'élèvera à 25 000.

À Bhopal, Dow Chemical mettait en application un principe simple et efficace pour augmenter ses profits : puisque les populations occidentales ne veulent plus des pollutions industrielles, mieux vaut les délocaliser dans les pays pauvres, qui acceptent nettement plus facilement les risques. La dégradation de l'environnement, comme la main-d'œuvre, y coûte bien moins cher, et les gouvernements accueillent les bras ouverts ces créations d'usines. Huit ans seulement après Bhopal, l'économiste en chef de la Banque mondiale, l'Américain Lawrence H. Summers, recommande dans une note interne de généraliser cette pratique. Pour cet ancien conseiller économique de Ronald Reagan en 1982 et 1983 passé dans le camp des démocrates, « la Banque mondiale ne devrait-elle pas encourager davantage la migration des industries sales vers les pays les moins développés ? ». Et il poursuit : « Je pense à trois raisons :

1) La mesure du coût de la pollution altérant la santé dépend des gains prévus de l'augmentation de la morbidité et de la mortalité. [...] De ce point de vue une quantité donnée de pollution affectant la santé doit être faite dans le pays ayant les coûts les plus faibles, qui sera le pays dont les salaires sont les plus bas. Je pense que la logique économique derrière le déchargement de déchets toxiques dans le pays aux salaires les plus bas est irréprochable et nous devons la regarder en face.

2) Le coût de la pollution est susceptible d'être non linéaire, car l'augmentation initiale de pollution a sans doute un coût très bas. J'ai toujours pensé que les pays sous-peuplés d'Afrique sont infiniment peu pollués, la qualité de leur air est sans doute considérablement peu rentable par rapport à Los Angeles ou Mexico. Ce qui empêche l'amélioration du bien-être mondial du

commerce de la pollution de l'air et des déchets, c'est le fait déplorable que tant de pollution soit produite par des industries incessibles et indéplaçables (transport, production d'électricité), et que le coût unitaire du transport des déchets solides soit si élevé.

3) La demande d'un environnement propre pour des raisons esthétiques et de santé est susceptible d'avoir une très grande élasticité de revenus. [La demande augmente avec le niveau de revenu]. L'inquiétude à propos d'un agent ayant une chance sur un million de provoquer le cancer de la prostate est de toute évidence beaucoup plus élevée dans un pays où les gens survivent au cancer de la prostate que dans un pays où le taux de mortalité des moins de 5 ans est de 20 % [...][1] »

Diffusée sur Internet, cette note fait scandale et oblige Lawrence H. Summers à déclarer qu'il s'agit d'une plaisanterie[2]. Pourtant, elle atteste une nouvelle tendance à l'œuvre depuis l'accident de Seveso : la recherche de nouveaux marchés, de conditions fiscales avantageuses, de matières premières à bas prix et de main-d'œuvre sous-payée ne sont plus les seuls paramètres à l'origine des délocalisations. Pouvoir polluer et faire prendre des risques à

---

1. Note interne de la Banque mondiale, 12 décembre 1991.

2. « Furor on Memo At World Bank », *The New York Times*, 7 février 1992.

la population sans en assumer les coûts devient également un facteur-clé.

Organiser l'irresponsabilité

La croissance économique spectaculaire des Trente Glorieuses s'est nourrie d'une énergie surabondante et très bon marché. Entre 1945 et 1975, la consommation mondiale d'énergie est multipliée par quatre, passant d'environ 1 500 millions de tonnes d'équivalent pétrole à plus de 6 000. Sur la même période, la consommation mondiale de pétrole est multipliée par huit, avec un prix du baril qui ne dépasse pas les 5 dollars jusqu'à la première crise pétrolière de 1973.

L'industrie pétrolière, née dans la seconde moitié du xixᵉ siècle aux États-Unis, subit une forte concentration dès 1870, lorsque la famille de banquiers Rockfeller fonda la Standard Oil Company en absorbant de nombreux exploitants. Au début du xxᵉ siècle, les grandes compagnies européennes sont constituées : la Royal Dutch aux Pays-Bas et Shell au Royaume-Uni, qui fusionnent en 1907. Les fantastiques gisements du Proche et du Moyen-Orient sont découverts entre les deux guerres mondiales. Pour les exploiter, la Grande-Bretagne crée l'Anglo-Persian Company, qui devient British Petroleum en 1954. Les pays développés s'y bousculent, et les États-Unis imposent les principe de la « porte ouverte » en Orient, qui garantit une égalité des droits commerciaux pour les entreprises pétrolières désirant s'y installer, dans la plus pure tradition libre-échangiste américaine.

Du fait de l'éloignement des grands gisements des pays fortement consommateurs (les États-Unis, l'Europe et le Japon), la hausse de la demande de produits pétroliers s'accompagne d'une explosion du transport du pétrole brut vers les raffineries, situées dans les pays développés. Ce transport se fait de deux manières : par oléoducs et par bateaux.

Le caractère nécessairement international du marché du pétrole permet aux grandes multinationales de goûter très tôt les avantages de la mondialisation. La concurrence acharnée dans le transport maritime en général, et dans le transport du pétrole brut en particulier, se traduit de deux manières : la mise en compétition des pavillons et des équipages, en rognant si nécessaire sur la sécurité des navires ou les compétences des marins, et la construction de navires toujours plus gros pour réaliser des économies d'échelle. Les marins dans les pays riches, et notamment les Américains qui sont les mieux payés au monde, sont mis en concurrence avec les équipages des pays du Sud dès les années 1950. Le patronat américain utilise les services d'un pays, le Liberia, qui doit son existence aux

États-Unis et leur est donc redevable[1]. Pour baisser les coûts du transport international de marchandises, et notamment celui du pétrole, ils financent la flotte libérienne, dont le tonnage dépasse dès 1966 celui de la flotte Britannique. En échange, la République du Libéria propose une fiscalité très allégée et devient le principal « pavillon de complaisance » de la planète. Parallèlement à ce phénomène de dumping social, les fabricants de tankers se livrent à une course délirante au gigantisme. Le premier pétrolier de l'histoire, construit en Grande-Bretagne en 1886, pouvait charger 2 300 tonnes. La capacité moyenne des pétroliers en 1944 est déjà de 15 500 tonnes. Elle passe à 58 578 tonnes en 1965 et à plus de 71 000 l'année suivante. Le pétrole représente alors la moitié du volume du commerce international.

En mars 1967, le pétrolier libérien *Torrey Canyon* navigue dans la Manche entre les îles Sorlingues et la côte britannique. Parti du Golfe persique et affrété par une compagnie américaine, il transporte du pétrole pour le compte

---

1. Le Liberia est créé par une société philanthropique américaine qui entreprend, à partir de 1822, de peupler le pays avec d'anciens esclaves noirs libérés. Les immigrés, encouragés par les États-Unis, établissent une Constitution calquée sur la Constitution américaine. Le 26 juillet 1847, les colons afro-américains qui dirigent le Liberia font de ce petit pays la première République indépendante d'Afrique noire.

de British Petroleum. Suite à plusieurs événements mineurs, le commandant du pétrolier se fourvoie dans une zone à risque connue sous le nom de « Seven Stones » et déchire la coque sur un rocher. Du pétrole s'échappe de ses cuves, provoquant une catastrophe écologique sans précédent. Les gouvernements britanniques et français sont totalement dépassés. Pour tenter de préserver les Cornouailles, sorte de « côte d'azur » des riches Anglais, le gouvernement britannique fait asperger les nappes de pétrole avec des produits détergents encore plus toxiques que le brut qui s'échappe du *Torrey Canyon*. L'aviation britannique, la Royal Air Force, bombarde l'épave encore accrochée à « Seven Stones », espérant la couler au fond de la Manche. Mais rien n'y fait : les 127 000 tonnes de sa cargaison sont relâchées en mer et les Cornouailles sont touchées. On tente sans succès de brûler le pétrole en larguant des bombes incendiaires puis en entretenant le feu avec des bombes au napalm. Côté français, on ne croit pas à l'arrivée des nappes sur le territoire... qui touchent pourtant les côtes bretonnes un mois après le naufrage. Pour qualifier cet accident qui traumatise les populations et ruine de nombreux pêcheurs, un journaliste invente une expression : le monde développé vient de découvrir les « marées noires ».

Les hommes politiques français et britanniques s'insurgent contre les « pavillons de

complaisance », et le Royaume-Uni lance des négociations qui permettront d'adopter le 29 novembre 1969 la Convention internationale sur
la responsabilité civile pour les dommages dus à
la pollution par les hydrocarbures. Mais, comme
les précédentes conventions édictées après le
naufrage du *Titanic* en avril 1912, elle ne permet
pas de sécuriser un transport maritime en pleine
croissance. D'ailleurs, les principales sources de
pollution ne sont pas les marées noires, mais les
nettoyages de cuves en mer, entre deux char-
gements de cargaison, que l'on nomme « dé-
gazage ». En 1967, les dégazages cumulés de
la flotte pétrolière mondiale représentent cinquante fois la marée noire du *Torrey Canyon*.
Malgré tout, le fait qu'un gigantesque pétrolier
puisse s'échouer représente une nouvelle menace pour les populations et les activités économiques littorales situées à proximité des grandes
voies de navigation[1].

Le 16 mars 1978, c'est l'*Amoco Cadiz*, un
pétrolier lui aussi sous pavillon libérien affrété
par la compagnie américaine Amoco Transport, qui déverse ses 227 000 litres de pétrole
brut en mer et sur le littoral breton. Environ
400 kilomètres de côtes sont souillés, et la firme
Shell, à qui le pétrole était destiné, est la cible
d'un boycott et d'opérations militantes. Devant

---

1. Jean Mabire, *La Marée noire du* Torrey Canyon,
Albin Michel, 1967.

l'importance des dégâts, estimés à 152 millions
d'euros (en valeur 1978), l'État français et les
communes touchées entament une action en
justice qui aboutira, quatorze ans plus tard, à
la condamnation d'Amoco par la Cour américaine. Mais les pétroliers n'attendent pas de
connaître le verdict pour anticiper le risque, ils
s'organisent pour avoir à assumer un minimum
de coûts en cas de marées noires. Ils commencent par se séparer de leurs navires, revendus
à des filiales ou à des sous-traitants. En 1978,
les compagnies pétrolières transportent 60 % du
pétrole avec leur propre flotte ; pour le reste,
20 % du transport est réalisé par des armateurs
indépendants louant des bateaux sur de longues
durées, et 20 % est effectué par des armateurs
sollicités ponctuellement. En 1996, la part des
navires détenus par les compagnies pétrolières
n'est plus que de 30 %. En 2003, on estime
que 90 % de la flotte mondiale des pétroliers se
trouve directement ou indirectement sous pavillon de complaisance, le Liberia et le Panama
se partageant les plus grosses parts du tonnage
transporté. Pour réduire les coûts, les bateaux
sont souvent mal entretenus et les équipages
peu formés. Surtout, les conventions internationales successives (la convention OILPOL de
1954 remplacée par la convention MARPOL de
1973) font porter la responsabilité sur le propriétaire du navire. En revendant leur flotte,
les compagnies pétrolières cherchent à éviter

d'avoir à payer la réparation des dommages en cas de marée noire.

Parallèlement, les compagnies pétrolières font pression sur les États pour que les accords internationaux dans le domaine du transport maritime ne menacent pas leurs profits. Le régime de responsabilité instauré par les multiples conventions est extrêmement complexe. À partir de 1992, des conventions sur la responsabilité civile portent création de fonds visant les sinistres par déversement d'hydrocarbures minéraux persistants, les FIPOL (Fonds internationaux d'indemnisation pour les dommages dus à la pollution par les hydrocarbures). Abondés par les compagnies pétrolières, ils offrent un complément d'indemnisation au-delà de ce qui est prévu par la convention MARPOL. Mais le mode de fonctionnement des FIPOL est très critiquable. Les montants d'indemnisation sont plafonnés et les FIPOL chiffrent eux-mêmes les préjudices en faisant appel à leurs propres experts, sans procédure d'agrément auprès des tribunaux et sans évaluation contradictoire. Dans ce calcul, seuls les coûts directement quantifiables sont retenus sur la base des frais de réparation et des manques à gagner pour les activités économiques sinistrées. Les coûts purement écologiques ne sont pas couverts. Enfin, et ce n'est pas le moindre avantage pour les multinationales, les sinistrés renoncent à toute action contre le propriétaire du navire, son assureur et la compagnie pétrolière dès lors qu'ils acceptent les indemnités des FIPOL. À chaque marée noire, les lacunes de ces instruments de droit font l'objet de critiques virulentes de la part des associations, des communes, voire des États. C'est le cas lors du naufrage de l'*Erika*, pétrolier battant pavillon maltais qui coule le 12 décembre 1999 au large de la Bretagne. Affrété par la société Total et chargé de 37 000 tonnes de fuel lourd hautement toxique, il pollue 400 kilomètres de littoral en Finistère et en Charente-Maritime. Ce navire construit en 1975 avait connu huit propriétaires différents et se trouvait, au moment de l'accident, dans un état déplorable. Le 16 janvier 2008, le tribunal correctionnel de Paris retient la responsabilité pénale de Total, qu'il condamne à verser 375 000 euros d'amende à l'État français. Mais le pétrolier, qui est l'affréteur du navire, est délié de toute responsabilité civile en vertu de la convention de 1992 qui cible le seul armateur[1]. Dans son jugement d'appel rendu le 30 mars 2010, la Cour de Paris estime que l'ensemble des collectivités et les associations de protection

---

1. Dans le commerce maritime international, l'affréteur est une entreprise qui fait réaliser en sous-traitance l'acheminement de marchandises. Il peut s'agir, comme dans le cas de l'*Erika*, d'une filiale de la compagnie pétrolière. L'armateur est la personne ou la firme qui équipe et exploite le navire, qu'elle en soit propriétaire ou locataire.

de l'environnement peuvent être indemnisées au titre d'un préjudice écologique. L'avancée est symbolique, mais son champ d'application reste très limité en l'absence de définition et de quantification précise du préjudice écologique. Le secteur du transport pétrolier illustre parfaitement la façon dont les grandes firmes échappent à leurs responsabilités en jouant des lacunes du droit : création des pavillons de complaisance, montages juridiques complexes utilisant de nombreux intermédiaires pour diluer leurs responsabilités, lobbying pour obtenir une législation internationale complaisante. Et aucun dispositif ne vient contrecarrer le gigantisme des navires qui fait courir des risques de plus en plus importants, sans que le principe de précaution soit réellement mis en œuvre. Un système de double coque a certes été généralisé sur les pétroliers depuis le naufrage de l'*Exxon-Valdez* en Alaska en 1989 et celui de l'*Erika* en France en 1999, mais ce système n'est efficace que pour des accidents à faible vitesse. Et comme le montre l'histoire du *Torrey Canyon*, qui n'était pas un « navire poubelle », un bateau en bon état peut lui aussi provoquer de terribles dégâts. L'essentiel, pour les groupes pétroliers, est de maintenir un coût du transport le plus bas possible en limitant au maximum les montants à verser en cas de sinistre. Dès lors, tout leur travail de lobbying consiste à conserver un plafond d'indemnisation et à échapper à la responsabilité civile.

Deux choses qu'elles obtiennent sans peine avec les FIPOL. Les pétroliers ne sont pas les seuls à tirer bénéfice de cette situation d'irresponsabilité : l'énergie à bas prix, exploitée et transportée à un tarif qui ne reflète pas son coût global, alimente la surproduction qui fait les bénéfices de toutes les grandes multinationales.

Manier la controverse scientifique

Dans le débat sur les crises environnementales, la science occupe toujours une place déterminante. Comprendre les raisons ou les conséquences des problèmes écologiques nécessite une expertise que les populations et les politiques n'ont pas par eux-même. Sur ces questions, nous n'avons d'autre choix que de nous en remettre aux experts qui, malheureusement, ne sont que rarement unanimes. Pour les tenants de l'ordre économique, toute controverse scientifique présente un double avantage. D'une part, elle peut permettre de décrédibiliser, au moins pendant un temps, certaines thèses écologistes. D'autre part, la croyance dans la science et dans un progrès technologique tout-puissant donne réponse à tout. Si la science peut tout solutionner, il n'est plus nécessaire de faire de politique, il suffit d'attendre que la recherche porte ses fruits et répare les dégâts du productivisme.

La controverse scientifique est utilisée par des entreprises dès l'apparition des premiers scandales environnementaux. Dans les années 1960, les groupes américains de l'agrochimie comme DuPont de Nemours, American Cyanamid ou Velsicol Chemical Company dépensent une énergie incroyable pour contredire les thèses de Rachel Carson sur l'impact des pesticides. Le biochimiste Robert White-Stevens employé par American Cyanamid devient le porte-parole de l'industrie chimique et le contradicteur officiel de Carson. Il déclare notamment : « Si l'Homme devait suivre les recommandations de Mme Carson, nous retournerions à l'Âge de pierre, et les insectes, les maladies et la vermine envahiraient à nouveau la planète[1]. » À partir de la fin de l'année 1962, la Manufacturing Chemists Association[2], un lobby de promotion des produits chimiques, inonde les médias américains de publicités vantant les mérites des pesticides. L'argument moral est également employé contre les écologistes, qui sont accusés de vouloir provoquer des dizaines de milliers de décès dans le tiers-monde en obtenant l'interdiction du DDT, utilisé pour éradiquer les moustiques porteurs de paludisme[3]. En dépit de cette offensive

---

1. Dorothy Mc Laughlin, « Silent spring revisited », Fooling with Nature, http://www.pbs.org
2. Devenue l'American Chemistry Council en 2000.
3. Voir, par exemple, Dr J. Gordon Edwards, « The Lies of Rachel Carson », *21st Science and Technology*, summer 1992.

scientifique et médiatique, la balance penche du côté des écologistes : l'impact des pesticides sur la santé humaine est clairement établi et le DDT est interdit en 1972 par le gouvernement américain de Richard Milhous Nixon. Malheureusement, les liens de causalité entre certains produits dangereux et les effets sanitaires ou environnementaux ne sont pas toujours aussi évidents. Avec l'introduction dans la chaîne alimentaire des organismes génétiquement modifiés (OGM) dans les années 1970 et 1980, naît une nouvelle controverse, qui vient encore une fois des États-Unis. Les plantes dont le génome a été modifié pour produire un insecticide ou tolérer un herbicide et qui sont disséminées dans la nature sont suspectées d'avoir des conséquences sur l'environnement et la santé humaine. Il s'en suit un débat d'experts, dans lequel s'affrontent deux courants de scientifiques, les « pro » et les « anti ». Les premières propositions de loi visant à contrôler politiquement le développement des biotechnologies ont été rédigées aux États-Unis dès la fin des années 1970. Certaines d'entre elles envisagent de créer des commissions de régulation *ad hoc*. Mais, sous la pression des multinationales, le Congrès américain prend une décision lourde de sens au milieu des années 1980 : les agences fédérales existantes, dans le cadre des réglementations en vigueur, suffiront à organiser la régulation. Le 26 juin 1986, le président Ronald Reagan signe un ensemble de règles connues sous le nom de Coordinated Framework for Regulation on Biotechnology Policy (« cadre de coordination de la réglementation de la politique des biotechnologies ») qui ouvre la voie à la dissémination des OGM en consacrant le principe de l'« équivalence en substance » : les produits transgéniques seront comparés aux produits non transgéniques équivalents sur la seule base de leur composition (nutriments présents, substances toxiques ou allergènes) et ne seront soumis à aucune réglementation spécifique. Les autorités américaines décident d'ignorer la spécificité des méthodes de production des OGM ou leurs conséquences éventuelles sur l'environnement et sur l'alimentation.

Dans le contexte de libre échange, cette conception ultralibérale doit s'imposer aux autres pays de la planète. Sur proposition des États-Unis, l'Organisation de coopération et de développement économiques (OCDE) anticipe l'extension internationale du commerce des OGM. Sous son égide, un groupe d'« experts » rédige un « Livre bleu », publié en 1983, intitulé *Considérations de sécurité relatives à l'ADN recombiné*. En conclusion du rapport, une phrase résume parfaitement son contenu : « Il n'y a aucune justification scientifique à l'adoption d'une législation visant spécifiquement les organismes à ADN recombinés. » L'élimination des risques de distorsion de concurrence et d'entrave à la libre circulation des marchandises doit prévaloir sur toute autre considération. Monsanto, Novartis, Aventis Crop Science ou BASF, leaders dans ce nouveau secteur, n'ont plus qu'à communiquer sur les bienfaits des biotechnologies pour vendre leurs OGM sans supporter les coûts qu'impliquerait une évaluation sérieuse. Au nom du libre échange et en l'absence de « danger grave et imminent », l'OMC interdit de s'opposer au commerce des OGM, et l'Union européenne accepte leur commercialisation en dépit d'une opposition massive de ses habitants[1]. Comme pour n'importe quelle marchandise, l'objectif recherché par les libéraux est de soumettre le commerce international des OGM à des règles techniques et d'évacuer toute décision politique.

Dans l'Europe communautaire, l'Autorité européenne de sécurité des aliments (AESA), créée en 2002, évalue les demandes d'autorisation d'importation ou de mise en culture d'OGM. Alors que la réglementation européenne mise en place en 2001 prévoit une analyse des demandes au cas par cas, l'AESA et la Commission européenne cherchent à imposer, comme aux États-Unis, le principe de l'équivalence en

---

1. Aurélien Bernier, « La poudre aux yeux de l'évaluation des OGM », *Le Monde Diplomatique*, novembre 2006.

substance[1]. Régulièrement, des conflits d'intérêts au sein de l'agence d'évaluation sont dénoncés par les environnementalistes. En juin 2011,
l'Observatoire de l'Europe des entreprises (Corporate Europe Observatory, CEO), une association néerlandaise, pointe de nombreux liens
entre des membres de l'AESA et l'industrie :
l'Allemand Matthias Horst est directeur général du lobby allemand de l'agroalimentaire ; le
Tchèque Jiri Ruprich est membre de la fondation Danone ; le Belge Piet Vanthemsche est
membre du lobby européen des agriculteurs ;
le Slovaque Milan Kovac est dirigeant d'une
organisation regroupant la plupart des groupes
impliqués dans le commerce des OGM[2]... Peu
importe, l'essentiel est que la procédure garde
l'apparence d'une « expertise » afin que la technique puisse évacuer le politique.

Dans le débat scientifique et moral sur les
OGM, les vieux arguments qui avaient été
adressés à Rachel Carson dans les années 1960
sont remis au goût du jour : les opposants sont
des passéistes, des obscurantistes, des ignares, et
ils seraient mieux inspirés de faire entièrement
confiance à une recherche scientifique qui les

1. Éric Meunier, « Europe – AESA : vers une évaluation plus souple des PGM ? », Inf'OGM, octobre 2010.
2. « Exposed : conflicts of interest among EFSA's
experts on food additives », Corporate Europe Observatory, 15 juin 2011.

dépasse. La pensée de Barry Commoner, qui prône l'appropriation de la décision scientifique par les citoyens, est une fois de plus enterrée. Mais entre les débats des années 1960 sur les pesticides et ceux sur les biotechnologies dans les années 1980, le contexte économique a profondément changé. Le libre échange est devenu la règle et l'interdiction qui fut possible en 1972 pour le DDT n'est plus envisageable pour les OGM.

Au troisième Sommet pour la Terre de Rio en 1992, la question du principe de précaution est au cœur des débats. L'arrivée récente des biotechnologies dans l'alimentation *via* les OGM et le développement exponentiel des techniques de modification du vivant inquiètent les citoyens pour des raisons sanitaires et les gouvernements des pays du Sud pour des raisons de propriété intellectuelle et de maîtrise de leurs ressources génétiques. Six ans après l'accident nucléaire de Tchernobyl, l'image que cherche à véhiculer l'industrie, celle d'une science humaniste et d'une technologie toute puissante, est écornée. Pour les lobbies industriels, une contre-offensive est nécessaire. Il faut réaffirmer à la fois le rôle de la science et l'importance du libre échange.

Un mois et demi avant l'ouverture de la conférence de Rio, le Français Michel Salomon réunit de nombreux scientifiques au cours d'un colloque sur les nuisances industrielles qui a lieu en Allemagne, dans la ville universitaire d'Heidelberg. Les communications de cette conférence restent confidentielles, mais pas la déclaration de clôture signée à l'époque par 425 personnes, dont 70 Prix Nobel. L'appel d'Heidelberg, largement diffusé dans les médias, s'attaque frontalement aux écologistes et au principe de précaution : « Nous souhaitons apporter notre pleine contribution à la préservation de notre héritage commun, la Terre. À l'aube du vingt-et-unième siècle, nous sommes toutefois inquiets de la naissance d'une idéologie irrationnelle qui s'oppose au progrès scientifique et industriel, et qui entrave le développement économique et social. [...] Nous soulignons que bon nombre d'activités humaines essentielles sont effectuées soit dans la manipulation de substances dangereuses, soit dans la proximité de ces substances, et que le progrès et le développement ont toujours nécessité de plus en plus de contrôle contre les forces hostiles, et ce, dans l'intérêt de l'humanité. [...] Les plus grands maux qui accablent notre Terre sont l'ignorance et l'oppression, et non la Science, la Technologie et l'Industrie dont les instruments, lorsqu'ils sont adéquatement gérés, deviennent les outils indispensables à un futur façonné par l'Humanité, par elle-même et pour elle-même, lui permettant ainsi de surmonter les problèmes majeurs tels que la surpopulation, la famine et les maladies répandues à travers le monde. »

Michel Salomon déclarera un peu plus tard que « les dommages causés par la science peuvent être résolus par plus de science et non pas moins de science[1] ». Dans l'appel d'Heidelberg, un amalgame volontaire est fait entre la science, la technologie et l'industrie, qui toutes participeraient de la même façon au progrès. La recherche fondamentale et la connaissance sont placées au même niveau que les applications commerciales. Bien évidemment, aucune référence à l'ordre économique ne figure dans la déclaration, et le premier « problème majeur » cité par les signataires est celui de la surpopulation. On retrouve ainsi dans l'appel d'Heidelberg un savant mélange de la stratégie du Club de Rome et de celle des négateurs de la crise écologique à l'époque de Rachel Carson. Cette crise ne disparaît pas complètement dans le texte mais se retrouve reléguée très loin derrière les questions démographique, alimentaire et sanitaire. Pour la résoudre, le mieux est de faire confiance aux scientifiques et aux industriels. Pour justifier sa charge, Michel Salomon s'appuie sur le cas des écologistes fondamentalistes sacralisant la nature, comme (selon lui) l'association américaine Sierra Club.

L'initiative est largement commentée, et fait l'objet de plusieurs textes dissidents lancés à Rio, à l'image de l'« Appel à la raison pour une solidarité planétaire » signé par les physiciens Benjamin

---

1. *The Scientist*, 20 juillet 1992.

Dessus et Bernard Laponche, ou l'écologiste Pierre Radanne. Ces échanges occupent quelque temps une grande partie de l'espace médiatique. On découvre en fait que l'offensive de Salomon a été mise sur pied grâce au lobby de l'amiante, rapidement rejoint par le cigarettier Philip Morris. Dans une note interne, un dirigeant de la firme écrit : « Notre stratégie est de continuer discrètement à soutenir cette coalition pour l'aider à gagner en taille et en crédibilité[1]. » Les marchands d'amiante inquiets de possibles restrictions touchant leurs activités commerciales et les cigarettiers luttant contre les lois anti-tabac veulent introduire le doute dans l'esprit du public. Mais plus que tout, l'appel d'Heidelberg est une diversion, car ce qui se joue au Brésil est autrement essentiel. Alors qu'en 1972 et en 1982, lors des deux précédents Sommets pour la Terre, les industriels étaient peu impliqués, le sommet de Rio marque l'irruption des lobbies dans des négociations jusque-là conduites par les États. Les stratégies des grands pouvoirs économiques commencent à converger, pour gérer à la fois le risque et l'opportunité que représentent les crises écologiques. Et sanctuariser

---

1. Gerard A. Wirz, Philip Morris, « The Heidelberg appeal », http://tobaccodocuments.org. La note dit également : « Cette coalition trouve son origine dans l'industrie de l'amiante » et révèle la sympathie du président américain Bill Clinton pour les signataires de l'appel.

la valeur suprême du capitalisme néolibéral : le
libre échange. Les écologistes tombent dans le
piège. Ils se laissent enfermer dans des discussions d'experts : pour prouver le risque sanitaire
et environnemental lié aux OGM, pour démontrer chiffres à l'appui l'ampleur du changement
climatique ou de l'érosion de la biodiversité...

La prise de pouvoir des lobbies

La Chambre de commerce internationale
(CCI) est le plus puissant lobby privé au monde.
Elle regroupe des milliers de firmes et notamment des industriels de l'agroalimentaire (Coca-
Cola, Mc Donald's, Monsanto, Nestlé), de la
chimie (Dow Chemical, DuPont de Nemours,
Pfizer, Procter & Gamble), de l'informatique et
de l'électronique (Canon, IBM, Microsoft, Phi-
lips, Sony, Thomson, Toshiba), des construc-
teurs automobile (Fiat, Ford, General Motors,
Mitsubishi, Toyota, Volvo), des énergéticiens
et des pétroliers (ExxonMobil, General Electric, Shell, Texaco), des groupes médias (Time-
Warner, Vivendi Universal) et bien sûr des
banques et des acteurs de la finance (Barclays,
Crédit Suisse, Visa International)... Autant dire
que la CCI est la voix des grandes multinationales. Avec la préparation du sommet de Rio,
ces firmes prennent conscience qu'il n'est plus
possible de faire abstraction de la demande sociale en matière d'environnement. Les crises

environnementales se précisent. À l'accumulation traditionnelle de substances toxiques et
aux craintes sur la disponibilité des ressources
traitées par le Club de Rome viennent s'ajouter
trois problèmes globaux : l'effondrement de la
biodiversité, le trou dans la couche d'ozone et
le changement climatique.

La frénésie ultralibérale du début des années
1980 a généré de l'inquiétude dans l'opinion
publique, tant sur le plan social qu'environnemental. Il faut reprendre la main et reconqué-
rir l'opinion, tout en évitant que les acquis de la
mondialisation ne soient menacés par des réglementations écologiques que pourraient adopter
les États. Les sujets traités au sommet de Rio
sont extrêmement sensibles pour les multinationales. La biodiversité pose la question des biotechnologies, des brevets, des énormes marchés
que représentent les produits alimentaires, phy-
tosanitaires, cosmétiques et pharmaceutiques.
Le changement climatique touche aux énergies
fossiles, et donc à l'ensemble de la chaîne de production et au transport de marchandises.

Stephan Schmidheiny est un homme d'affaires
suisse et, en tant que dirigeant de Swiss Eternit Group de 1978 à 1989, l'un des principaux
responsables des pollutions à l'amiante sur la
planète[1]. Il administre plusieurs multinationales,

---

1. Le 13 février 2012, Stephan Schmidheiny est
condamné par le tribunal de Turin à seize ans de prison

dont Nestlé et Swatch. Sur les conseils de Maurice Strong, ancien secrétaire du premier Sommet pour la Terre de Stockholm, proche de la famille de banquiers Rockfeller, il crée le Conseil des affaires pour un développement durable (Business Council for Sustainable Development, BCSD). Ce groupe de pression travaille main dans la main avec la CCI pour préparer le sommet de Rio. Dès 1991, la CCI publie sa *Charte de l'industrie pour le développement durable*, qui réunit des firmes autour de mesures d'engagement volontaire – dans la logique même du concept de « développement durable » lancé en 1987. Les deux lobbies préparent ensemble la rédaction du chapitre du plan d'action de Rio, l'Agenda 21, qui concerne le monde des affaires. Stephan Schmidheiny recrute le cabinet de relations publiques Burson-Marsteller afin de mettre en scène la pièce de théâtre que les multinationales joueront à Rio pour amadouer l'opinion publique et les pouvoirs politiques. En 1992, la CCI crée sa propre structure de lobbying environnemental : le Conseil mondial de l'industrie pour l'environnement (World Industry Council

---

pour « catastrophe environnementale criminelle » et « omission volontaire des mesures anti-catastrophes ». Selon l'accusation, l'amiante du groupe Eternit a fait près de 3 000 morts dans ses usines et les villages environnants. Stephan Schmidheiny a fait appel de cette décision.

for Environment, WICE), dont l'un des objectifs est de s'immiscer au sein des Nations unies. Ce début des années 1990 marque un tournant. Avec le développement durable, le désintérêt des puissances économiques pour l'écologie est remplacé par la cogestion. Les lobbies industriels construisent en quelques mois une position sur laquelle ils basent toute leur action. Le rapport Brundtland de 1987 avait préparé le terrain en gommant les responsabilités économiques et politiques et en affirmant le besoin de croissance économique et de progrès scientifique pour protéger la planète. S'il est plus explicite, le discours des multinationales ne dit pas autre chose. Le mot d'ordre de la CCI à Rio est l'approche volontaire. Éviter toute réglementation contraignante étant la première des priorités, les firmes jurent qu'il est plus efficace de « s'auto-responsabiliser » que d'obéir à des normes ou de subir des taxes. D'ailleurs, les pages consacrées au développement durable se généralisent dans les rapports d'activité, les témoignages sur les économies d'énergie, d'eau et sur le tri des déchets se multiplient aux tribunes pour convaincre qu'on agit bien mieux sans contrainte qu'avec. Le recyclage est particulièrement apprécié en ces temps d'augmentation du coût du traitement des déchets, ce qui permet au passage des économies de fonctionnement.

Éviter la contrainte signifie également maintenir et renforcer le libre échange, la croissance économique étant posée comme préalable à toute politique de préservation de l'environnement. Sur ce point, le principe 12 de la déclaration de Rio est clair : « Les États devraient coopérer pour promouvoir un système économique international ouvert et favorable, propre à engendrer une croissance économique et un développement durable dans tous les pays, qui permettrait de mieux lutter contre les problèmes de dégradation de l'environnement. Les mesures de politique commerciale motivées par des considérations relatives à l'environnement ne devraient pas constituer un moyen de discrimination arbitraire ou injustifiable, ni une restriction déguisée aux échanges internationaux. Toute action unilatérale visant à résoudre les grands problèmes écologiques au-delà de la juridiction du pays importateur devrait être évitée. Les mesures de lutte contre les problèmes écologiques transfrontières ou mondiaux devraient, autant que possible, être fondées sur un consensus international. »

En échange de ces avancées, les multinationales accordent une maigre concession aux pays du Sud lors du sommet de Rio. En pleine course aux brevets et aux applications biotechnologiques, la Convention sur la biodiversité est un point d'achoppement des négociations. Les pays du Sud, qui détiennent la plus grande partie de cette ressource, voient d'un mauvais œil la stratégie des multinationales qui prospectent dans les zones à forte biodiversité, déposent des brevets sur des molécules d'intérêt et les synthétisent ensuite pour une production industrielle réalisée au profit des États du Nord. La CCI accepte que la Convention mentionne un partage « équitable » des bénéfices de l'exploitation de la biodiversité entre pays du Nord et pays du Sud. Les profits des firmes seront sains et saufs, le terme « équitable » étant soumis à de larges interprétations. En dépit d'avancées symboliques, comme la signature des conventions sur le changement climatique et la biodiversité saluées par les écologistes, Rio est surtout un succès pour les lobbies industriels et financiers.

En 1995, le Conseil mondial de l'industrie pour l'environnement et le Conseil des affaires pour un développement durable fusionnent dans une nouvelle structure : le Conseil mondial des affaires pour un développement durable (World Business Council for Sustainable Development, WBCSD). Sa présidence est confiée au responsable de British Petroleum, Rodney Chase, qui veille à ce que les industries et leurs intérêts soient bien présents dans les instances de négociation sur l'environnement. Le Conseil mondial dissémine sa bonne parole, favorisant l'émergence de structures régionales ou nationales. En France, l'association Entreprises pour l'environnement (EpE) créée en 1992, et qui regroupe entre autres Arcelor-Mittal, AXA, BNP, Bolloré, Coca-Cola, EADS, Eiffage, GDF-Suez,

IBM, Lafarge, Leclerc, Michelin, PSA, Renault, Rhodia, Saint-Gobain, Sanofi-Aventis, Total, Veolia, Vinci, adhère au Conseil mondial des affaires pour un développement durable. Pendant les dix années qui séparent le sommet de Rio du suivant, à Johannesbourg, ce lobbying met un pied dans toutes les instances décisionnelles mais continue de cibler prioritairement les Nations unies. Lors de son congrès mondial à Budapest en mai 2000, la CCI remet, en partenariat avec le Programme des Nations unies pour l'environnement (PNUE), les trophées du « management environnemental » à une cinquantaine de responsables de firmes. C'est main dans la main que Klaus Töpfer, directeur exécutif du PNUE, et Adnan Kassar, président de la CCI, célébrent l'éco-blanchiment des industriels. À Johannesbourg en 2002, les bancs du mariage entre le PNUE et le monde des affaires sont publiés. Jamais par le passé les multinationales n'avaient pris une telle place dans les négociations et dans la médiatisation d'un sommet sur l'environnement. Un partenariat baptisé *Global compact* est signé entre Kofi Annan, Secrétaire général des Nations unies et des firmes. Reposant sur l'engagement volontaire, il ne pose aucune remise en question ni du productivisme, ni du libre échange, mais loue la conversion écologique des grands groupes.

Gérer l'environnement par le marché

Débutées en 1992, les négociations sur le changement climatique sont conclues en décembre 1997 par le protocole de Kyoto, dans lequel les États développés s'engagent à réduire leurs émissions de gaz à effet de serre. Dès les premières réunions officielles, les grandes multinationales concernées par le sujet et actives en matière de lobbying se répartissent en deux groupes principaux : celles qui peuvent tirer profit rapidement de la situation et celles qui risquent de voir leurs intérêts menacés. Parmi ces dernières, on trouve bien sûr les pétroliers, les fabricants automobiles et les industries énergivores comme la métallurgie, la papeterie ou la chimie. La Global Climate Coalition est créée en 1989 pour contrer les travaux du Groupe d'experts intergouvernemental sur l'évolution du climat. Composée essentiellement de firmes américaines, elle finance nombre de contre-expertises et de campagnes médiatiques pour démontrer que les activités humaines sont sans effet sur le climat de la planète. On trouve parmi ses adhérents Exxon Mobil, Ford, Shell Oil USA, Texaco, British Petroleum, General Motors, Daimler Chrysler, The Aluminum Association. La stratégie de ce groupe de pression est simple : il faut semer le doute dans l'esprit du public. Dans une note interne datant de 1998 adressée à Shell, l'American Petroleum

Institute définit un programme de « communication sur la science du climat » pour influencer les parlementaires américains sur la question du changement climatique et empêcher la ratification définitive du protocole de Kyoto. On peut y lire : « La victoire sera acquise lorsque les citoyens de base et les médias comprendront [reconnaîtront] les incertitudes de la science du climat. » et que « ceux qui fondent le protocole de Kyoto sur l'état actuel des connaissances apparaîtront en décalage avec la réalité[1] ».

Pour certains secteurs d'activité, la réduction des gaz à effet de serre est une aubaine. C'est le cas par exemple de la filière électro-nucléaire ou des fabricants de batteries utilisables dans des véhicules électriques. À partir de la fin des années 1990, les technologies « faiblement émettrices de carbone » redorent leur blason. La Tokyo Electric Power Company (TEPCO), dont la centrale de Fukushima sera en grande partie détruite par un tsunami le 11 mars 2011, déclare sans complexe que le nucléaire « excelle dans la protection globale de l'environnement, principalement grâce à l'absence de CO_2 et de polluants atmosphériques provoquant l'appauvrissement de la couche d'ozone dans ce mode de production d'énergie[2] ».

---

1. « Action plan », Global Climate Science Communications, Avril 1998, http://research.greenpeaceusa.org.
2. http://www.tepco.co.jp/en

De fait, les négociations internationales sur les gaz à effet de serre sont le théâtre d'une lutte entre des intérêts divergents au sein des grandes puissances économiques. La CCI ou Business Europe (le nouveau nom depuis 2007 de l'UNICE : Union des industries de la communauté européenne) doivent ménager ces deux tendances, qui forment un clivage chez leurs adhérents. Après le refus des États-Unis de ratifier le Protocole de Kyoto en 2001, les multinationales sont de plus en plus nombreuses à marquer leur désaccord avec la stratégie de la Global Climate Coalition. Elles considèrent qu'il vaut mieux admettre la réalité du changement climatique et accompagner les politiques de réduction des gaz à effet de serre pour les orienter en fonction de leurs intérêts. La cogestion des politiques environnementales au sein du Conseil mondial des affaires pour un développement durable leur semble plus efficace que la contre-offensive brutale de la Global Climate Coalition.

Alors, les grandes organisations patronales adoptent une position qui satisfait la plupart de leurs membres, autour de deux revendications majeures : continuer à promouvoir l'« auto-responsabilisation » des entreprises et imposer dans les négociations internationales des solutions compatibles avec le marché et la libre concurrence. Elles défendent notamment le principe des marchés de droits à polluer en lieu et place d'une éventuelle taxation des émissions. Dans ce système, les émetteurs de gaz à effet de serre disposent de quotas fournis par les États. Comme on distribue des quotas aux éleveurs pour produire du lait, comme on distribue des quotas de pêche aux pêcheurs, on délivre aux industriels des droits à émettre des gaz à effet de serre. On autorise ensuite l'échange de ces droits sur un marché créé de toutes pièces, où une entreprise peut vendre ou acheter des quotas en fonction de ses besoins. C'est le rapport entre l'offre et la demande qui détermine le prix à payer pour dépasser son quota de pollution[1]. Bien entendu, ce système de marché est plus souple et moins onéreux pour les firmes qu'une simple taxe.

Les lobbies industriels obtiennent aussi que le protocole de Kyoto favorise les investissements occidentaux pour des projets réduisant les émissions de gaz à effet de serre dans les pays émergents. Une fois validés par l'ONU, ces projets sont récompensés par l'attribution de « crédits carbone », proportionnels aux émissions évitées. Ces titres peuvent soit compenser des dépassements d'émissions autorisées dans les pays occidentaux, soit être vendus en Bourse. Le système, baptisé Mécanisme de développement propre (MDP), préserve totalement le libre échange et permet aux multinationales du Nord de conquérir de nouveaux marchés dans

1. Aurélien Bernier, *Le Climat otage de la finance*, Mille et une nuits, 2008.

les pays émergents, la vente des crédits carbone faisant office de subvention. Il incite encore davantage aux délocalisations, puisqu'il est souvent plus rentable d'ouvrir de nouvelles activités dans les pays à bas coût de main-d'œuvre et d'empocher les crédits carbone que de mettre aux normes les usines des pays occidentaux. En langage officiel, il s'agit d'une « compensation » carbone.

En juin 1999, un groupe de multinationales crée l'International Emission Trading Association (IETA) pour défendre sa vision du marché du carbone auprès des institutions. À l'origine de l'initiative, fortement soutenue par l'ONU et le Conseil mondial des affaires pour un développement durable, on trouve les pétroliers Shell et BP, des industriels de l'énergie (Transalta, ABB), de l'extraction de matières premières (Rio Tinto), de la métallurgie (Norsk Hydro), de l'automobile (Mitsubishi), mais aussi des consultants (KPMG) et des spécialistes de la finance carbone (Ecosecurities). Cette association prend rapidement de l'ampleur avec l'adhésion de quelques-unes des plus grandes banques mondiales (Barclays, BNP Paribas, Crédit Agricole, Deutsche Bank, J. P. Morgan Chase Bank, Morgan Stanley & Co...), des assureurs (Lloyd's), de prestigieux bureaux d'études (PricewaterhouseCoopers) et de grandes puissances industrielles (Alstom, Cargill, Chevron, China Oil, Dow Chemical, EON, EDF, GDF Suez, General

Electric, Italcimenti, Lafarge, Petrobras, Rhodia, Syngenta, Total, Toyota, Veolia...). La profession de foi de l'IETA utilise tous les mots clés du développement durable : « [Notre association] cherche à développer un système d'échanges de droits d'émissions qui permette une véritable réduction des émissions de gaz à effet de serre, tout en alliant l'efficacité économique avec l'intégrité environnementales et l'équité sociale. » Son objectif est la constitution d'un marché qui couvre un maximum de secteurs d'activité et de zones géographiques, avec des règles identiques et, bien sûr, des mécanismes de compensation les plus souples possibles.

Le marché du carbone qui ouvre en Europe le 1er janvier 2005 est tel que les multinationales l'ont rêvé. Dans une première phase, les États sont si généreux avec les firmes que les volumes de droits à polluer accordés sont supérieurs aux émissions de gaz à effet de serre. Résultat de la loi de l'offre et de la demande : le prix du quota correspondant à l'émission d'une tonne de carbone s'effondre et s'établit à deux centimes d'euros fin 2007. À partir de 2008, les États font mine de resserrer la contrainte sur les industries des pays développés en réduisant le nombre de quotas attribués. Mais les compensations *via* le « Mécanisme de développement propre » offrent une réserve suffisante pour lever l'inquiétude des industriels. Le prix du quota s'établit entre 20 et 25 euros début 2008, avant que n'éclate la crise financière en septembre. La crainte d'une récession amène à penser que les émissions de gaz à effet de serre baisseront également, et que la demande de quotas carbone sur le marché chutera. En décembre, le droit à polluer a perdu la moitié de sa valeur par rapport à juillet : il se négocie moins de 14 euros. En février 2009, il passe sous la barre des 8 euros. Depuis, son cours fluctue mais demeure très loin des prix qui inciteraient les industriels à réellement investir dans la réduction des émissions.

En attendant des jours meilleurs, la finance carbone s'est structurée. Des « fonds carbone » investissent massivement dans les projets du MDP et des banques comme le Crédit Suisse proposent des produits dérivés complexes basés sur le marché des droits à polluer, très comparables aux produits dérivés du crédit immobilier qui ont déclenché en septembre 2008 la crise des *subprimes*. Dans ce système, on vend à l'avance les droits à polluer que pourront rapporter des projets du MDP qui ne sont pas encore finalisés. Si un champ d'éoliennes est prévu en Chine, les droits à polluer qu'il délivrera dans quelques années peuvent être vendus avant même que le premier kilogramme de béton ne soit coulé ! Différents titres sont rassemblés dans des produits financiers qui permettent de diluer le risque : comme un panier de légumes qui contiendrait des carottes, des poireaux et des pommes de terre, un produit financier mis en vente contiendra des promesses de droits à polluer de projets fiables et d'autres plus incertains. Dès lors, il suffit qu'un projet capote ou ne délivre pas autant de crédits carbone que prévu pour que le marché doive faire face à des créances pourries éparpillées dans toutes sortes de produits financiers. En attendant un éventuel krach déclenché par ces produits dérivés, les escrocs s'en donnent à cœur joie, profitant du fait que le marché du carbone est totalement immatériel et permet d'autant mieux les malversations qu'il ne débouche sur aucune livraison physique. En août 2009, la douane britannique a démantelé un réseau qui achetait en Grande-Bretagne des droits à polluer exonérés de TVA et les revendait dans d'autres pays européens qui leur appliquaient une TVA. Mais au lieu de reverser le produit de la taxe à l'État concerné, ils empochaient la différence. L'ensemble de ces fraudes à la TVA sur le marché du carbone est estimé pour la seule année 2009 à 5 milliards d'euros. En mars 2010, on découvre qu'une faille dans le système d'échanges permet à un courtier hongrois de vendre plusieurs fois les mêmes droits à polluer sur le marché européen. Enfin, en janvier 2011, la Commission européenne donne l'ordre de fermer tous les registres carbone dans lesquels sont recensées les transactions : on vient de s'apercevoir que les codes d'accès informatiques ont été forcés par des « hackers » et que des quotas « volés » ont été revendus frauduleusement pour un montant de

200 millions d'euros. Même le quotidien économique *La Tribune* s'inquiète : « Le marché du CO_2 est devenu la cible préférée des escrocs en col blanc[1]. » C'est sans doute le prix à payer pour un mécanisme boursier « souple », qui apporte un minimum de contraintes aux grandes puissances économiques et un maximum de profits à la finance internationale.

Au-delà du seul marché du carbone, les exigences des lobbies sont faciles à résumer : pour préserver l'ordre économique, la contrainte doit être minimale et les solutions choisies rentables. La CCI demande aux gouvernements des accords « simples, applicables, efficaces et peu coûteux[2] ». Selon l'organisation patronale, il faut garantir l'ouverture des marchés et les investissements à l'étranger, renforcer la protection intellectuelle par les brevets, accélérer les partenariats public-privé. Les gouvernements ont mieux à faire que d'édicter des normes : ils doivent financer la recherche, les technologies à haut risque économique et subventionner les réductions de gaz à effet de serre dans les entreprises. Ils doivent fournir les infrastructures

---

1. « Nouveau scandale sur les marchés du CO_2 obligés de fermer provisoirement », *La Tribune*, 20 janvier 2011.

2. CCI, « La vision du monde des affaires pour un accord post-2012 sur le changement climatique », novembre 2009.

indispensables pour que les affaires « vertes » se développent : accès à l'électricité, réseaux de transport de dioxyde de carbone pour en permettre l'enfouissement, routes, immeubles, moyens de communication[1]... En revanche, « toutes les options énergétiques doivent rester ouvertes, car l'innovation peut dépasser les limites existantes ». Les États doivent accepter les énergies renouvelables autant que le charbon, le pétrole, le nucléaire, sans restrictions. Les entreprises innoveront pour réduire les gaz à effet de serre, moyennant quelques aides publiques, et il suffit de leur faire confiance. Enfin, les Nations unies ne doivent pas être la seule instance de négociation. Le G8, le G20 ou le Forum des économies majeures doivent aussi servir de lieu de décision en matière d'environnement.

Ainsi, la CCI propose tout simplement de poursuivre la mondialisation néolibérale, celle qui détruit la planète depuis quelques décennies et qui prétend maintenant la sauver. En l'espace de quelques années, ses principaux bénéficiaires ont pris le pouvoir dans les instances et se sont mis à tenir la plume lorsque des textes internationaux sont rédigés.

Le pseudo-accord obtenu au Sommet sur le climat de Durban (Afrique-du-Sud) en 2011

---

1. CCI, « Développement et déploiement de la technologie pour lutter contre le changement climatique », novembre 2008.

ÉCOLOGIE ET MONDIALISATION

montre à quel point les lobbies économiques ont su tourner la situation à leur avantage. Alors que le protocole de Kyoto, signé en 1997, s'achève fin 2012, l'adoption de nouvelles mesures de réduction des gaz à effet de serre est repoussée à 2015, et ces mesures n'entreront en application qu'en 2020. D'ici là, un « fonds vert » abondé par les États et le privé est mis en place. Officiellement, ce fonds doit permettre de financer des technologies « sobres en carbone » et des mesures d'adaptation au changement climatique dans les pays du Sud. Officieusement, il s'agit de faciliter l'entrée de capitaux privés dans ces pays et de les diriger vers les projets les plus rentables. Les multinationales s'accordent sur un point : le fonds « vert » doit couvrir les risques qu'elles prennent lorsqu'elles investissent dans les pays pauvres. Mais pour ce qui est du type de projets à financer, une guerre ouverte a éclaté entre l'industrie des technologies « vertes » et l'industrie des énergies fossiles. Alors que la première voudrait voir les subventions destinées à l'exploitation pétrolière, gazière ou charbonnière réorientées vers le solaire ou l'éolien, la seconde réclame des aides pour mettre en œuvre des technologies, comme le stockage souterrain du carbone, qui permettraient de rendre l'extraction et la combustion des énergies fossiles « faiblement émettrices de gaz à effet de serre ». La réduction des consommations d'énergie, elle, n'est pas assez rentable à court terme pour être digne d'intérêt.

Au-delà des orientations techniques, une chose est d'ores et déjà certaine : l'argent ira avant tout aux multinationales occidentales implantées au Sud, comme c'est déjà le cas pour les flux financiers transitant par le marché du carbone. Le bilan des investissements réalisés entre 2008 et 2010 au travers des mécanismes de la finance carbone montre que 63 % des fonds vont directement aux multinationales du Nord implantées dans les pays pauvres, et que seulement 16 % bénéficient aux entreprises locales[1]. Les mesures internationales de lutte contre le changement climatique ne font que prolonger et renforcer un véritable néo-colonialisme économique au bénéfice des puissances occidentales. L'émergence de la Chine et de l'Inde sur la scène internationale vient certes perturber la domination des États-Unis, de l'Europe et du Japon, mais ne modifie en rien cette dépendance des pays du Sud.

Vers une nouvelle révolution industrielle

« La première révolution industrielle a mécanisé ce qui était auparavant fait à la main et par

---

1. E. Bodo, N. Molina, and T. Visa, Eurodad, « Development diverted : How the International Finance Corporation fails to reach the poor », novembre 2010, http://www.eurodad.org/whatsnew/reports.aspx?id=4304

des outils simples. [...] La seconde révolution industrielle d'après-guerre est venue de l'automatisation. [...] La troisième révolution industrielle sera conduite grâce à la connaissance, la science et l'entreprise.» C'est par ces mots que Margaret Thatcher achève, le 6 décembre 1989, son discours devant le Comité parlementaire et scientifique du Royaume-Uni. Son appel à une nouvelle révolution industrielle intervient à la suite d'un long développement sur le changement climatique : « Nous avons proposé une convention globale, une sorte de guide de bonne conduite sur l'environnement pour toutes les nations du monde sur le problème des gaz à effet de serre. Mais avant que nous puissions traduire cela en véritables politiques et en objectifs précis, il y a beaucoup de travail scientifique à faire et une véritable urgence. [...] Des gens craignent les changements provoqués par la science et la technologie, mais notre seule crainte devrait être que nos concurrents ne les utilisent plus vite que nous[1].» Alors que le Premier ministre britannique négligeait encore les questions environnementales quelques années plus tôt, ce thème étant quasi absent de ses programmes électoraux en 1979 et 1983, elle semble porter à bout de bras la question de l'écologie en général et du changement climatique en particulier à partir de

---

1. Margaret Thatcher, Discours au Comité parlementaire et scientifique, Londres, 6 décembre 1989.

la seconde moitié des années 1980. Son discours au Comité parlementaire et scientifique et ses différentes interventions à cette période éclairent ses véritables motivations.

Margaret Thatcher est l'une des premières personnalités politiques à voir dans la crise environnementale une grande opportunité de relance du capitalisme. Mais un seul aspect de la crise environnementale la passionne. Il s'agit du changement climatique, qui a ceci de nouveau qu'il remet en cause l'utilisation massive des énergies fossiles. La « nouvelle révolution » rêvée par Margaret Thatcher pour redonner au Royaume-Uni un prestige industriel révolu consiste, à terme, à repenser les procédés de production et de distribution autour de techniques émettant peu de gaz à effet de serre. Il s'agirait d'une transformation impressionnante des appareils productifs, capable de donner une seconde jeunesse au capitalisme néolibéral. Margaret Thatcher promeut bien sûr le nucléaire, un mode de production d'énergie sur lequel l'industrie britannique est fortement positionnée, mais elle ne s'arrête pas là. Elle soutient la recherche fondamentale sur l'environnement, qui non seulement bénéficie à l'industrie de pointe, mais qui confirme l'importance d'opérer de profondes mutations écologiques dans tous les pays du globe. À l'heure de la mondialisation, cette responsabilité planétaire promet de nouveaux marchés à ceux qui détiendront la connaissance et la technique. Et puisque « le secteur privé montre en permanence la voie avec son ingéniosité et son inventivité[1] », l'État ou ce qu'il en reste doit être à son service. Margaret Thatcher fut une visionnaire. De nombreuses multinationales finissent par lui donner raison, mais seulement quelques années plus tard, le temps que le thème du changement climatique soit définitivement installé dans le débat public. C'est chose faite au milieu des années 2000, lorsqu'est diffusé le film *Une vérité qui dérange* dans lequel l'ancien vice-président des États-Unis, Albert Gore, tient la vedette. Les premières générations de technologies utiles à la révolution « verte » sont alors disponibles.

Entre 1977 et 1984, le rythme de dépôt de brevets liés à l'efficacité énergétique ou aux énergies nouvelles a décollé une première fois sous l'effet des crises pétrolières et de l'augmentation du prix des énergies. Dès le début des années 1980, aux États-Unis, les géants de l'électricité et du pétrole investissent dans l'énergie solaire pour anticiper une future mutation des modes de production et maintenir leurs taux de profit. General Electric, Exxon,

1. Margaret Thatcher, Discours d'ouverture du Hadley Center de prévisions sur l'évolution du climat, 25 mai 1990.

Chevron ou Mobil rachètent de petites entreprises pionnières dans le développement des
renouvelables[1]. Avec le contre-choc pétrolier
du milieu des années 1980 on assiste à une
baisse sensible du prix du pétrole. Le cours
du brut reste bas durant une vingtaine d'années, jusqu'en 2003, ce qui retarde la conversion de l'économie au capitalisme « vert ». Le
changement climatique relance opportunément
le mouvement : dès le début du nouveau mil-
lénaire, et après l'explosion de la bulle Internet en mars 2000, la concentration économique
se renforce, les grands groupes investissent
massivement dans les technologies promet-
teuses et la finance internationale suit. Alors
que protéger la biodiversité ou réduire les flux
de produits toxiques coûterait de l'argent aux
industriels, passer à une « économie décarbonée » permet de créer de toutes pièces de nouveaux marchés. Rapidement, une bulle sur
les technologies « vertes » se forme. Des énergéticiens comme le français EDF, l'allemand
E.ON ou l'américain General Electric investissent massivement dans l'éolien ; des pétroliers
comme Total en France ou British Petroleum
en Grande-Bretagne – qui niait encore la réalité du changement climatique quelques années

1. Michel Brassinne, François Vescia, « L'énergie
solaire entre l'autonomie démocratique et la concentration économique », *Le Monde Diplomatique*, mai 1980.

auparavant – multiplient les acquisitions dans
le solaire, l'américain Chevron se positionne
comme leader mondial de la géothermie... En
2007, Robert Bell, le président du département
de sciences économiques du Brooklyn College
à New York, annonce dans les cinq ans à venir
l'explosion d'une bulle « verte », qui dépasserait
de loin celle de l'Internet : « La bulle verte sera
explosive, elle aura provoqué une spéculation
irrationnelle et exubérante[1]. » Cette prédiction
ne tarde pas à se réaliser. Pour l'année 2009,
en pleine crise économique, le montant cumulé
des principales levées de fonds et des fusions-
acquisitions dans les technologies « vertes » atteint 20 milliards d'euros, un chiffre supérieur
au PIB de la moitié des États de la planète.

Un développement aberrant
des énergies renouvelables

Le développement des technologies « vertes »,
qui s'opère en dépit du bon sens et sans la
moindre planification de la part des pouvoirs publics, est guidé par la seule perspective de profits privés. Les « lois du marché » conditionnent
les investissements en recherche privée et l'ob-
tention de crédits publics de recherche au cours
en Bourse des différentes sources d'énergie.

---

1. « Dans cinq ans, la bulle verte sera explosive »,
Libération, 9 mars 2007.

Lorsque le prix du pétrole est bas, la recherche sur les alternatives énergétiques recule car elle n'est plus la priorité. L'essor des brevets sur les énergies renouvelables à la fin des années 1970 est stoppé net au milieu des années 1980. Vingt années de pétrole à bas prix ont tué dans l'œuf les progrès technologiques qui auraient dû voir le jour. Lorsque la bulle « verte » des années 2000 se forme, la technologie disponible pour des applications industrielles a peu évolué depuis les années 1980. Cela n'empêche pas les firmes de lancer une production massive pour répondre à la demande sur la base de technologies souvent obsolètes.

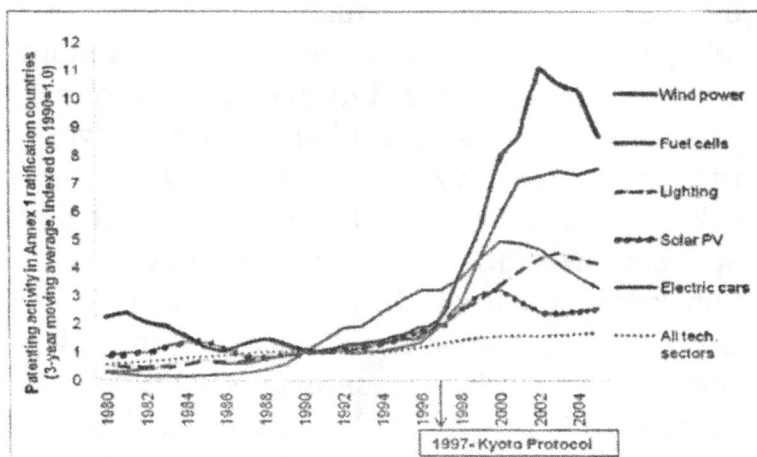

Évolution de l'innovation dans les technologies de réduction des gaz à effet de serre au sein des pays de l'OCDE, comparaison avec tous les secteurs (Base 1 en 1990).
Source : OCDE.

En 1980, Emanuel Sachs invente et brevette la technique du silicium fondu entre deux fils. Pour l'industrie du panneau solaire, elle permet de produire les plaquettes de silicium en éliminant les pertes et diminue les coûts considérables liés au sciage des blocs de silicium. Mais l'utilisation du silicium pour construire des panneaux photovoltaïques pose de nombreux problèmes. D'un point de vue scientifique, ses performances sont limitées pour convertir la lumière en électricité. Le procédé de fabrication consomme beaucoup d'énergie et l'utilisation du silicium par la filière solaire entre en concurrence avec les applications dans l'informatique, créant une pression sur les ressources et des fluctuations de prix. Le silicium de qualité, nécessaire à la fabrication des panneaux solaires, n'est produit que dans une douzaine d'usines dans le monde. Jusqu'en 2007, les technologies les plus avancées utilisant le silicium proposent des panneaux solaires d'un rendement de 30 % : il s'agit des applications spatiales du photovoltaïque, pour alimenter en énergie les satellites. La plupart des modules photovoltaïques commercialisés pour des utilisations courantes ont un rendement de 12 à 18 %. Volontairement, l'industrie produit du matériel peu performant, car cette solution génère à court terme des profits maximum. En 2007, après vingt et un mois de travail, un consortium de recherche dirigé par l'université du Delaware obtient un rendement de 42,8 % grâce à une nouvelle architecture de panneaux intégrant un concentrateur optique à la cellule. Les chercheurs annoncent qu'un rendement de 50 % serait atteint en 2010, les applications industrielles de ces nouveaux modules photovoltaïques étant possibles rapidement. D'autres techniques s'affranchissent du silicium et proposent des rendements plus élevés. Les panneaux solaires commercialisés sont donc dépassés au moment même de leur installation et seront bientôt remplacés par des modèles garantissant trois fois plus de rendement ! Mais pour accéder à ces performances, les producteurs d'énergie renouvelable devront acheter de nouveaux modules, ce qui prouve que l'obsolescence programmée est une stratégie qui sévit dans bien des filières, même vertes.

De même, l'urgence de réaliser des profits pousse à développer massivement le solaire ou l'éolien avant de s'interroger sur les réseaux de distribution d'énergie. Dans la plupart des pays industrialisés, le réseau est conçu pour acheminer une énergie dont la production est ajustée en temps réel pour correspondre à la consommation. Cet ajustement se fait principalement par le biais des centrales thermiques que l'on met en marche, que l'on arrête ou que l'on régule en fonction des besoins. Or, par nature, le solaire et l'éolien produisent de façon discontinue, en fonction de paramètres et d'aléas comme l'ensoleillement ou la force du vent. Plutôt que d'imaginer des réseaux capables de prendre en compte cette contrainte, les gouvernements ont d'abord favorisé les investissements pour la production renouvelable qui ont généré des problèmes de fonctionnement des réseaux. En France, EDF doit compenser l'irrégularité de la production des énergies renouvelables avec des centrales au gaz ou au charbon, ce qui donne aux opposants à ces techniques un argument en or : les énergies renouvelables émettent finalement plus de gaz à effet de serre que le nucléaire ! Une approche intelligente aurait consisté à créer des réseaux de distribution d'énergie plus efficaces et à soutenir la recherche sur le stockage de l'énergie. Mais pour cela, l'État aurait dû faire patienter les investisseurs, qui souhaitaient profiter de l'enthousiasme pour tout ce qui n'émet pas ou peu de carbone, et notamment l'éolien et le solaire. Même au nom de l'écologie, il a été impossible de résister à de telles pressions, et le service public doit à présent gérer les difficultés issues de la spéculation du secteur privé sur les énergies renouvelables.

Un dernier problème restait encore à surmonter. À cause de leur efficacité limitée, les anciennes technologies « vertes » ne sont pas rentables, en premier lieu le solaire photovoltaïque. Le coût moyen à long terme (hors transport) est d'environ 25 euros par mégawattheure pour le nucléaire, 30 pour le charbon, 40 pour le gaz, 50 pour l'éolien terrestre et plus de 250 pour le solaire[1]. Pour les gouvernements européens convertis à l'économie de marché, il est donc nécessaire de subventionner grassement les multinationales de l'énergie « verte » afin de leur garantir un débouché. Pour ce faire, les États adoptent des régimes de subvention très incitatifs, et notamment le nouveau mécanisme du tarif de rachat de l'électricité. Il s'agit de garantir pour une période donnée, souvent longue (de l'ordre de 15 à 20 ans), un rachat public de l'électricité produite par des énergies renouvelables à un prix supérieur au coût moyen de production de l'électricité, toutes techniques confondues. En France, les tarifs de rachat en 2007 et 2008 sont de 300 à 550 euros par mégawattheure garantis sur 20 ans pour le solaire photovoltaïque et de 82 euros par mégawattheure garantis sur 15 ans pour l'éolien terrestre, à comparer avec un prix moyen de l'électricité qui s'établit à 52 euros par mégawattheure[2]. À la même

---

1. Bien-sûr, aucun de ces coûts ne prend en compte les externalités, c'est à dire les conséquences sociales et environnementales qui ne sont pas payées par les firmes. Ils ne prennent pas en compte les dommages en cas d'accident, qui peuvent être particulièrement élevés dans le cas du nucléaire. Ceci confirme le fait qu'une approche purement économique sur les questions d'énergie est aberrante, et qu'une approche politique est nécessaire.
2. Caisse des dépôts, « Développement des énergies renouvelables : quelle contribution au marché du carbone ? », décembre 2008.

époque, la subvention pour l'éolien peut atteindre 90 euros par mégawattheure en Allemagne et 300 en Italie. En septembre 2010, une étude du Rheinisch-Westfälisches Institut estime que le montant des aides publiques allemandes au solaire photovoltaïque a atteint 7,2 milliards d'euros en 2006, 8,4 milliards en 2008 et 9,3 milliards en 2010[1]. Ceci n'empêche pas la Deustche Bank d'adresser des louanges au système de rachat dans un rapport sur les énergies renouvelables paru en octobre 2009[2]. Avec ces fonds publics, on « sécurise » les investissements des grandes multinationales qui apprécient bien moins le risque qu'elles ne le laissent croire, et les profits privés sont alors payés deux fois par le contribuable : une première fois lorsqu'il installe des appareils de production d'énergie renouvelable et une seconde fois lorsqu'il règle ses impôts. Selon la Caisse des dépôts, le surcoût des tarifs de rachat de l'électricité pour le contribuable français en 2007-2008 s'élève à 39,5 euros par tonne de carbone évitée, à comparer avec le cours du quota carbone sur le marché européen d'environ 16 euros fin 2008. Un industriel débourse donc moitié moins d'argent pour polluer que l'État n'en attribue pour inciter à moins polluer !

---

1. « Will High Costs Kill Merkel's Green Revolution ? », *Der Spiegel*, 23 septembre 2010.
2. Deustche Bank, « Global Climate Change Policy Tracker : An Investor's Assessment », octobre 2009.

Dans ces conditions, la ruée des investisseurs vers des projets purement spéculatifs était prévisible. Elle est devenue telle que le gouvernement français a adopté le 10 décembre 2010 un moratoire sur le tarif de rachat de l'électricité photovoltaïque, à l'exclusion des petites installations domestiques. Le 21 décembre, la ministre de l'Écologie, du Développement durable, des Transports et du Logement, Nathalie Kosciusko-Morizet explique sa décision : « 90 % des panneaux installés en France viennent de Chine. [...] Or ces panneaux produisent 1,8 fois plus de CO_2 qu'un panneau fabriqué en France. » Et d'ajouter : « On n'a pas la filière complète qu'on voudrait, mais *juridiquement* il n'est pas possible de choisir entre les bons projets et les moins bons projets, il a donc fallu les suspendre tous[1]. » La ministre fait mine de découvrir deux problèmes. Premièrement, les industriels et les investisseurs travaillent dans le « vert » avec les mêmes objectifs et les mêmes méthodes que dans les autres filières. Ils sont là pour maximiser les profits, et s'il faut délocaliser ou produire des gaz à effet de serre ailleurs que dans les pays occidentaux pour y parvenir, ils le font. Deuxièmement, les règles de libre concurrence instaurées par l'OMC et l'Union

---

1. « NKM s'explique sur le moratoire sur les aides à la filière photovoltaïque », *Le Monde*, 21 décembre 2010.

européenne, et acceptées par l'État français, empêchent de favoriser le mieux-disant environnemental. Deux constats qui n'ont rien d'un scoop, mais qui confirment que le capitalisme néolibéral est par nature incapable de résoudre la crise écologique.

Le débat sur les énergies renouvelables est donc faussé dès le départ. Les « pro » et les « anti » éolien, les « pro » et les « anti » énergie solaire échangent des arguments techniques, philosophiques, pratiques, mais se coulent dans le moule imposé par le capitalisme néolibéral sans le remettre en cause. L'enjeu n'est pas de savoir si le capitalisme peut verdir une partie de sa production et de sa consommation d'énergie. Nous savons déjà que la réponse est : oui, à condition qu'il soit rentable de le faire. L'enjeu est de réduire réellement l'empreinte écologique de l'humanité, ce qui passe inévitablement par une sortie du productivisme et du libre échange. C'est justement le débat interdit.

De l'écologie du laissez-faire à l'écologie politique

Par-delà les intérêts contradictoires et les cas particuliers, il se dessine une tendance générale dans l'évolution du rapport des grandes puissances économiques à la question environnementale. De la fin de la Seconde Guerre mondiale aux années 1970, la grande majorité des multinationales ont mené le combat contre les écologistes et contre leurs thèses, tout en réduisant, sous la pression des riverains dans les pays développés, certaines pollutions locales particulièrement visibles. À partir des années 1990, elles se sont adonnées à l'éco-blanchiment et à la communication environnementale en se ralliant au concept de « développement durable ». Dans les années 2000, sous le double effet de l'augmentation du prix des énergies fossiles et des problèmes climatiques, elles ont opté pour la stratégie du « capitalisme vert ».

Il semble que les tenants du capitalisme néolibéral ont enfin compris la réalité des prévisions du Club de Rome : la crise environnementale menace le capitalisme. Le biologiste américain Paul R. Ehrlich, adepte des politiques malthusiennes, avait raison sur un point : trois grands facteurs peuvent agir sur cette crise. Les deux premiers sont bien la population et la technologie disponible. Mais le troisième facteur n'est pas « la richesse », comme le soutenait cet écologiste conservateur, il s'agit de la structuration de l'ordre économique mondial, qui peut soit pousser au productivisme soit favoriser une gestion « durable » des ressources. À l'époque du rapport Meadows, en 1972, les capitalistes « néo-malthusiens » inquiets de l'épuisement des matières premières, tentent de jouer sur la première variable, celle de la population, qu'il faut réduire pour préserver les intérêts des classes dominantes. Aujourd'hui, l'entrée dans l'ère du « capitalisme vert » montre que les grandes puissances économiques cherchent à agir sur la seconde variable : la technologie. Les énergies renouvelables se développent, bien sûr, mais le grand retour du recyclage se profile également pour économiser des matières premières dont le coût explose. Pour le capitalisme, il demeure impensable de toucher à la dernière variable, celle de la croissance économique, du productivisme et du libre échange.

Derrière les aides des États et des collectivités aux technologies « vertes », qui financent trop souvent sur fonds publics les profits privés, on comprend qu'il existe un terrible enjeu géopolitique : comment produire et vendre toujours plus sans être entièrement dépendant des pays qui possèdent les ressources ? Le double jeu entre libre échange et protectionnisme est appelé à continuer, et ciblera tout particulièrement les matières premières : les États-Unis et l'Europe réclameront le libre échange à cor et à cris tandis que la Chine entretiendra des tensions protectionnistes sur les terres rares, les métaux, les minéraux et sur l'industrie des énergies renouvelables. Le jeu est délicat dans une économie mondialisée où les pays exportateurs sont dépendants de leurs acheteurs, mais une chose est certaine : le libre échange, comme les réactions protectionnistes des États en situation de force, sera mis au service du productivisme. Coûte que coûte, il faut permettre à des multinationales comme Apple de nous vendre des produits « prêts à jeter » pour maximiser leurs bénéfices.

Nous aurons donc les énergies renouvelables, le recyclage, les écoproduits, mais aussi le nucléaire, le stockage du carbone dans le sous-sol et l'extraction particulièrement polluante des sables bitumineux et des gaz de schiste. Au cas où les technologies faiblement carbonées prendraient le dessus sur les technologies émettrices de gaz à effet de serre, les États producteurs de pétrole ont déjà obtenu, lors du sommet de Copenhague en 2009, de pouvoir être indemnisés au même titre que les victimes de catastrophes naturelles. Pour ce faire, la définition de l'adaptation au changement climatique, qui ne concerne au départ que les conséquences naturelles, a été élargie pour englober les préjudices économiques liés à des pertes de marchés.

Confrontés à cette situation, bon nombre d'environnementalistes ne proposent qu'une écologie du laissez-faire. Laisser le marché et la libre circulation des capitaux orienter les investissements vers une production censée être plus respectueuse des équilibres naturels, corriger les imperfections du marché par des aides publiques, laisser le consommateur choisir entre produits polluants et produits « propres » tout en l'éduquant pour qu'il fasse le bon choix. Cette vision très libérale est un piège et une gravissime erreur politique. En 1971, Barry Commoner donnait dans *The Closing Circle* une analyse remarquable par sa simplicité et sa pertinence sur l'incapacité structurelle du capitalisme à protéger l'environnement. La reconstitution des équilibres naturels s'effectue suivant des rythmes très différents, selon qu'il s'agit de reproduction animale, d'épuration ou de création d'énergies fossiles. Or, par définition, le capitalisme et le libre échange orientent les capitaux vers les activités qui assurent le meilleur taux de rentabilité à court terme. Toutes les activités productives sont mises en concurrence sur la base de cet indicateur. Il saute aux yeux que ce principe de fonctionnement est fondamentalement incompatible avec la préservation des ressources naturelles qui, par définition, demanderait d'accepter des taux de rentabilité très variables selon les secteurs. Si certaines activités « vertes » deviennent rentables, elles ne sont, comme le rappelle le niveau de l'empreinte écologique mondiale, que des exceptions qui confirment la règle de la surexploitation de la biosphère. Les marchés peuvent *réparer* l'environnement s'il est comptablement rentable de le faire, mais ils sont par nature incapables de le *préserver*, c'est-à-dire d'anticiper les conséquences écologiques de l'accumulation de capital. Les marchés sont comme des chèvres devant un stock de céréales : incapables de s'autoréguler, ils se goinfrent, quitte à s'en faire éclater la panse.

Faire de l'écologie politique ne consiste pas à verdir le capitalisme. Il ne s'agit pas d'attendre que l'augmentation du prix du pétrole soit telle que certaines activités productives se rapprochent des consommateurs, phénomène par ailleurs très incertain du fait que le transport maritime, principal moteur du commerce international, consomme peu d'énergie. Il faut établir un projet de société qui soumette les entreprises à l'impératif de satisfaire les besoins sociaux et les grandes puissances économiques à celui de partager les richesses. Seule la sortie du libre échange peut permettre de discipliner les grandes firmes et de rendre le pouvoir aux citoyens et à l'outil qu'ils se donnent pour faire fonctionner la société, l'État. Au niveau mondial, un internationalisme qui s'appuie sur des États souverains doit remplacer la dictature des multinationales, comme le propose l'écologiste indienne Vandana Shiva, qui ose appeler clairement au protectionnisme[1]. La relocalisation des activités productives et la coopération commerciale des États constituent la seule voie pour négocier démocratiquement un partage équitable et une exploitation durable des ressources dans l'intérêt

---

1. Vandana Shiva, « Le libre échange, c'est la dictature des entreprises », *Bastamag*, 4 juillet 2011.

des peuples, et donc dans une perspective de paix. C'est ce que l'on peut nommer aujourd'hui la « démondialisation[1] ».

1. Bernard Cassen, « Et maintenant... démondialiser pour internationaliser », *Manières de voir*, novembre 1996 et Jacques Sapir, *La Démondialisation*, Le Seuil, 2011.

Retour à Cocoyoc

Publiée à l'issue d'un second séminaire d'experts internationaux (qualifié de « Founex 2 » en référence à la conférence de Founex de juin 1971), la déclaration de Cocoyoc du 23 octobre 1974 fait partie des documents rayés de l'histoire officielle. Le site Internet des Nations unies n'y consacre qu'une courte page et ne cite qu'un extrait, le moins subversif, de ce long texte : « La voie à suivre ne passe pas par le désespoir, par la fin du monde, ou par un optimisme béat devant les solutions technologiques successives. Elle passe au contraire par une appréciation méticuleuse, sans passion, des "limites extérieures", par une recherche collective des moyens d'atteindre les "limites intérieures" des droits fondamentaux, par l'édification de structures sociales exprimant ces droits et par tout le patient travail consistant à élaborer des techniques et des styles de développement qui améliorent et préservent notre patrimoine planétaire. » Présentée ainsi, la déclaration de Cocoyoc ne paraît pas plus radicale que le rapport Brundtland de 1987 ou que les textes officiels plus récents comme la déclaration de Rio de 1992. Pourtant, les différences sont fondamentales.

Depuis la préparation du sommet de Stockholm, le pilotage des négociations environnementales au sein de l'ONU est assuré par l'homme d'affaires canadien Maurice Strong. Contrairement à de nombreux stratèges occidentaux, Strong ne craint pas les pays en développement et souhaite obtenir un consensus avec le Sud. Mais il est également convaincu qu'il faut associer étroitement les grandes puissances économiques à la recherche de solutions. Aussi Strong veut-il limiter le champ des discussions pour éviter une remise en question du capitalisme. En septembre 1972, il s'adresse à la onzième assemblée générale de l'UICN qui se déroule à Morges en Suisse : « Permettez-moi toutefois un mot de mise en garde. Un des véritables problèmes auquel toutes les organisations telles que la vôtre auront à faire face dans l'avenir est la difficulté de vous limiter à des fonctions particulières, dans lesquelles vous puissiez atteindre un niveau élevé de compétences tout en prenant conscience du contexte plus large dans lequel s'inscrivent vos activités. On est toujours tenté d'étendre ses activités au fur et à mesure que s'élargit notre vision. Faire face à cette tentation exigera de la sagesse et de la discipline de la part d'organisations dynamiques et enthousiastes telles que la vôtre. » Un peu plus loin, il défend l'idée d'une collaboration étroite avec les entreprises et témoigne de sa confiance dans la technique : « L'univers de l'écologie et celui de l'économie doivent se rapprocher pour que la société puisse mettre au point les nouvelles techniques, les nouveaux instruments et les mécanismes institutionnels nécessaires à la réalisation – devenue possible grâce à la science – des promesses de vie meilleure et plus riche pour toute l'humanité. Je crois que la Conférence de Stockholm nous a donné la base à partir de laquelle nous pourrons accomplir cette révolution dans l'aménagement de la société. »

À la suite de la conférence de Stockholm, Maurice Strong se fait pourtant déborder par des revendications de plus en plus radicales portées par des pays « non alignés » et par des intellectuels hétérodoxes. Du 8 au 12 octobre 1974, un colloque de l'ONU réunit à Cocoyoc (Mexique) des experts internationaux pour débattre de « l'utilisation des ressources, de l'environnement et des stratégies de développement ». Les rapporteurs du groupe de travail sont Barbara Ward pour les questions de ressources naturelles et Johan Galtung pour les questions de développement.

Barbara Mary Ward (1914-1981) est une économiste britannique très impliquée dans la défense des pays du Sud. En 1972, à la demande de Maurice Strong, elle rédige et publie avec le scientifique français René Dubos (1901-1982) un rapport non officiel pour préparer le sommet de Stockholm, qui a pour titre « Only One Earth » (« Nous n'avons qu'une Terre »)[1]. Les travaux de Ward sont imprégnés de ses valeurs chrétiennes qu'elle a héritées d'un père quaker et d'une mère catholique très pratiquante. En 1973, elle écrit : « D'un côté, nous devons gérer cette planète belle, subtile, incroyablement délicate et fragile. De l'autre, nous croisons le destin de nos amis, de nos frères. Comment pouvons-nous nous réclamer du Christ si cette double responsabilité ne nous apparaît pas comme le cœur et l'essence de notre religion[2] ? » Opposée au nazisme, elle est venue en aide aux réfugiés juifs pendant la Seconde Guerre mondiale en obtenant une aide de l'église catholique anglaise. À la fin de la guerre, elle a soutenu le Plan Marshall, la construction européenne et le libre échange.

En matière de relations internationales, les prises de position de Johan Galtung sont plus radicales que celles de Barbara Ward. Né à Oslo le 24 octobre 1930, ce chercheur norvégien est également marqué par la guerre, durant laquelle son père a été arrêté par les nazis dans une

---

1. Barbara Ward, René Dubos, *Nous n'avons qu'une terre*, Denoël, 1972.
2. Barbara Ward, « Justice in a Human Environment », in IDOC International, Mai 1973.

Norvège sous occupation allemande. Diplômé en mathématiques et en sociologie, il consacre l'essentiel de son travail à l'étude de la paix et des conflits. Très influencé par Gandhi, il se lie d'amitié avec Arne Naess, le fondateur de l'écologie « profonde ». Johan Galtung ne croit pas aux vertus d'une économie de marché livrée à elle-même, sans régulation forte des États. Il milite contre la politique des États-Unis et soutient l'anti-impérialisme de Fidel Castro à Cuba et de Mao Tsé-Toung en Chine, sans idéaliser pour autant ces régimes communistes. En 1973, il considère que l'Europe de l'Ouest et les États-Unis sont des pays qui font la guerre pour sécuriser leurs approvisionnements et leurs marchés. Pour lui, « un tel système économique s'appelle le capitalisme et quand il s'impose de cette façon aux autres pays, il se nomme impérialisme ».

Le symposium de Cocoyoc est co-présidé par deux personnalités de pays en développement : le docteur Wilbert K. Chagula et le professeur Rodolfo Stavenhagen. Le premier est ministre des Affaires économiques et de la planification du développement de la Tanzanie, représentant permanent de son pays aux Nations unies. Née en 1964 de la fusion de deux anciennes colonies britanniques, le Tanganyika et Zanzibar, la République unie de Tanzanie est présidée par l'ancien instituteur Julius Kambarage Nyerere (1922-1999), qui met en œuvre une politique socialiste. À partir de 1967, Nyerere nationalise les principales industries et les sociétés de services, augmente les impôts pour financer des politiques sociales et lance une grande réforme agraire. Rodolfo Stavenhagen est un sociologue mexicain né en 1932. De 1966 à 1968, il est chef du projet de recherche sur la réforme agraire au Mexique. En 1969, il publie un livre intitulé *Les Classes sociales dans les sociétés agraires* dans lequel il écrit : « Le sous-développement, tel que nous le connaissons aujourd'hui, est le résultat de l'implantation du capitalisme dans les sociétés non industrialisées. Il apparaît comme un aspect essentiel du système capitaliste à l'échelle mondiale. » [...] « Le développement économique implique un bouleversement des rapports de classes existants et, le plus souvent, la substitution au pouvoir, d'une classe par une autre. »[1]

En 1974, le Mexique est dirigé par Luis Echeverría Álvarez. Né en 1922, il a étudié les sciences politiques et adhère au Parti révolutionnaire institutionnel. Il gagne la présidence de la République en 1970 et mène lui aussi une politique d'inspiration socialiste : nationalisation des mines et de l'énergie, redistribution des terres aux paysans, lutte contre l'impérialisme américain, politiques sociales. Il soutient ouvertement le régime de Salvador Allende au Chili,

---

1. Rodolfo Stavenhagen, *Les Classes sociales dans les sociétés agraires*, Université du Québec, coll. « Les classiques des sciences sociales », 1969.

s'attirant les foudres des États-Unis. Echeverría Álvarez ne se contente pas d'accueillir le symposium de Cocoyoc ; il participe également aux travaux du groupe. Le PNUE et la CNUCED prennent part aux délibérations. Maurice Strong intervient en sa fonction de directeur exécutif du PNUE et Gamani Corea en celle de secrétaire général de la CNUCED. Ce dernier est un économiste et diplomate sri-lankais né en 1925. Le Sri Lanka, qui s'est progressivement émancipé de la tutelle britannique après la Seconde Guerre mondiale, se rapproche du bloc communiste à partir de 1956, lorsque Solomon West Ridgeway Dias Bandaranaike devient Premier ministre. Assassiné en 1959 par un extrémisme bouddhiste, il est remplacé par sa veuve, Sirimavo Ratwatte Dias Bandaranaike qui nationalise les banques, les assurances, les écoles... Au début des années 1960, Corea est directeur de la recherche économique à la Banque centrale de Ceylan, puis devient secrétaire permanent au ministère de la Planification et des Affaires économiques. Sa longue expérience des relations internationales passe notamment par la présidence du groupe Founex en 1971.

Les personnalités du Sud rassemblés à Cocoyoc figurent parmi les plus critiques vis-à-vis de la domination des pays industrialisés en général et des États-Unis en particulier. Ils portent la voix de pays en développement touchés de plein fouet par la crise pétrolière de 1973. Le Sri Lanka, par exemple, a vu le Royaume-Uni et les États-Unis stopper du jour au lendemain leurs aides financières suite à la nationalisation des compagnies pétrolières par le gouvernement Bandaranaike. Le choc pétrolier de 1973 a provoqué une terrible crise économique dans le pays, débouchant sur des rationnements. Après plusieurs années de politiques sociales, la Tanzanie est tombée elle aussi dans le chaos à cause de la récession mondiale.

Les échanges de Cocoyoc s'inscrivent donc dans un mouvement global de contestation portée par les pays du Sud dont l'émancipation est brisée nette par la crise, et qui aspirent à la création d'un « nouvel ordre économique mondial ». Dans ces conditions, l'importance des problèmes environnementaux n'est pas sous-estimée, mais le message est clair : pour protéger l'environnement, il faut sortir du capitalisme. Il n'est plus question de réclamer seulement le libre échange et le transfert des industries polluantes dans les pays en développement, comme ce fut le cas lors de la conférence de Founex trois ans plus tôt. Les revendications centrales de Cocoyoc sont la répartition des richesses mondiales, le juste prix pour les matières premières et le recul de l'économie de marché.

La déclaration finale est un véritable réquisitoire contre les politiques occidentales en général et l'impérialisme en particulier. Son premier paragraphe pointe l'échec des Nations unies, dont la charte élaborée en 1945 a produit un ordre international injuste :

« Les affamés, les sans-abri et les illettrés sont plus nombreux aujourd'hui que lorsque les Nations Unies ont été créées. » Les rapports de force issus de « cinq siècle de contrôle colonial qui a massivement concentré le pouvoir économique entre les mains d'un petit groupe de naÜons » n'ont pas été modifiés. Pour les rapporteurs, le problème n'est pas lié à un manque de richesses produites, mais à une « mauvaise répartition et un mauvais usage ». Ils remettent ouvertement en question la recherche impérative de croissance économique : « un processus de croissance qui bénéficie seulement à une très petite minorité et qui maintient ou accroît les disparités entre pays et à l'intérieur des pays n'est pas du développement. C'est de l'exploitation. » [...] « Par conséquent, nous rejetons l'idée de la croissance d'abord et d'une juste répartition des bénéfices ensuite. »

Le modèle de développement défendu à Cocoyoc ne focalise pas sur les questions économiques, et met en avant l'importance des modes de vie, des valeurs, sur l'émancipation des peuples, les droits individuels et collectifs. Il inclut « le droit de travailler, ce qui ne signifie pas seulement le droit d'avoir un travail, mais celui d'y trouver un accomplissement personnel, le droit de ne pas être aliéné à travers des procédés de production qui utilisent les hommes comme des outils. »

Les mythes de l'économie de marché livrée à elle-même sont balayés. « Les solutions à ces problèmes ne peuvent pas provenir de l'auto-régulation par les mécanismes de marché. Les marchés classiques donnent un accès aux res-sources à ceux qui peuvent payer plutôt qu'à ceux qui en ont besoin, ils stimulent une de-mande artificielle et génèrent des déchets dans le processus de production, et certaines res-sources sont même sous-utilisées. »

À l'inverse de ce que l'on peut lire dans la déclaration de Stockholm et à l'opposé des dis-cours dominants du GATT et de l'OCDE, ce n'est pas « la pauvreté » qui est désignée comme responsable de la dégradation de l'environne-ment, mais des relations économiques inéqui-tables et le prix dérisoire des matières premières sur les marchés, c'est-à-dire une pauvreté or-ganisée par les classes dirigeantes. Les experts pensent que les pays du Sud doivent créer des alliances sur le modèle de l'OPEP pour exiger des prix décents pour toutes les matières pre-mières. En parallèle, ils recommandent de mettre en place une gestion internationale des « biens communs » grâce à l'édification d'un système ju-ridique solide. L'objectif, qui rejoint celui des pays pauvres qui avait été formulé lors des né-gociations de La Havane sur le commerce inter-national en 1947, est de permettre l'autonomie des nations sans tomber dans l'autarcie. Pour y parvenir, les rapporteurs ne réclament pas une « aide » des pays riches, mais qu'ils payent au juste prix les matières premières et qu'ils coopèrent pour aller vers une « autonomie collective ». Au lieu de culpabiliser l'individu, la déclaration de Cocoyoc affirme que « chaque personne a le droit de comprendre pleinement la nature du système dont elle fait partie comme producteur, consommateur, et surtout comme l'un des milliards d'habitants de la planète. Elle a le droit de connaître qui tire les bénéfices de son travail, qui tire les bénéfices de ce qu'elle achète et vend, et la façon dont cela enrichit ou dégrade l'héritage planétaire. »

Enfin, contrairement au rapport Founex de 1971 qui défendait le libre échange et le rôle d'arbitre commercial tenu par le GATT, la déclaration de Cocoyoc affirme la place centrale des Nations unies et du principe « un pays, une voix » : « Nous croyons fermement que, puisque les sujets du développement, de l'environnement et de l'utilisation des ressources sont des problèmes globaux essentiels et qui concernent le bien-être de toute l'humanité, les gouvernements devraient utiliser pleinement les mécanismes des Nations unies pour les résoudre et que le système des Nations unies devrait être rénové et renforcé pour faire face à ses nouvelles responsabilités. »

La déclaration de Cocoyoc impressionne par sa justesse et son courage autant que par les perspectives politiques qu'elle dessine. En totale rupture avec l'ordre économique mondial, elles propose l'internationalisme, la coopération entre les peuples, l'émancipation individuelle et la gestion responsable et collective des ressources comme objectifs ultimes. Il ne s'agit pas simplement d'aménager le système, mais d'en sortir : « L'autonomie au niveau national implique aussi un détachement temporaire du système économique actuel. Il est impossible de développer l'autonomie au travers de la participation pleine et entière à un système qui perpétue la dépendance économique. »

Même si des personnalités comme Johan Galtung refusent de se dire anti-capitaliste, la déclaration de Cocoyoc mérite tout à fait ce qualificatif. Soucieux de ménager les équilibres, Maurice Strong considère que Cocoyoc prolonge la réflexion sur l'« éco-développement », un terme qu'il invente dans les couloirs du Sommet pour la Terre de Stockholm, afin de qualifier une approche conjointe des problèmes de pauvreté et d'environnement. En fait, le texte d'octobre 1974 définit plutôt ce que serait un socialisme écologique et internationaliste.

Pour la droite américaine au pouvoir (après la démission de Richard Nixon en août 1974, Gerald Rudolph Ford, un autre républicain, accède à la présidence) et pour le grand patronat qu'elle défend, une telle radicalité constitue évidemment une provocation. D'après Johan Galtung, deux aspects leur étaient particulièrement inacceptables : la critique du style de vie occidental et le refus d'un monde centré sur les pays développés en général et les États-Unis en particulier. Immédiatement après la publication du texte, les présidents de la conférence reçoivent un télégramme du Secrétaire d'État américain Henry Kissinger, qui rejette l'intégralité de la déclaration.

Au milieu des années 1970, les revendications des pays du Sud pour la création d'un « nouvel ordre économique mondial » s'essoufflent. L'opposition entre un groupe de pays socialistes qui veulent changer en profondeur les relations internationales, comme le Mexique ou le Sri Lanka, et un groupe de pays qui cherchent avant tout à mieux s'intégrer dans la division internationale du travail, comme l'Inde ou le Brésil, tourne à l'avantage des seconds. En 1976, le Club de Rome publie un rapport coordonné par Jan Tinbergen, intitulé *RIO Report : Reshaping the International Order* (*Le rapport RIO : refondre l'ordre international*), qui propose une sorte de « nouveau compromis fordiste » avec le tiers-monde : pour préserver le libre échange et la mondialisation naissante, il faudrait concéder des mesures transitoires favorisant les pays du Sud. Les déclarations de l'Assemblée générale des Nations unies, où le « groupe des 77 » porte la voix du tiers-monde, s'alignent peu à peu sur ce discours dominant et politiquement correct.

L'écologie radicale balayée par la mondialisation

Dans les faits, les pouvoirs économiques ne retiennent qu'une des revendications de Cocoyoc, déjà présente dans la déclaration de Founex 1971 : il faut industrialiser les pays pauvres. Mais leur stratégie n'a rien d'altruiste. D'une part, il n'est pas nécessaire d'industrialiser tous les pays pauvres, mais seulement ceux qui offrent un retour sur investissement ou qui présentent un intérêt stratégique. D'autre part, il n'est pas question de permettre à ces nations de gagner en autonomie et de concurrencer les puissances occidentales. Au contraire, l'objectif est d'implanter dans les pays à bas coût de main-d'œuvre, sans réglementations environnementales, des filiales de grandes multinationales ou des activités de sous-traitance qui favoriseront la baisse de leurs coûts de production. La nouvelle division internationale du travail qui se met en place dans les années 1960 et 1970 vise aussi à localiser des activités de première transformation dans les pays où l'énergie et les matières premières sont facilement accessibles et bon marché. Cette stratégie forgée par et pour les grandes multinationales s'impose à toute l'économie. Pour être compétitives, même les petites entreprises dont les dirigeants ne sont pas acquis à la mondialisation doivent se plier aux règles du libre échange et du moins-disant social et environnemental.

Au lieu de servir l'émancipation des pays pauvres, les crises pétrolières de 1973 et 1979 accélèrent la mondialisation et révèlent la « contrainte extérieure » qui justifie l'austérité dans les pays riches. La crise économique qui se poursuit au début des années 1980 et l'arrivée au pouvoir des ultra-libéraux sous diverses étiquettes politiques (Margaret Thatcher au Royaume-Uni, Ronald Reagan aux États-Unis, Helmut Kohl en Allemagne, et Jacques Delors à la Commission européenne) balaye les préoccupations environnementales et renforce le libre échange.

Ce revirement est d'autant plus facile à opérer que les jeunes contestataires de 1968 sont devenus adultes, travailleurs, parents, et que les mouvements militants ont perdu de leur souffle. L'écologie politique hésite entre l'action militante et l'engagement électoral, entre la droite, la gauche et une prétendue neutralité, se décrédibilise en s'alliant avec des grandes forces politiques converties au libéralisme économique, en Allemagne comme en France. Surtout, la plupart des mouvements écologistes passe totalement à côté des enjeux de la mondialisation. Ils ne comprennent pas l'instrumentalisation des pays en développement par le GATT puis l'OMC pour justifier la mondialisation, non plus que la réorganisation internationale de la production elle-même, et encore moins les deux diversions utilisées par les libéraux : le mondialisme et le localisme. Pendant que l'on démantèle l'État potentiellement régulateur et porteur de l'intérêt général, on laisse croire que les problèmes se résoudront mieux à un niveau local ou au niveau mondial. Le schéma est simpliste, mais il fonctionne : l'État, c'est le nationalisme et la guerre ; la construction européenne et les institutions internationales, c'est la paix ; la région ou le territoire *infra*-régional, c'est le niveau idéal pour l'action concrète et l'exercice de la démocratie.

Ce discours plonge ses racines dans la production d'intellectuels socio-libéraux très actifs dans les années 1970 et influents dans le monde politico-économique ou dans les médias. Maurice Strong, le secrétaire du Sommet de la Terre, Aurelio Peccei, le fondateur du Club de Rome, Alexander King et Jan Tinbergen, deux économistes qui sont des membres éminents de ce Club, partagent l'idée que l'État-nation est dépassé et qu'il faut s'orienter vers un gouvernement mondial. Se déclarant humanistes, ils veulent lutter contre la pauvreté et protéger l'environnement (notamment en réduisant la population), dénoncent la course à l'armement ou à l'augmentation inconsidérée du PIB, mais prétendent que la lutte des classes est dangereuse et prônent avec vigueur le libre échange et la libre entreprise. Dans le milieu

écologiste, le succès de ces thèses est assuré...
Les militants « verts » intègrent d'autant plus facilement ce discours que leur culture libérale-
libertaire s'est forgée sur le rejet, voire la haine
de l'État. Pour obtenir une écologie totalement
inoffensive, il ne reste plus, comme le fait notamment Aurelio Peccei, qu'à développer un discours
pseudo-spirituel et culpabilisateur qui transforme
l'individu et les « activités humaines » en responsables de la crise écologique, « oubliant » que ces
comportements individuels et ces activités sont
avant tout le produit de l'idéologie libérale et de
son ordre économique. Ainsi, le tournant de l'ultralibéralisme est mené tambour battant au début des années 1980 par des dirigeants politiques
ultralibéraux, mais la synthèse entre l'écologie et
le libéralisme a été construite une dizaines d'années plus tôt par des intellectuels « socialistes »...
   Afin de préparer l'adaptation des politiques environnementales à la nouvelle donne
ultralibérale, l'UICN, le Programme des Nations
unies pour l'environnement et le WWF publient
en 1980 une *Stratégie mondiale de conservation*.
Dans son introduction, ce document conserve
encore quelques traces des échanges de Cocoyoc et fait référence à la nécessité d'instaurer
un « nouvel ordre international ». Mais dans son
développement, il fait apparaître une nouvelle
notion : le développement durable. Le dernier
chapitre indique : « La plupart des destructions
des habitats et la sur-exploitation des ressources

vivantes par les individus, les communautés et les nations dans le monde en développement sont une réponse à la pauvreté relative, causée ou exacerbée par une combinaison de la croissance démographique et d'une inéquité entre les États et à l'intérieur des États.» Il est frappant que les grandes entreprises soient absentes de la liste des prédateurs environnementaux... Deux paragraphes plus loin, la première mesure soutenue pour permettre le développement des pays pauvres est « la libéralisation du commerce, incluant la suppression de toutes les barrières portant sur les biens des pays en développement». La cinquième mesure, qui traite des entreprises, propose seulement l'adoption d'un « code de bonne conduite des firmes transnationales».

Les rédacteurs et les contributeurs de la *Stratégie mondiale de conservation* ne viennent pas du même monde que les experts de Cocoyoc.

Mohamed Kassas, président de l'UICN, et Mostafa Kamal Tolba, directeur exécutif du PNUE, sont deux scientifiques. Le premier est un spécialiste de l'écologie des plantes et le second est microbiologiste. Aucun des deux ne possède de compétence particulière sur les véritables enjeux politiques. Quand à John H. Loudon, le président du WWF, il a dirigé la Royal Dutch Shell de 1951 à 1965. Comme Maurice Strong, il est très proche de la famille Rockfeller et a présidé le comité consultatif de la Chase Manhattan Bank de 1965 à 1977.

Gro Harlem Brundtland, cette autre social-démocrate adepte du libre échange et de la libre concurrence, prolonge la synthèse entre écologie et libéralisme accomplie par Aurelio Peccei tout en assumant ouvertement le recours à la croissance et à la technologie salvatrice. Son action en faveur du libre échange ne se limite d'ailleurs pas au rapport de 1987. La même année, elle soutient la création d'un « Espace économique européen », bâti sur les fondamentaux de l'Acte unique, qui permet à la Norvège de participer pleinement au grand marché commun instauré par le français Jacques Delors, président de la Commission européenne depuis janvier 1985. Ainsi, elle contourne le référendum de 1972 qui a vu le peuple norvégien refuser d'adhérer à la Communauté économique européenne par 53 % des suffrages exprimés, et prend également les devants en prévision d'un éventuel nouveau référendum – programmé à l'automne 1994. Cette précaution se révèle utile, puisque les Norvégiens refusent une nouvelle fois d'adhérer à l'Union européenne : le « non » obtiendra 52,5 % contre 47,5 % pour le « oui », avec une très forte participation de 88 %. Pour une responsable politique qui prône la « gouvernance » et la « participation du public aux décisions », cette façon de passer en force est assez paradoxale...

Le développement durable de Gro Harlem Brundtland est tout à fait compatible avec les intérêts des grandes puissances économiques.

Ils peuvent donc s'en revendiquer et s'adonner à l'exercice de l'éco-blanchiment. L'alibi écologique sert à tout. Le développement du recyclage des métaux dissimule de basses préoccupations d'accès aux ressources. Le tri des déchets et les économies d'énergie dans les entreprises visent avant tout la baisse des coûts de fonctionnement. Bien présentés dans les rapports d'activité, ils donnent au passage une petite coloration « responsable » à des firmes qui délocalisent ou sous-traitent souvent les activités les plus polluantes et les moins respectueuses des salariés. À l'OMC, on accepte de discriminer positivement les « éco-produits » sur la base de leur seul usage, en jetant un voile pudique sur leurs conditions de fabrication. À l'OCDE, on affirme que la réduction et la suppression des subventions publiques permet de protéger l'environnement, en s'appuyant sur l'exemple des énergies fossiles : en arrêtant de soutenir l'exploitation des énergies « sales », les États feront un geste pour l'environnement... et un autre pour la dérégulation qu'attendent de pied ferme les multinationales pour conquérir de nouveaux marchés.

Ces dernières se regroupent dans des organisations *ad hoc* et obtiennent la cogestion des politiques environnementales. Aux sommets pour la Terre de Rio en 1992 et de Johannesburg en 2002, à ceux de Kyoto en 1997 et de Copenhague en 2010 consacrés au changement climatique, elles jouent un rôle majeur. À partir de la fin des années 1980, elles ne se contentent pas d'empêcher l'établissement de réglementations gênantes, elles tentent aussi de tirer profit des crises environnementales. Le seul grand accord contraignant en matière de réduction des pollutions ne fut signé que parce qu'il permettait à quelques dirigeants de s'enrichir. Adopté en 1989, le protocole de Montréal fait suite à la convention de Vienne de 1985 pour réduire les émissions de gaz appauvrissant la couche d'ozone. Ces substances, les chlorofluorocarbones ou CFC, sont alors utilisées pour la production de froid (réfrigérateurs, climatiseurs...), dans les mousses isolantes, comme propulseurs pour les bombes aérosol et comme solvants dans l'électronique. Dans les années 1980, trois groupes en détiennent l'essentiel de la production et se livrent une concurrence acharnée : l'américain DuPont de Nemours (présent dans 97 pays et employant près de 100 000 personnes, dont le slogan emprunt de modestie est « les miracles de la science »...), le britannique I.C.I. (implanté dans 55 pays et employant 33 000 salariés), et ATOCHEM, filiale du groupe français Elf, qui sera fondue dans le groupe Arkema lors de la réorganisation de la branche chimie de Total au début des années 2000.

Le protocole de Montréal est totalement atypique pour trois raisons. D'une part, il s'agit d'un des très rares accords internationaux dont l'objectif – réduire de 50 % les émissions de CFC d'ici 1999 – sera atteint. D'autre part, il prévoit dans son article 4 des restrictions commerciales, ce qui est totalement contraire aux principes du libre échange. Enfin, ce texte est en grande partie rédigé par les États-Unis. La raison en est simple : DuPont de Nemours a mis au point avant la rédaction du protocole une gamme de produits de substitution aux CFC et entend profiter de ces négociations pour les imposer à tous les industriels. Dans ces conditions, le gouvernement américain ne voit plus d'un mauvais œil l'introduction de mesures protectionnistes. Malheureusement, les CFC dangereux pour l'ozone sont remplacés par les hydrofluorocarbures (HFC), de puissants gaz à effet de serre. Mais quelques années plus tard, au cours des négociations internationales sur le changement climatique, DuPont de Nemours se garde bien de réclamer des mesures protectionnistes envers les productions qui émettent ces gaz à effet de serre. La multinationale se contente d'élaborer un principe d'« utilisation responsable des HFC » pour en limiter l'impact sur le changement climatique.

Le capitalisme « vert » et sa révolution climatique

À peine adopté comme nouvelle religion internationale, le « développement durable » est déjà dépassé. La montée des questions relatives au changement climatique provoque une situation nouvelle qui touche à des aspects environnementaux, économiques et géopolitiques. Alors que, dans la plupart des cas, protéger la biodiversité ou réduire les flux de produits toxiques coûterait de l'argent aux industriels et mettrait en cause les fondamentaux de la mondialisation, passer à une « économie décarbonée » permettrait de créer de toutes pièces de nouveaux marchés d'une ampleur considérable. Les émissions de gaz à effet de serre étant principalement dues à la combustion d'énergies fossiles, leur réduction suppose de renouveler l'essentiel de l'appareil productif.

Margaret Thatcher est la première personnalité politique à comprendre cet enjeu. Elle perçoit aussi l'intérêt de mobiliser les populations autour d'une grande cause fédératrice alors que la « menace communiste » disparaît. Elle parvient à convaincre ses partenaires du G7 de financer un Groupe intergouvernemental d'étude sur l'évolution du climat (GIEC), qui voit le jour en 1988. Moins de vingt ans plus tard, le sujet est dans tous les médias. Nous entrons alors dans une nouvelle période : celle du capitalisme « vert », un capitalisme mondialisé qui compte sur la « quatrième révolution industrielle » promise par la réduction des gaz à effet de serre pour trouver une nouvelle jeunesse.

De plus en plus d'entreprises suivent le mouvement, car quelque chose de fondamental a changé depuis la fin des années 1980 : l'environnement est suffisamment dégradé pour que de nouvelles activités qui lui sont liées deviennent rentables. Les grandes compagnies d'assurance et de réassurance, réellement inquiètes de l'augmentation de la fréquence des catastrophes naturelles, visible dans leurs statistiques, tirent la sonnette d'alarme. Pour elles, le changement climatique se chiffre très concrètement et touche directement les profits de leurs actionnaires. Les grands assureurs de la City à Londres comme Swiss-Re, AXA ou la Lloyd's ne sont pas pour rien dans la prise de position de Margaret Thatcher sur le climat et dans l'avènement du capitalisme « vert ».

La présentation de la problématique dans les médias est particulièrement soignée. Le documentaire de Davis Guggenheim, *Une vérité qui dérange,* qui met en scène l'ancien vice-Président des États-Unis Albert Gore donne le coup d'envoi en 2006, en évitant toute analyse politique. En 2009, c'est le film *Home* des Français Yann Arthus-Bertrand et Luc Besson, financé par le groupe Pinault-Printemps-La Redoute, qui fait le tour du monde en présentant la crise écologique comme un pur produit de la « nature humaine ».

Soudain, l'urgence écologique devient le meilleur argument pour court-circuiter la démocratie. Il n'est pas question de débattre de l'utilité, de l'efficacité ni des dangers du marché des droits à polluer, des agrocarburants ou du stockage souterrain du dioxyde de carbone. Nous ne sommes pas autorisés non plus à remettre en question la logique financière et les aberrations techniques qui sous-tendent le développement des énergies renouvelables. Ni à interroger les priorités données à l'implantation de nouvelles unités de production plutôt qu'à la baisse de la consommation matérielle.

Ce développement frénétique des technologies « vertes » se fait toutes choses égales par ailleurs. On y investit comme on investissait dans Internet à la fin des années 1990, et comme on investira dans autre chose si cet autre chose est plus rentable à l'avenir. Les multinationales se précipitent sur les brevets pour dégager de véritables rentes et sur les entreprises innovantes qui sont rachetées pour obtenir la maîtrise de la production. Contrairement à ce que martèle la propagande des institutions internationales sur les emplois « verts », les délocalisations dans les pays à bas coût de main-d'œuvre sont encouragées. Des technologies comme le solaire ou l'éolien étant correctement maîtrisées, le temps est venu d'optimiser les coûts de production en implantant les usines en Inde ou en Asie du Sud-Est.

Les fanatiques ultralibéraux qui pilotent les institutions multilatérales ne voient dans le changement climatique qu'une opportunité nouvelle de rabâcher leur discours. L'OCDE et l'OMC estiment que la priorité est de libéraliser les échanges sur les services et les technologies « verts » pour permettre à chaque pays d'y accéder. Le problème ne serait pas la concentration

318   ÉCOLOGIE ET MONDIALISATION

de ces productions aux mains des multinationales, ni les brevets qui bloquent leur plus large diffusion, ni même les montants dérisoires de l'aide au développement... mais les barrières douanières ! Quant à l'Union européenne, elle justifie la destruction du service public de l'énergie en affirmant que la mise en concurrence est propice au renouvelable.

Cette entrée dans l'ère du capitalisme « vert » a des incidences importantes sur le foncier et la souveraineté des peuples. Des multinationales ou des États riches achètent des terres agricoles dans des pays du Sud pour produire des agrocarburants ou pour optimiser les productions en les rapprochant notamment des ressources en eau. Les rapports de domination du Nord sur le Sud sont reproduits et intensifiés, en ajoutant à l'enjeu du contrôle des ressources minières et d'énergies fossiles celui des terres pour les cultures énergétiques et alimentaires. Cette privatisation rampante du foncier accélère la conversion des cultures vivrières en cultures intensives d'exportation et relève ni plus ni moins du néo-colonialisme. C'est une victoire supplémentaire dans la guerre du marché contre les États : alors qu'un gouvernement peut toujours stopper ou restreindre ses exportations de produits alimentaires pour répondre à ses propres besoins en cas d'urgence (comme ce fut le cas pendant la crise de 2008-2009 ou pendant les incendies de l'été 2010 en Russie), cette régulation est bien plus difficile lorsque la terre est la propriété d'un investisseur étranger. Comme le dit très bien Samir Amin, l'économie de marché est omniprésente au point de produire une véritable « société de marché ». Au vu des enjeux économiques et géopolitiques, on comprend mieux pourquoi le changement climatique est monté en épingle par les bons soins d'Albert Gore, de Yann Arthus-Bertrand ou par les institutions internationales dans leur ensemble. Cette nouvelle cause commune doit dépasser les considérations sociales, politiques, culturelles et laisser les mains libres aux puissances économiques. Elle justifie les profits mirobolants de multinationales repeintes en vert, mais dont les méthodes et les objectifs n'ont absolument pas changé : exploiter les hommes et l'environnement, privatiser les biens publics, engraisser les actionnaires. La régulation du commerce international est naturellement le grand sujet tabou des négociations sur le climat. Peu importe que les rejets mondiaux de gaz à effet de serre aient augmenté de 25 % ces dix dernières années avec l'intensification de la production et des échanges internationaux.

Dans ces conditions, le Sommet pour la Terre de Rio en 2012 n'est qu'un triste anniversaire qui ne peut aboutir à aucune avancée. Les médias et la plupart des mouvements contestataires passeront encore une fois leur temps à analyser des négociations dont les conclusions sont connues d'avance : préservons le libre échange, finançons les technologies « nouvelles » et prions pour que les entreprises et les États deviennent spontanément responsables. La première trame de déclaration mise en débat en janvier 2012 par les Nations unies sous le titre « The future we want » (« Le futur que nous voulons ») estime, sans surprise, que « l'économie verte ne passe pas par un ensemble de règles rigides, mais par un cadre d'aide à la décision » ; que « l'effort international pour aider les pays à bâtir une économie verte dans un contexte de développement durable et d'éradication de la pauvreté ne doit pas créer de nouveaux obstacles au commerce » ; et qu'il faut créer « de nouveaux marchés portant sur les énergies renouvelables et des sources non conventionnelles d'énergie ».

Si les écologistes et les altermondialistes veulent réellement subvertir les négociations de Rio en juin 2012, ils en ont la possibilité. Il leur suffit de faire revivre la déclaration de Cocoyoc, écrite il y a près de quarante ans, qui reste le seul texte international sur l'environnement à vouloir rompre avec l'ordre économique. L'autonomie des peuples et des États, conçue à Cocoyoc comme un préalable à une écologie réellement politique, rejoint en tout point l'idée de démondialisation portée par des intellectuels hétérodoxes comme Bernard Cassen, Frédéric Lordon ou Jacques Sapir au début des années 2000.

Démondialiser et coopérer

Nous savons à quoi ressemble l'avenir si nous acceptons la soumission des politiques environnementales au capitalisme et aux institutions qui lui obéissent. Si nous acceptons également de rester dans l'attente naïve d'une prise de conscience des élites, de l'émergence de solutions globales, y compris sous la pression d'une contestation qui se mondialiserait. Les élites ont parfaitement conscience de la situation, ne les prenons pas pour plus bêtes qu'elles ne sont. Elles ont simplement choisi en connaissance de cause de sacrifier le social et l'écologie au maintien de l'ordre économique mondial. Les populations, elles, sont de plus en plus sensibilisées. Il s'agit probablement de la seule avancée du demi-siècle passé, d'abord grâce aux médias, avant qu'ils ne renoncent pour la plupart à tout esprit critique, ensuite grâce à l'éducation. Mais sans débouché politique, les citoyens ne peuvent rien espérer. Le capitalisme néolibéral a réussi à maintenir les peuples dans la division, à attiser la concurrence entre les économies, entre les législations sociales et environnementales, entre les régimes fiscaux. Il faudrait des décennies pour créer un mouvement social mondial porteur d'une alternative commune, et encore de longues luttes avant que celui-ci ne puisse obtenir une réforme des grandes institutions multilatérales, à supposer que celle-ci soit en core possible. Et ces décennies, nous ne les avons pas, pour des raisons matérielles – chaque jour qui passe détruit un peu plus les capacités de la planète à se régénérer –, autant que pour des raisons morales – chaque jour qui passe détruit des vies au nom de la réalité économique.

Alors ? Puisque les institutions internationales sont totalement déligitimées, il faut faire sans elles. Puisque le seul espace de démocratie réelle, même atrophié, se trouve au niveau d'un État, dans l'élection des gouvernements au suffrage universel, il faut l'utiliser. Nous devons construire une gauche écologiste radicale prête à adopter un programme concret et immédiat de rupture avec le capitalisme néolibéral. Les deux adjectifs, concret et immédiat, sont essentiels. Nous ne pouvons plus conditionner nos propositions à d'hypothétiques changements internationaux. Nous ne pouvons plus rester flous sur la méthode à suivre au lendemain d'une victoire électorale. Cette paresse alimente chaque jour l'abstention et l'extrémisme.

Les gauches radicales en Europe ont souvent de belles propositions, en matière d'écologie comme en matière de social, mais elles doivent aller au bout de leur raisonnement. L'OMC permet-elle dans sa forme actuelle la mise en place de politiques de gauche ? Absolument pas. Il faut donc en sortir. L'Union européenne permet-elle dans sa forme actuelle la mise en place de politiques

de gauche ? Pas plus, et il suffit pour s'en per-
suader de lire son traité, celui de Lisbonne, ses
directives et ses règlements. Il faut donc sortir
de l'Union européenne ou pratiquer la désobéissance européenne, c'est-à-dire construire un droit
national juste et progressiste, qui sera par définition contraire à un droit communautaire écrit
par et pour les grandes puissances économiques.
La primauté du droit national sur le droit communautaire doit être restaurée, en réformant la
Constitution française par référendum[1].

Libéré de ces deux carcans, un gouvernement
peut agir pour la justice sociale et la protection
de l'environnement, en commençant par répartir
différemment les richesses. L'argent à prendre
est disponible ! Il se trouve chez les riches, que
la mondialisation a rendu intouchables. Il faut
donc démondialiser. La régulation du commerce
international par des mesures de protection des
échanges et le contrôle des devises et des capitaux permettra de relocaliser l'économie, de la
mettre au service du plein-emploi, de la satisfaction des besoins sociaux. La sortie de l'euro
permettra de rendre la souveraineté monétaire
aux peuples et de se soustraire de la tutelle des
marchés[2]. Des mesures de solidarité internatio-

1. Aurélien Bernier, *Désobéissons à l'Union européenne*, Mille et une nuits, 2011.
2. Jacques Nikonoff, *Sortons de l'euro !*, Mille et une
nuits, 2011.

nale fortes et de vraies coopérations commerciales éviteront que les populations des pays en développement pâtissent de cette démondialisation et, au contraire, combleront enfin les écarts de richesse insupportables entre le Nord et le Sud. Cette économie relocalisée devra se plier au jeu de la démocratie, et plus seulement à celui de la concurrence. Ses profits seront taxés pour financer les activités d'intérêt général, les retraites, la solidarité...

Oui, mais bien sûr, les capitalistes unanimes et la gauche bien-pensante ont un argument imparable : nous serions isolés, moutons noirs du monde moderne, promis à la pauvreté et, pourquoi pas, à la guerre... Ce scénario catastrophe n'est plus crédible une seconde. Qu'un seul gouvernement occidental rompe avec les politiques néolibérales et il créera un électrochoc dans tous les mouvements sociaux, en Europe et ailleurs. La France, avec un tissu économique encore solide, en a les moyens. La contagion que craignent comme la peste les néolibéraux sera extrêmement rapide, pour une raison simple : la majorité des citoyens ne supporte plus ce système absurde et n'attend qu'une perspective politique pour en sortir. Encore faut-il qu'elle soit concrète. Alors, comme un jeu de dominos, les lieux de pouvoir seront pris à l'oligarchie et rendus au peuple. Ce processus enthousiasmant a un nom : la révolution par les urnes.

La déclaration de Cocoyoc
23 octobre 1974

Peu connu et disponible uniquement sur Internet, ce texte fondateur de l'écologie politique est traduit pour la première fois en français en intégralité.

« Trente ans ont passé depuis la signature de la Charte des Nations unies visant à établir un nouvel ordre international. Aujourd'hui, cet ordre a atteint un moment critique. L'espoir de créer une vie meilleure pour l'humanité toute entière a été largement démenti. Il s'est révélé impossible d'atteindre les "limites intérieures" de la satisfaction des besoins humains fondamentaux. Au contraire, les affamés, les sans-abri et les illettrés sont plus nombreux aujourd'hui que lorsque les Nations unies ont été créées.

« Dans le même temps, de nouvelles préoccupations ont commencé à assombrir les perspectives internationales. La dégradation de l'environnement et la pression croissante sur les ressources nous amènent à nous demander si un risque ne pèse pas sur les « limites extérieures » de l'intégrité physique de la planète.

« À ces préoccupations, nous devons ajouter que, dans les trente prochaines années, la population mondiale va doubler. Un autre monde va s'ajouter à l'actuel, équivalent en nombre d'habitants, en demande et en espoir.

« Mais cette pression cruciale ne signifie pas que nous devons désespérer de l'entreprise humaine, à partir du moment où nous entreprenons les changements nécessaires. Le premier point à souligner est que l'échec de la société mondiale à procurer "une vie sûre et heureuse" pour tous n'est pas dû à un manque de ressources physiques. Le problème aujourd'hui n'est pas en premier lieu celui d'une pénurie physique absolue, mais d'une inéquité économique et sociale et d'un mauvais usage ; la situation difficile dans laquelle se trouve l'humanité a pour origines les structures économiques et sociales et les comportements à l'intérieur des pays et entre les pays.

« La plus grande partie du monde n'a pas encore émergé des conséquences historiques de près de cinq siècle de contrôle colonial qui a massivement concentré le pouvoir économique entre les mains d'un petit groupe de nations. À ce jour, au moins les trois quarts des richesses, des investissements, des services et presque toute la recherche mondiale sont dans les mains d'un quart de la population.

« Les solutions à ces problèmes ne peuvent pas provenir de l'auto-régulation par les mécanismes de marché. Les marchés classiques donnent un accès aux ressources à ceux qui peuvent payer plutôt qu'à ceux qui en ont besoin, ils stimulent une demande artificielle et génèrent des déchets dans le processus de production, et certaines ressources sont même sous-utilisées. Dans le système international, les nations puissantes ont sécurisé leurs approvisionnement à bas prix en matières premières en provenance des pays pauvres – par exemple, le prix du pétrole a nettement chuté entre 1950 et 1970 – ont accaparé toute la valeur ajoutée de la production et de la revente de biens manufacturés, souvent à des prix monopolistiques.

« Dans le même temps, le prix très bas des matières a encouragé l'industrialisation des nations et l'utilisation extravagante et sans précaution de matériaux importés. Encore une fois, l'énergie est le meilleur exemple. Le pétrole, à peine au-dessus d'un dollar le baril, a stimulé la croissance de la consommation d'énergie entre 6 et 11 % par an. En Europe, l'augmentation annuelle des immatriculations de voitures a atteint 20 %.

« En fait, la mainmise des riches sur une part disproportionnée des ressources-clé entre en contradiction avec les intérêts à long terme des pauvres en réduisant l'accès aux ressources nécessaires à leur développement et en augmentant leur coût. Autant de raisons pour créer un nouveau système d'évaluation des ressources qui prenne en compte les bénéfices et les pertes pour les pays en développement.

« Le principal effet de relations économiques aussi biaisées s'observe dans les inégalités en matière de consommation. Un enfant d'Amérique du Nord ou d'Europe consomme outrageusement plus que son homologue Indien ou un Africain – un fait qui rend douteuse l'attribution de la pression sur les ressources à la seule augmentation de la population du tiers-monde. L'augmentation de la population est bien sûr une des raisons de l'augmentation de la pression sur les ressources mondiales. La planète est finie et une multiplication infinie du nombre d'habitants et de la demande ne peut être indéfiniment soutenable. De plus, des pénuries peuvent apparaître localement bien avant qu'on ne détecte une dégradation générale de certaines ressources.

« Une politique de conservation des ressources et, d'une certaine façon, de gestion des ressources rares menacées dans le cadre du nouvel ordre économique doit rapidement remplacer la rapacité actuelle et l'absence de précaution. Mais le fait est que, dans le monde actuel, l'énorme contraste entre la consommation par personne de la minorité riche et de la majorité pauvre a bien plus d'impact que le nombre d'humains sur l'utilisation de ressources et leur dégradation. Ce n'est pas tout.

« Depuis la conférence de Bucarest sur la population, il est clairement établi que le manque de ressources pour le développement humain est l'une des causes de l'explosion démographique, l'absence de moyens pour le développement exacerbant les problèmes démographiques.

« Ces relations économiques inégales contribuent directement à augmenter les pressions sur l'environnement. La baisse des prix des matières premières a été un facteur de l'augmentation des pollutions, a encouragé la production de déchets et une économie du jetable chez les riches. La pauvreté qui perdure dans de nombreux pays en développement a souvent conduit les gens à cultiver des terres nouvelles, provoquant d'énormes risques d'érosion des sols, ou à migrer dans des villes surpeuplées et physiquement dégradées.

« On ne compte pas les problèmes qui découlent d'une dépendance excessive au système de marché, restreint aux relations internationales.

« L'expérience des trente dernières années montre que la recherche exclusive de croissance économique, voulue par le marché et poursuivie par les élites puissantes, a le même effet désastreux à l'intérieur des pays en développement. Les 5 % les plus riches accaparent tous les profits tandis que les 20 % les plus pauvres ne peuvent que s'appauvrir encore. Au niveau local comme au niveau international, les maux de la pauvreté matérielle proviennent d'un manque de participation des gens et de dignité humaine, et d'une absence totale de pouvoir pour déterminer leur propre sort.

« Rien ne peut illustrer plus clairement le besoin de réformer l'actuel ordre économique et la possibilité de le faire que la crise qui a touché les marchés mondiaux ces deux dernières années. Le triplement des prix des fertilisants agricoles et de produits manufacturés dans un contexte d'inflation mondiale a frappé plus durement les populations les plus pauvres. De fait, le risque d'une rupture complète d'approvisionnement menace la vie de millions de personnes du tiers-monde. Mais on ne peut pas appeler ce phénomène une pénurie. Les récoltes existent, mais sont consommées ailleurs, par des personnes très bien nourries. La consommation par personne de céréales en Amérique du Nord a crû de 350 livres depuis 1965, principalement pour la production animale, et atteint 1 900 livres aujourd'hui. Ce supplément de 350 livres est quasiment égal à la consommation annuelle d'un Indien. Les Américains du Nord étaient réellement affamés en 1965... Cette augmentation a contribué à une surconsommation qui va jusqu'à menacer leur santé. Ainsi, d'un point de vue strictement physique, il n'y aura pas de pénurie cet hiver. Il suffirait d'une petite partie des « surplus » des riches pour combler la pénurie de toute l'Asie. Il existe un exemple encore plus frappant de ce qu'on peut appeler la surconsommation dans les nations riches et de la sous-consommation qu'elle provoque dans les pays pauvres. La multiplication par quatre du prix du pétrole grâce à l'action conjointe des pays producteurs affecte nettement le rapport de force sur les marchés mondiaux et redistribue massivement les ressources en faveur de certains pays du tiers-monde. Elle a permis de renverser l'avantage dans le commerce du pétrole et de mettre près de 100 milliards par an à la disposition de certaines nations du tiers-monde. Qui plus est, dans un domaine critique pour les économies des États industrialisés, ce profond renversement des pouvoirs les expose à ce que connaissent bien les pays du tiers-monde : l'absence de contrôle sur des décisions économiques vitales.

« Rien ne peut illustrer plus clairement la façon dont le marché mondial, qui a continuellement opéré pour augmenter le pouvoir et la fortune des riches et maintenu le relatif dénuement des pauvres, trouve ses racines non pas dans des circonstances physiques impossibles à changer mais dans des relations politiques qui peuvent, dans leur nature profonde, subir de profonds changements. Dans un sens, le combat pour un nouvel ordre économique est déjà engagé. La crise du vieux système peut aussi être une opportunité pour en bâtir un nouveau.

« Il est vrai que, pour l'instant, les perspectives se limitent à la confrontation, l'incompréhension, les menaces et les conflits. Mais encore une fois, il n'y a pas de raison de désespérer. Les crises peuvent aussi être des moments de vérité dans lesquels les nations apprennent à admettre la faillite du vieux système et à rechercher un cadre pour un nouvel ordre économique.

« Gouverner, c'est essayer de guider les nations, avec leurs intérêts divergents, leurs pouvoirs et leurs richesses, vers un nouveau système qui soit capable de mieux articuler les « limites intérieures » des besoins humains essentiels et de le faire sans violer les « limites extérieures » des ressources planétaires et de l'environnement. C'est parce que nous croyons que cette tâche est à la fois vitale et possible que nous demandons plusieurs changements dans la conduite des politiques économiques, dans la direction prise en matière de développement et dans la conservation de la planète, qui nous apparaissent comme des composantes essentielles du nouveau système.

Le but du développement

« Notre première préoccupation est de redéfinir l'ensemble des buts du développement. Celui-ci ne doit pas avoir pour but de développer les choses, mais les hommes. Les êtres humains ont des besoins fondamentaux : la nourriture, la sécurité, l'habillement, la santé, l'éducation. Tout processus de croissance qui ne permet par

de les satisfaire – ou, encore pire, qui les per-
turbe – est un travestissement de l'idée de développement. Nous sommes toujours dans une
période où le plus important en matière de développement est la satisfaction des besoins fondamentaux pour les populations les plus pauvres
de chaque société. Le but premier de la croissance économique doit être d'améliorer les
conditions de vie de ces groupes. Une croissance qui bénéficie seulement à la minorité la
plus riche et maintient ou accroît les disparités
entre et au sein des pays n'est pas du développement. C'est de l'exploitation. Le temps est
venu de lancer une véritable croissance économique qui conduise à une meilleure répartition
et à une satisfaction des besoins fondamentaux.
Nous croyons que 30 ans d'expérience, avec
l'espoir qu'une croissance économique rapide
bénéficiant à quelques-uns va irriguer la plus
grande partie de la population, ont montré qu'il
s'agissait d'une illusion. Par conséquent, nous
rejetons l'idée de la croissance d'abord et d'une
juste répartition des bénéfices ensuite.

« Le développement ne doit pas être limité à
la satisfaction des besoins fondamentaux. Il y a
d'autres besoins, d'autres buts et d'autres valeurs. Le développement inclut la liberté d'expression et de publication, le droit de donner et
de recevoir des idées et des impulsions. Il y a
un profond besoin social de participation pour
poser les bases de sa propre existence et pour

contribuer à créer le monde futur. Par-dessus
tout, le développement englobe le droit de travailler, ce qui ne signifie pas seulement le droit
d'avoir un travail, mais celui d'y trouver un accomplissement personnel, le droit de ne pas être
aliéné à travers des procédés de production qui
utilisent les hommes comme des outils.

La diversité du développement

« Au-delà des besoins matériels, des buts et
des valeurs, la plupart de ces choses dépend de
la satisfaction des besoins fondamentaux, qui
est notre première préoccupation. Aujourd'hui,
il n'y a pas de consensus quant à la stratégie
à suivre pour satisfaire ces besoins fondamentaux. Mais nous avons de bons exemples, même
dans les pays pauvres. Ils montrent que le point
de départ du développement varie considérablement d'un pays à l'autre, pour des raisons historiques, culturelles et pour d'autres raisons. En
conséquence, nous soulignons la nécessité de
suivre différentes routes vers le développement.
Nous rejetons la pensée unique qui voit le développement essentiellement et inévitablement
comme l'effort fait pour imiter le modèle historique de pays qui, pour différentes raisons, sont
actuellement riches. C'est pourquoi nous rejetons le concept d'« écarts » dans le développement. Le but n'est pas de « se mettre à niveau »,
mais d'assurer une qualité de vie pour tous avec

une base productive compatible avec les besoins des générations futures.

« Nous avons parlé de la satisfaction a minima des besoins fondamentaux. Mais il y a aussi un niveau maximum : il y a des planchers mais aussi des plafonds. Les hommes doivent manger pour vivre, mais il peuvent aussi trop manger. Cela ne sert à rien de produire et de consommer de plus en plus s'il en résulte une augmentation des antidépresseurs consommés et des hôpitaux psychiatriques. De la même manière que les hommes ont des capacités limitées pour absorber la consommation matérielle, nous savons que la biosphère a une capacité limitée. Certains pays prélèvent d'une manière qui est hors de proportion avec leur poids dans la population mondiale. Ainsi, ils créent des problèmes environnementaux aux autres comme à eux-mêmes.

« En conséquence, le monde ne doit pas seulement faire face à l'anomalie du sous-développement. Nous devons aussi parler de types de développement surconsommateurs qui violent les limites intérieures de l'homme et les limites extérieures de la nature. Vu de cette manière, nous avons tous besoin de redéfinir nos buts, d'adopter de nouveaux modes de vie, avec des comportements de consommation plus modestes chez les riches. Même si la priorité est de sécuriser le minimum vital, nous devrions étudier ces stratégies de développement qui pourraient aussi aider les pays prospères, pour leur propre intérêt, à trouver des modes de vie plus humains, exploitant moins la nature, les autres et eux-mêmes.

L'autonomie

« Nous croyons qu'une stratégie de base pour le développement passe par l'amélioration de l'autonomie nationale. Ceci ne signifie pas l'autarcie. Cette autonomie implique des bénéfices mutuels issus du commerce et de la coopération et une plus juste redistribution des ressources pour satisfaire les besoins fondamentaux. Cela signifie avoir confiance en soi, dépendre de ses propres ressources humaines et naturelles et avoir la capacité de fixer ses propres objectifs et de décider par soi-même. Cela exclut toute dépendance vis-à-vis d'une influence et d'un pouvoir extérieur qui pourrait se transformer en pression politique. Cela exclut des modèles commerciaux d'exploitation privant les pays de leurs ressources naturelles pour leur propre développement. C'est évidemment une ouverture pour le transfert de technologies, mais en se concentrant sur l'adaptation et la diffusion des technologies locales. Cela implique de décentraliser l'économie mondiale, et parfois aussi l'économie nationale pour favoriser la participation personnelle. Mais cela implique également une coopération internationale en faveur de l'autonomie. Plus que tout, cela signifie avoir confiance dans les peuples et les nations, dépendre de la capacité des peuples à inventer eux-mêmes et à générer de nouvelles ressources et de nouvelles techniques pour améliorer leur capacité à les assimiler, de les mettre au bénéfice de la société, de prendre en main les leviers économiques et de créer leur propre mode de vie.

« Dans ce processus, une éducation qui permette une véritable conscience sociale et la participation jouera un rôle fondamental et il faudra s'interroger pour savoir si cela est compatible avec le modèle scolaire actuel.

« Pour atteindre cette autonomie, des changements économiques, sociaux et politiques fondamentaux des structures de la société seront souvent nécessaires. De même, le développement d'un système international compatible et capable de supporter les évolutions vers plus d'autonomie est tout aussi nécessaire.

« L'autonomie au niveau national implique aussi un détachement temporaire du système économique actuel. Il est impossible de développer l'autonomie à travers la participation pleine et entière à un système qui perpétue la dépendance économique. Les plus grandes parties du monde d'aujourd'hui sont composées d'un centre exploitant une vaste périphérie, ainsi que notre héritage commun, la biosphère. L'idéal dont nous avons besoin est un mode de coopération harmonieuse dans lequel chacun fait partie du centre, ne vivant aux dépens

de personne, en partenariat avec la nature et en
étant solidaire des générations futures.

« Il existe une structuration internationale du
pouvoir qui résistera à de tels changements. Ses
méthodes sont bien connues : la volonté de maintenir les mécanismes biaisés de marché existants
au niveau international, d'autres formes de manipulation économique, la rétention des capitaux, les embargos, les sanctions économiques,
l'utilisation subversive des services de renseigne-
ment, la répression et la torture, des opérations
de contre-insurrection et même des interventions à plus grande échelle. À ceux qui envisagent de telles méthodes, nous disons : « Bas
les pattes ! Laissez les pays trouver leur propre
chemin vers une vie plus épanouissante pour
leurs citoyens. » À ceux qui sont, parfois sans le
vouloir, les outils de tels projets – universitaires,
hommes d'affaires, policiers, soldats, et beaucoup d'autres –, nous disons : « Refusez d'être
utilisés pour nier le droit des autres nations à
se développer. » Pour les scientifiques travaillant
dans le domaine de l'écologie ou des sciences
sociales, qui aident à concevoir les instruments
de cette oppression, nous disons : « Le monde a
besoin de vos talents pour des projets construc-
tifs, pour développer de nouvelles technologies
au bénéfice des hommes et qui n'endommagent
pas l'environnement. »

Propositions pour l'action

«Nous appelons les leaders politiques, les gouvernements, les organisations internationales et la communauté scientifique à utiliser leur imagination et leurs moyens pour élaborer et commencer à mettre en œuvre, aussi vite que possible, des programmes visant à satisfaire les besoins fondamentaux des plus pauvres partout dans le monde, ce qui implique, partout où cela s'impose, des distributions d'aides en nature. Ces programmes doivent être conçus de façon à ce que la conservation des ressources et la protection de l'environnement soient assurées.

«Nous considérons que cette tâche prioritaire serait facilitée en instituant un nouvel ordre économique international plus coopératif et équitable.

«Nous sommes conscients que le système mondial et les politiques nationales ne peuvent pas être changés du jour au lendemain. À ce tournant de l'histoire, les changements majeurs qui sont nécessaires pour répondre aux défis de l'humanité ont besoin d'acquérir une maturité. Mais ils doivent être enclenchés immédiatement, pour que l'impulsion aille croissante. La session extraordinaire de l'Assemblée générale des Nations unies sur le nouvel ordre économique a lancé le processus et nous le soutenons totalement. Mais ceci n'est que l'étape préliminaire qui doit se développer dans une déferlante d'activités internationales.

« La Charte des Droits économiques et des devoirs des États, proposée par le président du Mexique, M. Luis Echevarría, et mise en discussion aux Nations unies devrait constituer un pas important dans la bonne direction. Nous demandons à ce qu'elle soit adoptée aussi vite que possible.

« Dans un cadre qui assurerait la souveraineté nationale sur les ressources naturelles, les gouvernements et les institutions internationales devraient placer la gestion des ressources et de l'environnement à un niveau global. L'objectif premier serait de faire bénéficier ceux qui ont le plus besoin de ces ressources et de le faire en respectant le principe de solidarité avec les générations futures.

« Nous soutenons la mise en place de régimes internationaux forts pour l'exploitation des biens communs qui ne tombent pas sous le coup d'une juridiction nationale. Nous insistons sur l'importance des fonds et des sous-sols marins, et éventuellement de l'eau qui les surplombe. Un régime maritime doit être établi, chaque pays du monde étant représenté de manière à n'en favoriser ni n'en léser aucun, et ce régime doit s'appliquer à un maximum de surface océanique. Un tel régime devrait développer graduellement des mesures de conservation des ressources et des technologies environnementales pour explorer, développer, traiter et répartir les ressources des océans au bénéfice de ceux qui en ont le plus besoin.

« L'accès aux biens communs devrait être taxé au bénéfice des couches les plus pauvres des pays les plus pauvres. Ce serait une première étape vers la mise en œuvre d'un système de taxation international qui génèrerait des transferts automatiques de ressources vers l'aide au développement. Avec la création d'un fonds pour le désarmement, la taxation internationale pourrait éventuellement remplacer des programmes d'aide traditionnels. En attendant la mise en œuvre de ces nouveaux mécanismes, nous recommandons vivement que le flux de ressources internationales vers les pays du tiersmonde soit largement augmenté et strictement dédié aux besoins fondamentaux des couches les plus pauvres de la société.

« La science et la technologie doivent répondre aux buts que nous cherchons à atteindre. La recherche actuelle et les modèles de développement n'y contribuent pas. Nous appelons les universités, les autres institutions d'enseignement supérieur, les organisations de recherche et les associations scientifiques de par le monde à reconsidérer leurs priorités. Conscients des bénéfices découlant d'une recherche libre et fondamentale, nous soulignons le fait qu'il existe un réservoir d'énergie créative sous-utilisée dans l'ensemble de la communauté scientifique mondiale, et qu'elle devrait être mieux centrée sur la recherche de la satisfaction des besoins fondamentaux. Cette recherche devrait autant que possible être menée dans les pays pauvres, de manière à endiguer la fuite de cerveaux. « Un système des Nations unies rajeuni devrait permettre de renforcer les capacités locales en matière de recherche et de contrôle de la technologie dans les pays en développement, pour promouvoir la coopération entre eux dans ces domaines et pour soutenir la recherche pour une meilleure utilisation, plus innovante, de ressources potentiellement abondantes pour satisfaire les besoins fondamentaux de l'humanité.

« En même temps, de nouvelles approches des styles de développement doivent être introduites au niveau national. Elles demandent des recherches originales sur des modèles de consommation alternatifs, sur les types de technologies, les stratégies d'utilisation des terres, autant que sur les exigences en matière d'éducation pour les soutenir. La surconsommation qui absorbe des ressources et crée des déchets doit être réduite tandis que la production des biens essentiels pour les plus pauvres doit être augmentée. Des technologies générant peu de déchets et consommant peu d'eau devraient remplacer celles qui dégradent l'environnement. Des circuits plus harmonieux de prise de décisions doivent être mis en œuvre pour éviter la congestion des métropoles et la marginalisation des zones rurales.

« Dans beaucoup de pays en développement, de nouveaux styles de développement impliqueraient une utilisation bien plus rationnelle de la force de travail disponible pour mettre en œuvre des programmes centrés sur la conservation des ressources naturelles, l'amélioration de l'environnement, la création des infrastructures nécessaires et des services pour augmenter la production alimentaire et pour renforcer les capacités domestiques de production industrielle pour produire des marchandises destinées à la satisfaction des besoins fondamentaux.

« Avec un ordre économique international plus équitable, une partie des problèmes d'accès aux ressources et d'utilisation de l'espace pourront être pris en compte grâce à un changement de la géographie industrielle mondiale. L'énergie, les ressources et les considérations environnementales donnent une force nouvelle à l'aspiration légitime des pays pauvres qui souhaitent voir considérablement augmenter leur part dans la production industrielle.

« Des expériences concrètes sur le terrain sont également nécessaires. Nous considérons que l'effort actuel du Programme des Nations unies pour l'environnement qui définit des stratégies et soutient des projets en faveur d'un développement socio-économique et écologique (l'éco-développement) au niveau local ou régional constitue une contribution importante. Les conditions devraient être créées pour que les peuples apprennent par eux-mêmes à travers leurs pratiques comment utiliser au mieux les ressources spécifiques des écosystèmes dans lesquels ils vivent, comment concevoir des technologies appropriées, comment s'organiser et s'éduquer dans ce but.

« Nous appelons les leaders d'opinion, les enseignants, toutes les parties concernées à contribuer à augmenter la prise de conscience publique sur les origines et la sévérité de la situation à laquelle l'humanité doit aujourd'hui faire face. Chaque personne a le droit de comprendre pleinement la nature du système dont elle fait partie comme producteur, consommateur, et surtout comme l'un des milliards d'habitants de la planète. Elle a le droit de connaître qui tire les bénéfices de son travail, qui tire les bénéfices de ce qu'elle achète et vend, et la façon dont cela enrichit ou dégrade l'héritage planétaire.

« Nous appelons les gouvernements à se préparer à agir lors de la Session extraordinaire de l'Assemblée générale des Nations unies pour que les dimensions et les concepts du développement soient étendus, pour qu'une juste place soit donnée aux buts du développement dans le système des Nations Unies et que les changements nécessaires soient initiés. Nous croyons fermement que, puisque les sujets du développement, de l'environnement et de l'utilisation des ressources sont des problèmes globaux essentiels et qui concernent le bien-être de toute l'humanité, les gouvernements devraient utiliser pleinement les mécanismes des Nations unies pour les résoudre et que le système des Nations unies devrait être rénové et renforcé pour faire face à ses nouvelles responsabilités.

Épilogue

« Nous reconnaissons à la fois la menace des "limites intérieures" des besoins humains fondamentaux et celle des "limites extérieures" de ressources planétaires. Mais nous croyons également qu'un nouveau sens du respect pour les droits humains fondamentaux et pour la préservation de notre planète progresse derrière les conflits et les confrontations de la période actuelle. Nous avons foi dans le futur de l'humanité de cette planète. Nous croyons que ces modes de vie et les systèmes sociaux peuvent évoluer pour devenir plus justes, moins arrogants dans leurs exigences matérielles, plus respectueux de l'environnement planétaire dans son ensemble. La voie à suivre ne passe pas par le désespoir, par la fin du monde, ou par un optimisme béat devant les solutions technologiques successives. Elle passe au contraire par une appréciation méticuleuse, sans passion, des "limites extérieures", par une recherche collective des moyens d'atteindre les "limites intérieures" des droits fondamentaux, par l'édification de structures sociales exprimant ces droits et par tout le travail patient qui consiste à élaborer des techniques et des styles de développement qui améliorent et préservent notre patrimoine planétaire. »

Bibliographie sélective

AMIN Samir, *L'Éveil du sud ou l'ère de Bandoung (1955-1980)*, Le Temps des cerises, 2008.

ARIÈS Paul, *La Simplicité volontaire contre le mythe de l'abondance*, Les Empêcheurs de penser en rond / La Découverte, 2010.

BERNIER Aurélien, *Le Climat otage de la finance*, Mille et une nuits, 2008.

BERNIER Aurélien, MARCHAND Michel, *Ne soyons pas des écologistes benêts*, Mille et une nuits, 2010.

BERNIER Aurélien, *Désobéissons à l'Union européenne*, Mille et une nuits, 2011.

BOURGAIN Catherine, SINAÏ Agnès, TESTART Jacques, *Labo-Planète. Ou comment 2030 se prépare sans les citoyens*, Mille et une nuits, 2011.

BRAILLARD Philippe, *L'Imposture du Club de Rome*, PUF, 1982.

CASSEN Bernard (sous la direction de), *En finir avec l'eurolibéralisme*, Utopies critiques et Mémoires des luttes, Mille et une nuits, 2008.

COMMONER Barry, *Quelle Terre laisserons-nous à nos enfants ?*, Le Seuil, 1969.

COMMONER Barry, *L'Encerclement. Problèmes de survie en milieu terrestre*, Le Seuil, 1972.

COMMONER Barry, *La Pauvreté du pouvoir : l'énergie et la crise économique*, PUF, 1980.

DENHEZ Frédéric, *La Dictature du carbone*, Fayard, 2011.

EGAN Michael, *Barry Commoner and the Science of Survival*, MIT Press, 2007.

GRANJON Marie-Christine, *L'Amérique de la contestation : les années soixante aux États-Unis*, Presses de la FNSP, 1985.

HALIMI Serge, *Le Grand Bond en arrière*, Fayard, 2004.

KEMPF Raphaël, *L'OMC face au changement climatique*, Pedone, 2009.

KEMPF Hervé, *Comment les riches détruisent la planète*, Le Seuil, 2007.

KEMPF Hervé, *Pour sauver la planète, sortez du capitalisme*, Le Seuil, 2009.

KEMPF Hervé, *L'oligarchie ça suffit, vive la démocratie*, Le Seuil, 2011.

LAURENT Éric, *Le Scandale des délocalisations*, Plon, 2011.

NIKONOFF Jacques, *Sortons de l'euro !*, Mille et une nuits, 2011.

RUFFIN François, *Leur Grande Trouille*, Les Liens qui Libèrent, 2011.

SAPIR Jacques, *La Démondialisation*, Le Seuil, 2011.

UEKOETTER Frank, *The age of smoke : Environmental policy in germany and the United States, 1880-1970,* University of Pittsburgh Press, 2009.

Table des matières

Photocomposition Nord Compo
Villeneuve-d'Ascq

www.ingramcontent.com/pod-product-compliance
Lightning Source LLC
Chambersburg PA
CBHW051950270326
41929CB00015B/2599